Peter Krause
Das Yin und Yang des Geldes

Es gibt heute unbedingt viele gute Gründe, das weibliche Geschlecht wieder besser sichtbar zu machen. Dies ist seit mehr als 40 Jahren auch Anliegen unseres Verlages. Ob dies durch Gendern erreicht wird, darf man jedoch hinterfragen, immerhin geht es um unsere *Mutter*sprache. Sicher ist, dass der grammatische Genus nichts über das Geschlecht (Sexus) aussagt. Deswegen halten wir uns als Verlag beim Gendern bewusst zurück. Ausführliche Begründung dazu unter www.neue-erde.de/derdiedas

Peter Krause

Das Yin und Yang des Geldes

Bernard Lietaers ganzheitliche Sicht auf Wirtschaft, Geld und Leben

Bücher haben feste Preise.
1. Auflage 2024

Peter Krause
Das Yin und Yang des Geldes

Umschlag:
Fotos: dugdax, chompoo09, Pixels Hunter,
alle shutterstock.com
Gestaltung: Dragon Design, GB

Satz und Gestaltung:
Dragon Design, GB
Gesetzt aus der Palatino

Gesamtherstellung: Books on Demand GmbH, Norderstedt
Printed in Germany

ISBN 978-3-89060-851-8

Neue Erde GmbH
Cecilienstr. 29 · 66111 Saarbrücken
Deutschland · Planet Erde
www.neue-erde.de

Inhalt

Einleitung

Die Geschichte des Universums, der Erde und des Lebens auf ihr ereignete sich in unvorstellbar langen Zeiträumen. Demgegenüber ist der Mensch noch gar nicht so alt. Und die Welt von heute ist so gesehen blitzschnell entstanden. Aber jetzt sind wir unübersehbar an einen Punkt gelangt, an dem wir erkennen, dass die Folgen unserer Taten unumkehrbar sind. Im »Anthropozän« müssen wir verstehen, dass wir mit unseren Ansprüchen in den vergangenen Jahrhunderten zu weit gegangen sind, und dass es nun dringend geboten ist, sich zu beschränken.

Das aber ist ganz und gar nicht leicht, denn wir haben besonders in den vergangenen zweihundert Jahren Systemkräfte entfesselt, die uns in eine ganz andere Richtung treiben. Die vorherrschende Ökonomie beruht darauf, dass alles immer weiter wächst. In einer begrenzten Welt kann es aber kein unbegrenztes Wachstum geben, und so sind wirtschaftliche Zusammenbrüche (von Staaten, Firmen und einzelnen Personen) die notwendige Konsequenz. Wir bemerken das immer deutlicher, weil wir zu Recht fürchten, bald in irgendeiner Art und Weise davon höchstselbst betroffen zu sein.

Das ganze Geschehen zeigt aber bei genauerem Hinsehen noch eine andere Seite, die darin besteht, dass die eingetretenen Verhältnisse zu einem Wandel drängen, der auch vor unserem Bewusstsein nicht Halt macht. Einerseits gefährden wir mit unserer Lebensart das Überleben der gesamten Mitwelt, andererseits befinden wir uns nun an einem Punkt der möglichen Einsicht, an dem wir anhand der Folgen unserer Taten verstehen können, dass alles, wirklich alles, miteinander verbunden ist. Auch wir selbst sind Teil des großen Ganzen.

Nehmen wir das ernst, ergeben sich andere Maximen für unser Handeln. Nicht unsere Bedürfnisse und unsere Hybris geben hernach den Ausschlag, sondern Wohl und Wehe unserer Mitwelt. Schließlich kann dieser Einsicht das Vertrauen in die allgegenwärtig wirkenden Kräfte des Lebens folgen, durch die auch für uns stets auf das Allerbeste gesorgt ist. Danach können wir unsere Lebensart nun ausrichten und an einer Welt mitgestalten, die Keime der Zukunft in sich birgt.

Natürlich besteht auch beim Blick auf das Geld- und Finanzsystem ein dringender Veränderungsbedarf. Was als Geld unsere Wirtschaft erleichtert, sich aber auch bedenklich weit vom Leben entfernt hat, muss wieder kompatibel und ökologisch sinnvoll werden. »Wieder«, weil es das früher tatsächlich schon war. Statt unter den Regeln der Ausbeutung und Verarmung für nur wenige Menschen Reichtum zu schaffen, können wir monetäre Ökosysteme schaffen, in denen durch eine Vielfalt der Währungen allen und jedem gedient wird. So etwas hat es – wie wir später noch sehen werden – früher auch schon gegeben.

Der belgische Finanzexperte Bernard Lietaer erkannte all diese Zusammenhänge und engagierte sich dafür, sie begreiflich zu machen. Als Berater von Regierungen und Firmen, als Autor zahlreicher, in viele Sprachen übersetzter Bücher, Fachaufsätze und Essays wurde er weltbekannt. Aber nur sehr wenige Menschen wussten, dass er für all das aus spirituellen Quellen schöpfte, die er erst kurz vor seinem Tod vollständig offenbarte. Er wollte, dass sein Werk posthum unter diesem Vorzeichen gesehen und verstanden wird, denn er war überzeugt davon, dass die gegenwärtigen Krisen zugleich Zeichen für einen Wandel sind, der, wenn wir es denn erkennen und wollen, durch eine neue Geistesart getragen in eine gute Zukunft führt.

Peter Krause
Herdecke, Februar 2023

Teil 1: Rahmenbedingungen

Wissen umfasst Informationen, die verinnerlicht und mit Erfahrenem und Erlerntem abgestimmt wurden. Dieses Wissen steht dem Menschen in seinem Leben als Ausgangsbasis für seine Handlungen zur Verfügung.

Bernard Lietaer, 1999

Der Geldexperte

Beschäftigt man sich mit Währungen und Währungssystemen, wird man, besonders wenn man nach Alternativen zum Vorherrschenden sucht, bald dem Werk von Bernard Arthur Gerard Lietaer (1942–2019) begegnen. Aufgrund seiner Expertise auf diesem Gebiet ist er weltweit bekannt geworden. Mit seinen Ideen und Lösungsvorschlägen wollen wir uns in diesem Buch anhand seiner Hauptwerke und einiger weiterer Texte beschäftigen. In einem weiter gefassten Kontext wird es um eine Übersicht zu den aktuellen Herausforderungen, Krisen und Chancen gehen. Zunächst aber wollen wir kurz darauf blicken, wie Lietaer überhaupt zum Geldthema gefunden hat und was biografisch für die Spezialisierung seiner Interessen in diesem Bereich ausschlaggebend war.

Biografische Aspekte

Schon während seiner Schulzeit interessierte Lietaer sich für die Ereignisse im Geld- und Finanzsystem, genauer gesagt für die Schwankungen von Währungskursen. Sein frühes Interesse an unterschiedlichen Ländern, Kulturen und Währungen verband er als Jugendlicher und später als Student mit dem Talent, in Wort und Schrift über die jeweils gesammelten Erfahrungen zu berichten. In Referaten für seinen persönlichen Umkreis, in Pressetexten, die er darüber hinaus für lokale Zeitungen verfasste, aber auch in ausgedehnteren Studien verarbeitete er die zusammengetragenen Eindrücke sowie erste eigene reformerische Ideen.

Das Kernanliegen Lietaers, der als Jugendlicher in einer von Mönchen geleiteten Schule gelernt hatte, war schon damals ein spirituelles. Zeit seines Lebens blieb er darum bemüht, Wissen und Weisheit miteinander zu verbinden, und das nicht ohne Grund. Während einer (ersten) Reise nach Indien im Jahr 1961 hatte er, kaum 19 Jahre alt, drei Begegnungen von initiatorischer Qualität. Zunächst begegnete er damals Sir Edmund Percival Hillary, dem sieben Jahre vorher zusammen mit dem nepalesischen Bergsteiger Tenzing Norgay die Erstbesteigung des Mont Everest gelungen war. Danach wurde Lietaer im Vishnu Tempel von Muktinath in die Meditation eingeführt, bevor er in Benares den Priester und Gelehrten Raimon Panikkar traf.

Panikkar, Sohn einer katholisch-gläubigen Katalanin und eines Hindu, hatte sich nach dem Besuch einer Schule der Jesuiten intensiv mit Naturwissenschaft und Philosophie befasst. 1946 war er zum Priester geweiht worden und lehrte nun, dreifach promoviert, an verschiedenen Universitäten – von 1953 bis 1962 an den Universitäten von Mysore und Benares – Philosophie und Hinduismus. Vor allem aber trat Panikkar für den interreligiösen Dialog ein, und zwar in eigenen Veröffentlichungen, in denen er sich mit den esoterischen Seiten des Christentums und des Hinduismus befasste, um deren Gemeinsamkeiten aufzuzeigen. Dieser interreligiöse Dialog entsprach ganz und gar dem Weltverständnis Lietaers, dem die Begegnung mit Panikkar richtungsweisend war.

Durch viele weitere Reisen in alle Welt, die er stets sehr sorgfältig vor- und nachbereitete, erwarb Lietaer sich eine umfassende kulturelle Bildung. Schon als Student kam er in den Mittleren Osten (1964), worüber er in einer französischen Tageszeitung fünf Reportagen zu den Themen »Ölindustrie«, »Politik« und »Wirtschaft« veröffentlichte. Nachdem er ein zweites Mal Indien bereist hatte (1965), stellte er anschließend die gesammelten Erfahrungen auf mehreren Konferenzen unter dem Thema »Religiöse und wirtschaftliche Entwicklungen in Indien« vor. Über die Elfenbeinküste schrieb er unter der Überschrift »Private Investment in a Developing Economy« einen Report (1966) von 600 Seiten, und eine Exkursion nach Venezuela im Folgejahr dokumentierte er auf 900 Seiten unter der Überschrift »Petroleum, Politics and Economics in Venezuela«. Man erkennt daran unschwer, mit welchem Fleiß Lietaer gesammelte Erfahrungen verarbeitete, indem er sie in ausführlichen Berichten für andere zugänglich machte, wodurch er während der Studienzeit seine journalistischen Fähigkeiten immer weiter ausbildete. Von 1966 bis 1967 war Lietaer schließlich Chefredakteur der *Avenir et Opinions*, des offiziellen Magazins der Abteilung für Ingenieurwesen an der Universität in Löwen.

In das Geldthema war Lietaer aufgrund all dieser Aktivitäten bereits hineingewachsen, als er sein Ökonomiestudium am MIT (in Boston, USA) aufnahm und parallel dazu als Werkstudent in einer renommierten Consultingfirma Erfahrungen in der praktischen Berufswelt sammelte. Weil er vorher bereits ein Studium zum Elektroingenieur absolviert hatte, war ihm das systematische, zielorientierte Denken vertraut. Ebenso war er aufgrund seiner technischen Ausbildung in der Lage, mit der gerade aufkommenden Computertechnik professionell umzugehen. So verfasste er am MIT schließlich nicht einfach bloß eine Master-Thesis zu den Problemen der Währungskursschwankungen, sondern schrieb zugleich ein Computerprogramm, mit dem sich Entwicklungen am Markt der Währungen mit ziemlicher Genauigkeit prognostizieren ließen. Sein Anliegen war es, mit seinen Ideen und Kenntnissen Firmen und Regierungen zu unterstützen. Die Consultingfirma hatte ihn direkt übernommen und sendete ihn nun zu Beratungsdiensten in alle Welt.

Das Bretton-Woods-Abkommen mit den entsprechenden Folgen für das weltweite Währungssystem, für die Wirtschaft und die sozialen Verhältnisse in den ärmeren Ländern, war zu dieser Zeit (1971) gerade gescheitert. Lietaer weilte damals in Lateinamerika. Dort entwickelte er seine ersten Ideen für eine globale Referenzwährung, die geeignet sein sollte, die vormalige Rolle des US-Dollar zu übernehmen. Seine beruflichen Erfahrungen führten ihn nun direkt dazu, sich auch mit den Krisen im Geld- und Finanzsystem zu befassen, denn schließlich war sein Hauptinteresse auf deren Indikatoren gerichtet, indem er professionell darum bemüht war, Wechselkursrisiken für Firmen und Regierungen zu mildern.

Fähigkeit zur Vision

Im akademischen Bereich lehrte Bernard Lietaer von 1975 bis 1978 und von 1983 bis 1986 als Assistant Professor für Internationales Finanzwesen an der Universität Löwen. Eine Gastprofessur für archetypische Psychologie an der Sonoma State University hatte er zwischen 1992 und 1998 inne, bevor er von 2003 bis 2006 als Visiting Scholar an der Naropa University in Boulder (Colorado) das dortige »Marpa Center for Business and Economics« aufbaute.

Aufgrund einer von ihm verfassten Studie über die Entwicklung Lateinamerikas erreichte ihn im Jahr 1978 durch einen Headhunter die Anfrage, für die belgische Zentralbank tätig zu werden. Nach dreijähriger Tätigkeit an der Universität erschien ihm das als willkommene Abwechslung, zumal er darin die Chance erblickte, an einem zentralen Ort an Lösungen für das instabil gewordene Währungssystem mitwirken zu können. So wurde Lietaer zum Leiter der EDV-Abteilung der Zentralbank und war in dieser Funktion mitverantwortlich für die Einführung der »European currency unit«, kurz »ECU«, also jener Verrechnungseinheit, die bis heute als Vorstufe des EURO gilt.

Später, im Jahr 1986, übernahm Lietaer das Management eines der ersten Hedgefonds gegen Währungsrisiken. Ross Jackson, ein aus Kanada stammender Währungsspekulant, hatte ihn darum gebeten. Zur Vorbereitung der Investitionsentscheidungen des in dem Steuerparadies George Town, Grand Cayman, eingetragenen Fonds verwendete Lietaer nun die von ihm entwickelte und programmierte Software, um mit Millionenbeträgen auf Kursschwankungen verschiedener Währungen zu spekulieren. Darin war er ausgesprochen erfolgreich und wurde schließlich von der *Business Week* im Jahr 1989 sogar zum weltweit besten Währungshändler – in einem einzigen Monat hatte man einen Gewinn von 86 Prozent verzeichnen können – gekürt.

Bernard Lietaer wollte seine innovativen Gedanken aber nicht nur in der akademischen Welt und unter Finanzexperten darstellen, sondern auch Laien verständlich machen, wobei er um konzeptionelle Schärfe immer bemüht blieb. Es kam ihm besonders darauf an, bewusst zu machen, »welche Entscheidungen über unser Geld wir treffen und wie wir damit unsere Zukunft in den nächsten zwanzig Jahren gestalten können.«[1] Dieses Anliegen verlieh seinen Ausführungen eine fürs tägliche Leben praktische Relevanz. Jeder Mensch konnte (und kann) aus seinen Ideen wertvolle Anregungen schöpfen, gleichviel für den privaten wie für den beruflichen Bereich.

Seit den 1990er Jahren, nachdem er durch den Kontakt mit Margrit Kennedy den Ideen Silvio Gesells und der Permakultur begegnet war, wurde Lietaer auf die ökologische Relevanz von Geld- und Währungsfragen aufmerksam. In seinen beiden ersten großen Hauptwerken, den Büchern *Das Geld der Zukunft* und *Mysterium Geld*, griff er das auf. Überdies spannte er nun mit seinen prinzipiellen Erwägungen einen weiten Bogen und erläuterte historische sowie psychologische Gesichtspunkte, wenn es darum ging, das Wesen und die Wirkungen des Geldes und der Finanzmärkte verständlich zu machen.

Nachdem Lietaer durchschaut hatte, wie fatal sich Zins und Zinseszins auswirken, und nachdem er seine Arbeit für den Hedgefonds beendet hatte, begann er damit, dem bestehenden System mit alternativen Ideen zu begegnen. Er war bezüglich des Finanzsystems im Laufe der Zeit zu einem weithin anerkannten Experten geworden. Aber statt weiterhin gewinnorientierte Währungsspekulationen zu betreiben, setzte er sich in der nun folgenden Zeit immer stärker für das Gegenteil ein. Ab jetzt erforschte und entwickelte er Lösungen für ein Geld- und Finanzsystem, das ökologisch und sozial wirkt, ohne einzelne über Gebühr zu begünstigen.

Im Kern trat Lietaer für die Idee ein, dass es für die unterschiedlichsten Zwecke verschiedener Währungen bedürfte, und dass von einer entsprechenden Vielfalt Wirkungen ausgehen, die für das Finanzsystem insgesamt stabilisierend wirken würden. In diesem Zusammenhang prägte er den Begriff »Komplementärwährung«, um auszudrücken, dass es ihm eben nicht auf Verdrängung oder Ersatz bestehender Währungsformen ankam, sondern auf deren Ergänzung. Seinem holistischen Weltverständnis folgend, sprach er von einem »monetären Ökosystem«, das es, analog zu entsprechenden Systemen in der umgebenden Natur, zu schaffen gelte. Lietaer dachte für ein solches, sich selbst regulierendes System an das Zusammenwirken von vier Währungsebenen: einer globalen Referenzwährung, multinationalen Währungen, Landeswährungen und lokalen Komplementärwährungen.

Um zu beschreiben, warum es so schwerfällt, Wesen und Funktionen des Geldsystems zu verstehen, bediente Lietaer sich gern der Metapher vom fliegenden Fisch, der erst, wenn er sich aus seiner Umgebung herausbegibt, versteht, was Wasser ist.[2] Es war ihm ein besonderes Anliegen, Vorstellungen und Erkenntnisse zu ermöglichen, die geeignet sind, ein hinreichend objektives Bild vom Geld und seinen Wirkungen zu vermitteln. Er wusste, wie wenig über diesen für alle und alles so wichtigen Bereich des Lebens gewusst wird, und es war ihm klar, dass es gerade auf solches Wissen ankommt, wenn es darum geht, zukunftsgerechte Lebensformen zu entwickeln und zu etablieren: »Denn der höchste Preis, den wir für das Festhalten am heutigen Geldsystem zahlen, ist die Beschränktheit dessen, was wir für möglich halten.«[3]

Finanzsystem und Währungen

Solange es für die Deckung von Währungen einen reinen Goldstandard gibt, sind die Wechselkurse zwischen den betreffenden Ländern fest. Das Währungsregime des Goldstandards hatte sich in den Industriestaaten seit 1880 durchgesetzt, doch mit der Zunahme von Banknoten und Giralgeld entfernte sich die zirkulierende Geldmenge im Laufe der Zeit immer weiter vom Wert der hinterlegten Goldmenge, womit sich das System zu einem Proportionalsystem entwickelte, in dem nur noch ein Teil des umlaufenden Geldes in Gold zu tauschen gewesen wäre.

Mit dem so genannten »System von Bretton Woods« versuchten schließlich die 44 daran beteiligten Staaten die Vorteile des Goldstandards als festem Wechselkurssystem mit den Vorteilen eines flexiblen Wechselkurssystems zu kombinieren. Dafür hatte man sich auf den US-Dollar als Ankerwährung verständigt und im Gegenzug vereinbart, dass die Zentralbanken aller Teilnehmerländer jederzeit US-Dollar zu einem festen Kurs gegen Gold eintauschen könnten. Doch diese Zusage hatte Richard Nixon 1971 aufgekündigt. Seitdem wird der Wert der Währungen allein durch die Kräfte des Marktes bestimmt. Infolge stieg das Währungsrisiko für Unternehmen – und zugleich die Chance auf exorbitante Gewinne aus Währungsspekulationen.

Geld und Welt verändern sich

Lietaers Expertise war nun sehr gefragt, zumal für die mit seiner Hilfe erstellten Prognosen eine Eintrittswahrscheinlichkeit von rund 60 Prozent gegeben war. Damit ließen sich Risiken wirksam minimieren und Verluste vermeiden.

Doch auch für die Zwecke der Spekulation ließ sich das von ihm entwickelte Verfahren anwenden. Die Deregulierungen der Finanzmärkte in den 1980er Jahren »ermöglichten einem sehr viel breiteren Spektrum von Einzelpersonen und Institutionen, sich an Devisengeschäften zu beteiligen.«[4] Und mit der Computertechnologie »änderten sich das Tempo und der Umfang möglicher Devisentransaktionen.«[5] Ein neues Geschäftsfeld hatte sich aufgetan und immer mehr Hedgefonds verlegten sich darauf, Kursrisiken durch Sicherungsgeschäfte abzusichern.

Bei einem Hedgegeschäft geht es zum Beispiel darum, dass einer Firma, die im Exportgeschäft eine Lieferung zu einem bestimmten Preis in einer Fremdwährung zugesagt hat, der Erlös in der eigenen Währung in einer reduzierten Summe garantiert wird, noch bevor die Lieferung erfolgt bzw. fakturiert ist. Dafür legt der Hedger einen aus seiner Sicht wahrscheinlich eintretenden Wechselkurs zugrunde und sichert auf diese Weise dem Lieferanten den entsprechenden Erlös.

Ein geeignetes Instrument zur Durchführung solcher Sicherungsgeschäfte sind Terminkontrakte, so genannte »Futures«. Damit werden genau bestimmte Vertragsgegenstände in bestimmter Menge zu festgelegten Kaufpreisen auf einen zukünftigen Termin hin verkauft. Die Teilhabe an solchen Vereinbarungen ist zudem auch über so genannte »Derivate« möglich, bei denen die Käufer als Partner an einem Derivatevertrag – ohne Inhaberschaft am Basiswert – an den Chancen und Risiken des Geschäfts teilnehmen. Doch der börsliche Handel mit Derivaten dient mittlerweile nicht mehr in erster Linie der Risikoabsicherung, sondern der Spekulation auf mögliche Gewinne, wofür das von den Hedgern weitergereichte Risiko akzeptiert wird.

Problematisch ist nicht nur, dass über den Handel mit Derivaten der Kapitalmarkt immer weiter aufgebläht und von der Realwirtschaft entfernt wurde, sondern auch, dass Währungsspekulationen zu Schwankungen der Wechselkurse führen, die sich nicht mehr durch die grundlegenden Faktoren erklären lassen. Mit Spekulationen in entsprechender Größenordnung können Währungskurse sogar gewinnträchtig gezielt beeinflusst werden, wenn zum Beispiel Geld in einer bedrohten Währung geliehen und später, nach eingetretener Abwertung, ein geringerer Wert zurückgezahlt wird.

Die Berechenbarkeit des eigentlich Unberechenbaren

Für seine Master-Thesis hatte Lietaer sich unter anderem mit den bedeutenden Kursschwankungen nach dem Zweiten Weltkrieg befasst und eine Übersicht zu Abwertungen bei 96 von 109 nationalen Währungen in der Zeit von 1948 bis 1967 erstellt. In diesem Zusammenhang ging er insbesondere auf die Bedeutung des Hedging für den Schutz von Einkommen und Investments ein.

Tatsächlich gehen in die Berechnungen und Voraussagen von Währungskursschwankungen so viele verschiedene Aspekte und Parameter ein, dass es einem einzelnen Menschen nahezu unmöglich ist, sie zu überschauen und auszuwerten. Hier kommt der seit den 1960er Jahren entwickelten Computertechnik eine entscheidende Bedeutung zu. Worum es ihm mit seinen Lösungsvorschlägen und dem Computerprogramm im Kern ging, beschrieb Lietaer kurz gefasst so:

> Das gesamte Problem kann als Versuch beschrieben werden, eine Kombination aus Finanzierungs- und Absicherungsgeschäften zu finden, die die erwarteten Kosten und das Strategierisiko minimiert und keine der betrieblichen Einschränkungen verletzt.[6]

Das bedeutet, dass erwartete Kosten (Zinserwartungen versus Verluste aus Währungsschwankungen), strategische Risiken (das allgemeine Geschäftsrisiko, das darin besteht, Finanzierungen für die Zukunft zu machen und Wahrscheinlichkeiten zu versichern, die man nicht genau kennt) und betriebliche Einschränkungen beachtet werden müssen (so müssen finanzielle Anforderungen budgetiert werden, also Liquidität, Kredite, Kreditlinien und so weiter).

Im Hedging gibt es eben nicht nur eine einzige Lösung für das Problem der Abwertung, sondern ein ganzes Bündel. Ein Extrem ist die Minimal-Risiko-Lösung, die um jeden Preis funktioniert. Andererseits gibt es eine Lösung, die die Kosten minimieren will und dabei höhere Risiken in Kauf nimmt. Zwischen diesen beiden Extremen gibt es eine Vielzahl an Lösungen, die aber alle als »optimal« bezeichnet werden können, weil sie die verschiedenen Temperamente der handelnden Personen repräsentieren.

Für das konkrete Vorgehen zeigte Lietaer in seiner Master-Thesis einen bestimmten Rahmen auf: Zuerst wird ein Planungshorizont bestimmt, dessen Breite von vielen unterschiedlichen Faktoren abhängt. Der zweite Schritt besteht darin, die Wahrscheinlichkeit von Abwertungen für jeden Monat im Planungshorizont zu bestimmen, inklusive die Wirkung von Fehlern in der Prognose. Derartige Fehler erhöhen das Gesamtrisiko. Das dritte Set notwendiger Daten zeigt im Planungshorizont für jeden Monat das vorhandene Cash-Budget auf. Das vierte Datenset besteht aus allen möglichen und existierenden Alternativen der Finanzierung und des Hedging: erwartete Kosten, Verteilung dieser Kosten sowie die Vorhersage der erwarteten Summen. Beispielweise steigen oder fallen alle Kreditkosten im Zusammenhang mit Währungskursschwankungen, worauf Lietaer in seinen Darstellungen besonders einging.

Eine Finanzierung mit hohem Risiko oder eine Hedging-Strategie ist eine Kombination von Transaktionen, deren totale Kosten oder Gewinne nur in einer großen Bandbreite vorhergesagt werden können. Eine höhere Varianz ergibt ein höheres Risiko. Als Ziel seiner Master-Thesis nannte Lietaer, ein Modell für das Hedging von Währungsabwertungen zu geben, das zu den Annahmen und Risikopräferenzen der verantwortlichen Finanzvorstände von Firmen passt. Mit seinem Computerprogramm lieferte er ihnen zugleich ein Werkzeug für den Einsatz in der Praxis.

Es gibt viele Modelle, um in der komplexen Welt des Währungshedging zu agieren, weil es in der internationalen Umwelt vielfältige

Hemmnisse und Begrenzungen gibt. Lietaer untersuchte die Geschäftsverläufe und -bedingungen der »Ace International Corporation«, die von den Büros in den USA aus über Niederlassungen in Brasilien arbeitete, um daraus zu erkennen und darzustellen, welche Varianten für Sicherungsgeschäfte und deren Rahmenbedingungen entwickelt wurden. Seine in dieser Firma gesammelten Erfahrungen bildeten den Hintergrund für den größten Teil der in der Master-Thesis ausgeführten Überlegungen.

Das Beispiel dieser Firma wurde von Lietaer gewählt, weil die »Ace International Corporation« ihre Geschäfte weltweit in über 80 Ländern betrieb. Wegen der Geschäftsbeziehungen zu Brasilien, wo die Ace Corp. eine Fabrik und eine Distributionskette unterhielt, ergaben sich besondere Risiken hinsichtlich der verwendeten Währungen US-Dollar und Cruzeiro. Der Planungshorizont war mit neun Monaten eng bemessen. In dieser Zeit hatte die brasilianische Tochtergesellschaft einen Gesamtbedarf von 39 Billionen Cruzeiros, was einem Volumen von 17 Millionen Dollar entsprach, die über das Headquarter in New York bereitgestellt wurden. Es ging nun darum, das minimale Risiko und die zu erwartenden Kosten zu bestimmen. Um die praktischen Dimensionen des Problems zu verdeutlichen, gab Lietaer die Überlegungen des Finanzverantwortlichen der brasilianischen Tochtergesellschaft wieder,[7] die zeigten, wie verschieden die Einflüsse waren, die sich am Ende der neun Monate für den Gewinn oder Verlust für entscheidend erweisen sollten. In den folgenden Kapiteln seiner Master-Thesis finden sich die Bedingungen, Herausforderungen, Probleme und Lösungsansätze für die Situation der Ace Corp. exemplarisch dargestellt, wobei eine Übertragbarkeit auf die Bedingungen in den Geschäften anderer Firmen möglich und naheliegend ist. Darauf ging Lietaer in den drei abschließenden Kapiteln seiner Master-Thesis ausdrücklich ein.

Diese allgemeinen Probleme im vorherrschenden Geldsystem sind die Bereiche Aufwertung, Spekulation und (mehrfache) Währungsabsicherung. Lietaer zitierte in seinen Ausarbeitungen J. M. Dagnino Pastore, der in einer Sitzung des IWF (Internationaler

Währungsfond) festgestellt hatte: »Das Weltwährungssystem ist von wiederkehrenden Wechselkurskrisen, umfassender Unsicherheit, massiven und destabilsierenden Spekulationen, hohen und steigenden Zinssätzen und sogar der Ausweitung von Kontrollen und Beschränkungen geplagt.«[8] In diesem einen Satz wird ausgesprochen, was für Lietaer in den folgenden Jahrzehnten zum Lebensthema wurde: Das vorherrschende, überkommene Geldsystem bedarf einer dringenden Reform, die, so vertrat er es in späteren Jahren, dazu beitragen muss, dem System Eigenschaften zu verleihen, die zur sozialen und ökologischen Gerechtigkeit beitragen.

Die damalige innovative Bedeutung von Lietaers Ideen und dem aus ihnen entwickelten Computerprogramm wird deutlich, wenn man bedenkt, dass die verschiedenen Szenarien und Wahrscheinlichkeiten schon damals per Computer zutreffender berechnet werden konnten, als es einem noch so erfahrenen Menschen ohne technische Unterstützung möglich gewesen wäre. Denn es muss für die Prognose von Kursschwankungen die hohe Komplexität überschaut werden, die sich aus Input, Output und Entropie ergibt, um bestimmte Gesichtspunkte als wesentlich zu erkennen. Dazu beschäftigte Lietaer sich mit dem Erkennen von Mustern, folgte also einem systemischen Ansatz, auf den er in den folgenden Jahren immer wieder zurückkommen sollte. Dabei ist bemerkenswert, dass er davon ausging, dass das Geldsystem Eigenschaften eines lebendigen Organismus aufweist, und das verstand er nicht bloß metaphorisch.

Zur Rolle Europas im Nord-Süd-Konflikt

Im Anschluss an seine Master-Thesis erschien im Jahr 1978 von Lietaer ein kleines Buch, in dem er besonders auf die Rolle Europas in dem sich immer deutlicher abzeichnenden Nord-Süd-Konflikt einging.[9] Geldsystem, Energie, Rohstoffe und der Welthandel boten seit Ende des Zweiten Weltkriegs zunehmend Anlass für multinationale Konflikte, deren Ursachen er in der Struktur der europäischen Gesellschaft und in den fortschreitenden Veränderungen in der globalen

Geopolitik sah. Das durch fortschreitendes Wachstum erschlossene Potential werde, so Lietaer, nicht optimal genutzt. Die UdSSR zum Beispiel investierte große Summen in das nukleare Wettrüsten mit den USA, wodurch der Trend zu einer multipolaren Weltordnung forciert wurde. Hinzu kam, dass die historisch gewachsene Dominanz einiger weniger Industrienationen im globalen Wirtschaftsgeschehen in Auflösung begriffen war. Eine neue Weltordnung zeichnete sich ab, innerhalb welcher bis heute immer mehr Schwellenländer am Welthandel teilnehmen und wirtschaftlich aufsteigen.

Im Ergebnis entwickelt sich so eine Welt, die komplexer und aggressiver ist. Der Nord-Süd-Konflikt könnte im Ergebnis für Europa Rohstoffkrisen, Arbeitslosigkeit und Inflation zur Folge haben. Insgesamt geht es aber nicht nur um wirtschaftliche Probleme, die es zu lösen gilt, sondern auch um soziale und politische Herausforderungen. Bei einer Eskalation des Nord-Süd-Konflikts sah Lietaer Europa am ehesten als verletzlich an, und er schlug vor:

- einen Plan für eine neue internationale Ordnung, inspiriert vom Präzedenzfall des Marshallplans,
- einen neuen Nord-Süd-Handelsmechanismus, mit dem Ziel, die Erosion der südlichen Handelsbedingungen strukturell zu beseitigen,
- die Entwicklung einer »diagonalen« Beziehung zwischen Europa und Lateinamerika, die darauf abzielt, die externen Abhängigkeiten beider Gebiete zu diversifizieren und zu stabilisieren,
- eine neuartige europäische Denkfabrik, mit deren Hilfe Wissen aus verstreuten Forschungszentren für die verschiedenen Gruppen europäischer Entscheidungsträger leichter nutzbar gemacht werden kann.[10]

Die Bemühungen um die Umsetzung der von Lietaer vorgeschlagenen Vorhaben und Vereinbarungen ergänzten die allgemeinen politischen Aktivitäten. Die europäischen Staaten befanden sich Ende der

1970er Jahre auf dem Weg zur Europäischen Union, die heute mit ihren 27 Mitgliedsländern als der größte gemeinsame Wirtschaftsraum der Erde gilt.

Die Anfänge der EU gehen auf Entwicklungen in den 1950er Jahren zurück, in denen zunächst sechs Staaten die Europäische Wirtschaftsgemeinschaft (EWG) etablierten. Durch wirtschaftliche Verflechtungen wollte man militärische Konflikte für die Zukunft verhindern und durch die Vergrößerung des Marktes das Wirtschaftswachstum in den Teilnehmerländern fördern. Im Jahr 1967 wurden die verschiedenen Institutionen der EWG schließlich zusammengelegt, woraus die Europäische Gemeinschaft (EU) im engeren Sinne hervorging.

In seiner Studie hatte Lietaer diesen Entwicklungen vorgegriffen, indem er vorschlug, eine neue Institution zu schaffen, für die er die Bezeichnung »Centre for Analysis and Policy (CAP 2000)« oder »European Centre for Policy Analysis (ECPA)« erfand. Der Druck, unter dem die Politiker der westlichen Staaten notgedrungen handeln, begrenze die Sichtweite auf zu kurze Zeiträume. Darum, so meinte er, sei es geboten, eine solche Institution ins Leben zu rufen, insbesondere, um Planungshorizonte weit genug abstecken zu können. Beispiele für wirksame »think tanks« (Denkfabriken) gebe es in den USA genug. Und vor allem würde die Zukunft Europas davon abhängen, ob es zu Kooperationen mit den Ländern der Südhemisphäre kommt. Den Impuls dazu könne Europa aus seiner kulturellen Tradition entwickeln: »Vielleicht ist der einzige ermutigende Aspekt der gegenwärtigen Situation in Europa, dass es für sich selbst aufgeklärt ist, das zu tun, was seine jüdisch-christlich-humanistische Tradition die ganze Zeit diktiert hatte.«[11]

Gewinnen und verlieren

Ohne es eigentlich beabsichtigt zu haben, hatte Lietaer sich auf eine Tätigkeit in einem Hedgefonds optimal vorbereitet, indem er sich bis zum Ende der 1970er Jahre aus der Sicht multinational agierender Firmen überaus gründlich mit Währungskursschwankungen beschäftigt hatte. Zudem waren ihm die wirtschaftlichen Entwicklungen und Herausforderungen in den Ländern Lateinamerikas durch seine Tätigkeit als Consultant gleichermaßen vertraut, wie er die politischen Entwicklungen in Europa aufmerksam verfolgte. Genau zu diesem Zeitpunkt wurde er durch Ross Jackson für den Aufbau und die Leitung des »Gaia-Hedgefonds« angeworben. Wie kaum ein anderer war Lietaer in der Lage, mit seinem Wissen und seinen Fähigkeiten spekulative Geschäfte zum Erfolg zu führen, und das gute Abschneiden des von ihm aufgebauten und geleiteten »Gaia-Hedgefonds« bestätigte dies. Erst nach seinem Ausscheiden aus dem Management dieser Firma und dem Scheitern eines daran sich anschließenden eigenen Fondsprojekts fand Lietaer zu einer grundsätzlich kritischen Sicht auf spekulative Geschäfte jenseits der Realwirtschaft. Diese Einsicht hatte er also persönlich teuer bezahlt!

> Es war der größte Schock meines Berufslebens. Ich habe das Glück gehabt, im Laufe meiner dreißig Berufsjahre viele Erfolge zu erleben. Aber in diesem Fall wurden fünf Jahre Arbeit in einer Woche zunichte gemacht. Wie ich später erfuhr, war ich in die Ebbe der Anti-Pfund-Spekulation von George Soros zu Beginn der 1990er Jahre geraten. Doch diese Episode erschütterte meinen Ruf als der ›weltbeste Devisenhändler‹. Ich verlor die Illusion meines eigenen Midas-Touches und damit auch einen großen Teil meines Vermögens. Dies alles erschien mir als großes persönliches Versagen und brachte mich zu meinem zweiten akademischen Sabbatjahr (in Berkeley und an der Sonoma State University), um die ganze Geschichte von Grund auf zu überdenken. – In seiner einfachsten Form bestand unser Devisenhandelssystem aus zwei Komponenten: Die eine war ein Vorhersagemodell für Kursentwicklungen, die andere ein Portfoliooptimierungsmodell mit mehr als zwanzig Währungen. Der schwierigste Teil ist natürlich die Vorhersage. Quantifizierte Prognosen finden unweigerlich auf der Basis von Datenmustern aus der Vergangenheit statt, von denen man hofft, dass sie in Zukunft wieder eintreten werden. Unser Vorhersage-

> modell hatte eine Eintrittswahrscheinlichkeit von 55 bis 60%, was auf Dauer genügt, um damit systematisch Geld zu verdienen. Obwohl ich es zu diesem Zeitpunkt nicht wusste, bedeutete Soros' massiver Abbau seiner Positionen in englischen Pfund eine einschneidende Veränderung in den historischen Basisdaten. Immerhin spielen abgesehen von dieser Episode nicht Leute wie Soros und Hedgefonds die Hauptrolle auf den Finanzmärkten, sondern die Handelsabteilungen des Finanzsystems selbst.[12]

Nun begann Lietaer damit, nicht nur die Funktionen des Geld- und Währungssystems zu studieren und zu beschreiben, sondern auch die Bedingungen für das Entstehen rein spekulativer Märkte und die Ursachen ihres Scheiterns. Er erkannte immer genauer, dass die nach dem Platzen einer Spekulationsblase üblicherweise gewählte Lösung darin besteht, dass in einer anderen Vermögensklasse eine neue Blase geschaffen wird.[13] Mit Blick auf die Zukunft käme es jedoch darauf an, nach den strukturellen Ursachen zu fragen.

> Selbst wenn verschiedene Zusammenbrüche gemeinsam analysiert werden, ordnet man sie gewöhnlich spezifischen Kategorien zu: »Bankenkrisen«, »Währungskrisen«, »Staatsschuldenkrisen« und so weiter. Jede Kategorie wird sodann analysiert, um die gemeinsamen Ursachen zu verstehen, die man damit verbindet – doch die tieferen strukturellen Probleme werden im Allgemeinen noch immer vernachlässigt. Oder um es mit einer anderen Metapher auszudrücken: Bei einem Kartenhaus können verschiedene Auslöser unterschiedliche Kategorien von Einstürzen herbeiführen. Dabei käme es doch in Wahrheit darauf an, die strukturelle Instabilität des Kartenhauses selbst zu erkennen.[14]

Das aber wurde und wird nicht geleistet bzw. sogar verweigert. Die schnellstmögliche Rückkehr zur »Normalität« wird präferiert, statt grundsätzliche Erneuerungen am Geld- und Finanzsystem vorzunehmen,[15] obwohl hinlänglich bekannt und gut erforscht ist, dass die

Folgen einer Krise nie nur auf das jeweils betroffene Land beschränkt bleiben, sondern sich in der globalisierten Welt im Laufe der Zeit auch auf andere Länder auswirken.[16]

Massenhysterien hatte es im Verlauf der Geschichte immer wieder gegeben, wobei interessant ist, dass in den zurückliegenden drei bis vier Jahrhunderten alle derartigen Ereignisse, mit Ausnahme der Hexenverfolgungen, einen finanziellen Hintergrund hatten. Lietaer schrieb gegen Ende der 1990er Jahre:

> Rohstoffe, Fertigwaren, Land, Gebäude, Aktien und Währungen waren alle irgendwann einmal Objekte des Spekulationsfiebers. [...] Man könnte sogar die scheinbar paradoxe Behauptung aufstellen, dass Anfälle von Spekulationsfieber *gerade* bei den am höchsten entwickelten Märkten auftreten. Holland war im 17. Jahrhundert bei weitem der wichtigste Finanzmarkt der damaligen Zeit: Das Land hielt und schlug so viel Kapital um wie das übrige Europa zusammen, als es im Jahr 1637 von der »Tulpomanie« ergriffen wurde. Ähnlich erlebten England im 18. Jahrhundert (der Südseeschwindel von 1720), New York, Wien und Berlin (alle zugleich von der internationalen Panik 1873 betroffen), der amerikanische Aktienmarkt 1929 oder Japan 1990 einen Finanzkrach, als das jeweilige Land und sein Markt nahezu auf dem Höhepunkt ihrer finanziellen Entwicklung und ihres Ruhms standen. Sollte diese Beobachtung zutreffen, wäre als nächstes der amerikanische Aktienmarkt, und dabei vor allem die Aktien der Internet- und High-Tech-Unternehmen, betroffen.[17]

Tatsächlich ereignete sich das Platzen der Dotcom-Blase nur wenige Monate später. Der größte Umschlagplatz für Aktien an Technologieunternehmen, die US-amerikanische NASDAQ, war davon vor allem betroffen.

Eine genauere Untersuchung, bei der Lietaer verschiedene Spekulationsblasen und Zusammenbrüche miteinander verglichen hatte, ergab, dass jede Spekulationsmanie in vier Phasen verläuft. Der

Kipppunkt ist zwischen der zweiten und dritten Phase zu verorten, nachdem sich das Spekulationsfieber durch die Expansion von Geld und Kredit bis an die Grenze des gerade noch Tragbaren gesteigert hat. Danach ereignet sich schließlich, durch irgendeinen Grund ausgelöst, der panikartige Zusammenbruch.

Der britische Volkswirtschaftswissenschaftler und Wirtschaftshistoriker Arnold Toynbee dokumentierte bereits im 19. Jahrhundert den Zusammenbruch von 21 Zivilisationen, wofür er nur zwei Ursachen ausmachte, nämlich die zu große Konzentration von Reichtum und eine Elite, die sich nicht auf sich verändernde Verhältnisse einstellen wollte. Dazu kommt für Lietaer die Gefahr, die von der Schädigung der Umwelt ausgeht. Er sah für die Gegenwart die Gefahr eines Zusammenbruchs aufgrund aller drei Faktoren. Daher komme es heute darauf an, den Zusammenhang zwischen den Wirkungen des Geldsystems und der Nachhaltigkeit zu erkennen.[18]

> Seit Anfang 2012 haben sich alle Länder, die von der Krise von 2008 betroffen waren, massiv verschuldet, um ihre Bankensysteme vor dem Bankrott zu retten. Das Finanzsystem hat sich dafür »revanchiert‹«, indem es darauf hingewiesen hat, dass diese Länder inzwischen hoch verschuldet seien, und indem es den Abbau der sozialen Sicherheitsnetze von Europa verlangt hat, die im Laufe von Jahrhunderten entstanden sind.[19]

Das betrifft direkt das Problem der Überalterung der Gesellschaft, das Lietaer für ähnlich brisant hielt wie den Klimawandel, weil die Konsequenzen einer alternden Bevölkerung die Möglichkeiten der mittlerweile hochverschuldeten Staaten bei weitem übersteigen.[20]

Die Verläufe und Ereignisse von Spekulationsphasen deutete Lietaer, wie wir es später noch genauer betrachten wollen, auch vor dem Hintergrund der archetypischen Psychologie, wofür er sich unter Verweis auf Joseph Campbell auf die Bedeutung verschiedener Mythologien bezog. Für Lietaer waren die Mythen der verschiedenen Völker und Kulturen nicht bloß erfundene Geschichten, sondern gültige Beschreibungen psychischer Sequenzen.[21] In diesem Sinne beschrieb er beispielsweise das mythologische Apollo-Dionysos-Paar, um die Boom-Bust-Zyklen (Zu- und Abnahme einer Wirtschaftstätigkeit) im Marktgeschehen der Spekulationen zu beleuchten. Dabei ordnete er Apollo die männlichen, rational ausgerichteten Kräfte zu.

Die wilden Dionysos-Kulte, von denen in der griechischen Mythologie die Rede ist, verglich er mit den Spekulationsphasen, in denen sich der Markt überhitzt und schließlich zusammenbricht. Bis zur Bedeutung vorherrschender Begriffe, so Lietaer, lässt sich ein dionysischer Einfluss ahnen: »›Manie‹ stammt von *Mänaden*, ›Orgie‹ von *Orgia* und ›Panik‹ von *Pan*. Selbst moderne Bezeichnungen wie ›Schwarzer Freitag‹ für den Börsenkrach von 1929 weisen kurioserweise auf die ›dunkle Nachtseite‹ der dionysischen Tradition hin.«[22]

Den Gegensatz dazu bildet jene apollinische Einstellung, mit der man sich rational und weitgehend ohne Empathie einer Aufgabe zuwendet. Besonders Spekulanten sind ein Beispiel dafür:

> Apollo symbolisiert für unsere Zwecke den hyperrationalen Geist – den Eckpfeiler der Wirtschaftswissenschaften und die einzige Form des Handelns für den Homo oeconomicus: Der professionelle Händler ist zurückhaltend, distanziert, zeigt sich gleichgültig gegenüber dem Schaden, der anderen entsteht, er ist gefühllos, logisch, hyperrational und zu keinerlei Selbstbeobachtung fähig. Ich weiß das! Ich selbst habe diese Tätigkeit fünf Jahre lang ausgeübt.[23]

In seiner Deutung der immer wieder gleichen Muster des Marktgeschehens ging Lietaer zuweilen ganz bewusst über die Erklärungsmodelle der klassischen Wirtschaftswissenschaft hinaus, etwa wenn er sich an der Zone des Übergangs zu tiefenpsychologischen Erklärungsmodellen auf Charles Kindleberger berief,[24] der das wiederkehrende Schema der Boom-Bust-Zyklen als Charakteristikum der erst etwa 350 Jahre alten kapitalistischen Wirtschaft definierte. Für Lietaer waren die Kräfte des Marktes, die in der derzeit vorherrschenden Art des Wirtschaftens zwischen dem apollinischen Pol der Sklerose und dem dionysischen Pol der Ekstase changieren, Realitäten, die es zu beachten gilt. Eben darum griff er auf tiefenpsychologische Erklärungsmodelle zurück, wobei er, auch darüber noch hinausgehend, aus einem spirituellen Hintergrund schöpfte, auf den wir später noch zu sprechen kommen werden.

Geld

Die Weltwirtschaft, wie wir sie heute kennen, entwickelte sich besonders seit Beginn des 19. Jahrhunderts. Die Industrialisierung führte zu multinationalen Verbindungen, in denen den europäischen Ländern schließlich eine dominierende Rolle erwuchs. Und es kam im Laufe der Zeit zu einem markanten Gefälle zwischen den Ländern der bald so genannten Ersten, Zweiten, Dritten und Vierten Welt, wobei die Folgen sowohl innerhalb der betreffenden Volkswirtschaften als auch in der Art der globalen Beziehungen der Länder zueinander immer deutlicher hervortraten.

Ein starker Einfluss auf das Anwachsen der Weltwirtschaft ging nach 1945 von den kooperierenden west- und mitteleuropäischen Ländern aus, die über das Bretton-Woods-System mit einigen weiteren Staaten durch feste Wechselkurse verbunden waren. Sie alle nahmen eine Sonderrolle ein, insofern für sie eine Sicherheit gegeben war, die für alle nicht teilnehmenden Länder nicht bestand. Berücksichtigt man, dass der Welthandel seit Beginn des 19. Jahrhunderts bis in die 1970er Jahre hinein bereits auf ein Zigfaches angewachsen war, kann man ermessen, wie bedeutend darin die Schwankungen der Währungskurse waren, aber auch wie gravierend die Aufkündigung des Bretton-Woods-Systems durch die USA.

Obwohl man unschwer nachvollziehen kann, wie unter den gegebenen Voraussetzungen Währungen an einem ausgesprochen attraktiven Finanzmarkt zur Ware werden konnten, sind die Dimensionen der entsprechenden Abläufe nur schwer zu erfassen. Nach dem Scheitern des Abkommens von Bretton-Woods in den 1970er Jahren hatten spekulative Währungsgeschäfte sprunghaft zugenommen. Ein starker Impuls dafür ging auch vom Washington Consensus aus, einem Wirtschaftsprogramm, mit dem IWF und Weltbank ab 1990 in

Lateinamerika den Folgen der Schuldenkrise der 1980er Jahre begegneten. Mit strikten Vorgaben für Strukturanpassungen wurden den Ländern Kredite gewährt, um die Rückkehr zu wirtschaftlicher Stabilität und Teilhabe am wachsenden Welthandel zu ermöglichen. Als dann aber auch der Ostblock zusammengebrochen und in der Folge der marktgesteuerte Wirtschaftsraum enorm gewachsen war, setzte sich die Deregulierung der Finanzmärkte weltweit immer mehr durch. Schließlich verschob sich das Verhältnis der Real- zur Finanzwirtschaft so weit, dass der Anteil der real gehandelten Waren und Dienstleistungen an der umlaufenden Geldmenge schließlich nur noch weniger als zehn Prozent betrug.

Seitdem kurz nach dem Erscheinen der Master-Thesis Lietaers im Jahr 1972 der Bericht des Club of Rome über *Die Grenzen des Wachstums* erschienen war, begannen in aller Welt immer mehr Menschen über die ökologischen und sozialen Auswirkungen der globalisierten Wirtschaft nachzudenken.

Auch Lietaer, der damals als Consultant in Südamerika tätig war, nahm im Rahmen seiner Tätigkeit als Berater von Firmen und Regierungen wahr, welche Folgen die Weltwirtschaft, insbesondere der immer weiter aufgeblähte und von der Realwirtschaft entfernte Finanzmarkt, für die ökologischen und sozialen Verhältnisse zeitigte. Ihm wurde deutlich, dass die wesentlichen Probleme der Menschheit genau damit zusammenhingen. Nun begann er, in seinen Überlegungen über die Beschäftigung mit den Finanzmärkten hinauszugehen, indem er in den folgenden Jahren und Jahrzehnten prinzipielle Ideen zum Geld und zu einer Erneuerung des Währungssystems entwickelte und immer weiter ausarbeitete.

In einem Text, den er 2003 für einen Sammelband verfasst hatte, brachte er seine Sicht auf das Dilemma des Geld- und Finanzsystems prägnant zur Sprache:

> Geld, beziehungsweise die Abwesenheit desselben, sind fundamentale Bestandteile unseres Lebens. Es ist jedoch nicht das Fehlen des Geldes an sich, das Trends verstärkt oder die Bewältigung von

aktuellen Herausforderungen verhindert. Es ist eher die begrenzte Funktionalität unseres Geldes und unseres Finanzsystems, die als Hauptkraft in der Erzeugung der aktuellen Ungleichgewichte wirkt. Viele Probleme, die sich uns gegenwärtig stellen, sind ebenso wie die Lösungswege durch die Strukturen unseres Finanzsystems und die Art und Weise, in der wir Geld verstehen und uns über es verständigen, bedingt. – Geld, wie wir es heute kennen, Geld aus dem Monopol einer Bankschuld, entstammt dem präviktorianischen England. Dies war eine Welt ohne Umweltverschmutzung, Treibhauseffekte und Überbevölkerung. In dieser Welt wurden Nationalismus, Wettbewerb, endloses Wachstum und Kolonisierung gefördert. Es sind diese Werte, die das Banken- und Finanzsystem formten, mit dem wir es heute zu tun haben. Doch kann dieses auch die Probleme unserer Zeit lösen? Ich unterstelle, dass Elemente unseres Finanzsystems, welche in einer anderen Zeit ihren Zweck erfüllten, nunmehr ungeeignet sind, die Aufgaben des aufkommenden Informationszeitalters zu bewältigen.[25]

Wie Geld entsteht und wirkt

Immer aufs Neue stellte Bernard Lietaer in Wort und Schrift fest, dass im allgemeinen über Geld zu wenig gewusst wird, und dass so die Etablierung nachhaltigen Wohlstands erschwert wird. Hinzu kommt, dass von den allermeisten Menschen die seit Jahrhunderten unveränderten Merkmale des Geld- und Währungssystems als gegeben hingenommen werden. Stattdessen wäre es aber nötig, den veränderten Verhältnissen mit neuen Währungs- und Geldformen zu begegnen.

Für Lietaer hat Geld, das er als das älteste und am weitesten verbreitete globale Informationssystem verstand, im wirtschaftlichen und sozialen Leben eine ähnliche Funktion wie das vegetative Nervensystem im Körper, insofern es, dem Bewusstsein weitgehend entrückt, für den Ablauf der wichtigsten Lebensvorgänge sorgt. Es repräsentiert eine Verbindung zwischen den Geldeignern und dem Bankensystem des betreffenden Landes, und zwar auf Grundlage einer Übereinkunft zwischen zwei miteinander handelnden Parteien. Ihnen ist entweder eine Schuld- oder eine Habenposition zugeordnet. Grundsätzlich vereinfacht diese Systematik vieles, weil der Austausch von Waren und Dienstleistungen erleichtert wird.

Die Entwicklung konventioneller Währungen vollzog sich über Jahrtausende vom Warengeld über gedeckte »Quittungen« bis zum heutigen ungedeckten Fiatgeld. Letzteres ist ein reines Buchgeld, das von den Banken durch Vergabe von Krediten gegen besicherte Forderungen geschaffen wird. Obwohl für diesen Vorgang eine Mindestreserve gesetzlich vorgeschrieben ist, kann eine Bank wesentlich mehr Geld schöpfen als es der Höhe aller ihr von den Kunden anvertrauten Einlagen entspricht.

> Das Geheimnis bei der Schaffung des Geldes besteht darin, die Menschen dazu zu bringen, dass sie die Aussage: »Ich schulde dir etwas« (das Versprechen, in der Zukunft zu zahlen) als Tauschmittel akzeptieren. Wer immer diesen Trick beherrscht, kann aus dem Vorgang ein Einkommen ziehen (im Mittelalter die Gebühren des Goldschmieds, heute die Zinsen auf das Darlehen, aus dem das Geld entsteht).[26]

Bemerkenswert ist, dass die Staaten das Monopol solcher Geldschöpfung an die Banken übertragen haben. Damit ist der gesamte Vorgang der demokratischen Kontrolle entzogen, ebenso wie die Gewinne aus den Geschäften der Banken nicht dem Staat, sondern den privaten Bankeignern zufallen. Banken dürfen also Geld als gesetzliches Zahlungsmittel in Umlauf bringen, sind aber im Gegenzug verpflichtet, den Regierungen Liquidität zu verschaffen. Tatsächlich kommt es auf diese Weise zur Verschuldung der Staaten bei privaten Firmen, um die es sich bei den Banken de facto handelt. Wären wir nicht so sehr in den alten Vorstellungen vom Geld- und Währungssystem verhaftet, würden wir diese merkwürdige Konstellation vermutlich sehr schnell verändern!

Immer wieder hat Lietaer auf den Entstehungsprozess der heutigen Währungen hingewiesen:

> Dieser einfache Vorgang der Geldschöpfung wird im Englischen mit dem passenden, aus dem Lateinischen abgeleiteten Begriff *fiat money* (»Fiat«-Geld ohne Edelmetalldeckung) bezeichnet. *Fiat lux*, »Es werde Licht«, waren nach der Genesis die ersten Worte, die Gott sprach. Weiter heißt es: »Und es wurde Licht. Gott sah, dass das Licht gut war.« Wir haben es hier mit der wahrhaft gottähnlichen Funktion zu tun, etwas aus dem Nichts (*ex nihilo*) durch die Kraft des Wortes zu schaffen.[27]

Den Prozess der Giralgeldschöpfung aufgrund der Vergabe besicherter Darlehen, bezeichnete Lietaer expressis verbis als »magischen Akt«, was unter anderem darauf zurückgeführt werden kann, dass Lietaer sich mit dem Buch *Geld und Magie* von Hans Christoph Binswanger beschäftigt hatte. Binswanger, der damals als Volkswirtschafter an der Hochschule in St. Gallen lehrte, erläuterte in diesem Buch die ökonomischen Ideen, die Johann Wolfgang von Goethe in seinem *Faust*-Drama bearbeitet hatte, wobei er im Blick auf die moderne Wirtschaft besonders auf die Dynamik einging, die durch den Übergang vom metallgedeckten zum kreditgeschöpften Giralgeld entfaltet wurde.[28]

Obwohl der Vorgang dieser Geldschöpfung so einfach scheint, dass man glauben könnte, dass jedwedem Bedarf mit der »Erzeugung« neuer Geldmengen begegnet werden könnte, gilt doch auch, dass Giralgeld, wenn sein Wert erhalten bleiben soll, im Verhältnis zu seinem Nutzen knapp sein muss.

> Damit ein auf Bankdarlehen gegründetes Währungssystem ohne Edelmetalldeckung überhaupt funktioniert, muss Knappheit künstlich erzeugt und systematisch eingeführt und erhalten werden. Dies ist einer der Gründe, warum unser heutiges Währungssystem

nicht selbstregulierend ist, sondern aktive Zentralbanken braucht, die für Knappheit sorgen. Man kann sogar sagen, dass die Zentralbanken miteinander wetteifern, ihre jeweilige Währung international möglichst stark zu verknappen. Mit Hilfe der Knappheit wird der relative Wert erhalten.[29]

Was Geld ist

In den zurückliegenden 200 Jahren wurden in verschiedenen Bereichen des Lebens Erkenntnisse gewonnen, auf deren Grundlage sich die Welt hin zum heutigen Informationszeitalter veränderte. In verschiedenen wissenschaftlichen Disziplinen ist es immer besser möglich geworden, die Welt und die ihren Funktionen zugrunde liegenden Bedingungen und Gesetze zu verstehen. Nur so war der technische Fortschritt möglich, auf dem die heutige Art des Zusammenlebens und Wirtschaftens beruht. Allerdings wurde mit dem Verstehen der äußeren Tatsachen (*Existentia*) der Blick für das Wesentliche (*Essentia*) immer schwächer.

Lietaer ging auf diese Entwicklung ein, indem er unermüdlich auf die Polarität von Effizienz und Resilienz hingewiesen hat. Für das Geld ist ein ausgesprochen effizientes System entstanden ist, das in der Lage ist, dessen Funktionen optimal dienlich zu sein, wobei das Wissen vom Wesen des Geldes jedoch verlorenging. Und indem Lietaer dies thematisierte, zeigte er zugleich auf, dass sich aus einer Wesenserkenntnis des Geldes die Schnittstelle dafür ergibt, gegebenenfalls das gesamte Geldsystem zu verändern.

Die meisten wirtschaftswissenschaftlichen Lehrbücher definieren Geld als Rechnungseinheit, als Tauschmittel und als Wertspeicher. Weil dies drei *Funktionen* von Geld sind, charakterisieren diese Definitionen nur das, was Geld *macht*. Das ist aber etwas anderes als eine Definition dessen, was Geld *ist*. Da diese funktionalen Definitionen allgemein akzeptiert sind, wird das *Wesen* des Geldes tatsächlich kaum untersucht. Unsere Arbeitsdefinition von

> Geld lautet damit folgendermaßen: »Geld ist eine *Übereinkunft* in einer *Gemeinschaft*, etwas Standardisiertes als *Tauschmittel* zu verwenden.« Im Gegensatz zur traditionellen funktionalen Definition besagt dies: Wenn eine Übereinkunft nicht funktioniert, kann man sich zumindest vorstellen, sie zu ändern. Man könnte sich auch vorstellen, dass andere Instrumente einige – aber nicht unbedingt alle drei – Funktionen ausüben können.[30]

Zum Wesen des Geldes gehört auch, dass es sich im Laufe der Zeit immer mehr zu einem hierarchisch missbrauchten Instrument entwickelt hat. Als »Quadrat der Macht« bezeichnete Lietaer das Zusammenwirken der Parlamente, Steuerbehörden, Staatsschulden und Zentralbanken, wie es im 18. Jahrhundert in Großbritannien optimiert worden war, um die Industrialisierung zu ermöglichen und ein Weltreich entstehen zu lassen,[31] in das alle Bürgerinnen und Bürger über die dem Staat zu leistenden, regelmäßigen Abgaben eingebunden sind.

> Was auch immer Regierungen als Zahlungsmittel für Steuern akzeptieren, verleiht denen automatisch ungeheure Macht, die dieses bestimmte Mittel produzieren oder kontrollieren.[32]
>
> Wenn Regierungen Steuerzahlungen in einem spezifischen Tauschmittel verlangen, erhöhen sie automatisch dessen Knappheit. Infolgedessen bekommt dieses Mittel mehr Wert. Eine unabhängige Regierung kann somit das Zahlungsinstrument wählen, dem es einen Wert beimessen will. Damit kann sie die Art von Anstrengung festlegen, die ihre Bürger auf sich nehmen müssen, oder die Verhaltensweisen, die sie an den Tag legen müssen, um diese Instrumente zu bekommen.[33]

Es wurde bereits deutlich, dass Lietaer das bestehende Währungs- und Geldsystem für unzeitgemäß hielt. Er ging davon aus, dass unter den heutigen, gegenüber den vorindustriellen Zeiten gänzlich veränderten Vorzeichen dringende Erneuerungen nötig sind, und es trieb ihn um, dass solche Veränderungen unter Umständen nicht leicht zu bewirken sind.[34]

Das System

Wenn bei Lietaer von einem Geldsystem die Rede ist, dann in dem Sinne, dass er die Institutionen des Systems und den Umlauf der Zahlungsmittel tatsächlich analog zum Wesen und den Funktionen aller anderen Systeme verstand, die Grundlage allen Lebens sind. Seine Weltsicht beruhte vor allem auf der grundsätzlichen Erfahrung von Zusammenhängen und Gemeinsamkeiten, also einem überall gegenwärtigen Ganzen, aus dem heraus er das Verständnis von Teilen und einzelnen Funktionen ableitete. Für sein holistisches Welterleben sind beispielsweise das Sonnen-, Öko-, Energie-, Wirtschafts- und Gesundheitssystem, aber auch das Finanz-, Banken- und Geldsystem in diesem großen Ganzen miteinander verwoben.

Das Geldsystem an sich verstand Lietaer als ein offenes System, das sich, ebenso wie alle biologischen Systeme, in permanenter Wechselwirkung mit der Umgebung befindet. Wenn biologische Systeme auf unterschiedlichen Ebenen (Molekül, Zelle, Organismus, Ökosystem und Biosphäre) organisiert sind, können analog auch für das Geldsystem unterschiedliche Strukturebenen angenommen werden. Wenn es darum geht, das Geldsystem zu verstehen, ist es einerseits wichtig, zwischen diesen verschiedenen Systemebenen zu unterscheiden und andererseits zu beachten, dass von jeder Ebene immer auf alle anderen Ebenen Wirkungen ausgehen. Bezüglich biologischer Systeme wissen wir heute, wie ihr dynamischer Gleichgewichtszustand durch menschliche Eingriffe empfindlich gestört werden kann, wenn die Kräfte der Selbstregulation missachtet oder überfordert werden. Aber lassen sich auch selbstregulierende Währungssysteme denken?

Eine Antwort auf diese Frage fand Lietaer in der Idee von unterschiedlichen zusammenwirkenden Währungen. Er hatte bereits in den 1970er Jahren nach dem Scheitern des Abkommens von Bretton-

Woods damit begonnen, über eine neue, globale Referenzwährung nachzudenken, die im internationalen Handel die Rolle des US-Dollar übernehmen könnte. Später entwickelte er zusätzlich Ideen für ergänzende, nicht-staatliche Währungen. Schließlich ging es ihm um das Zusammenwirken verschiedener nationaler und ergänzender nicht-staatlicher Währungen, die er als »monetäres Ökosystem« bezeichnete, das geeignet ist, die Monokultur des vorherrschenden Geldsystems zu beenden und »nachhaltigen Wohlstand« zu ermöglichen.

Die »neuen Währungen«

Lietaer nahm wahr, wie mit Beginn der 1980er Jahre verschiedene lokale Währungen aufkamen, die durch private Initiativen projektiert und emittiert wurden. Durch seinen Kontakt zu Margrit Kennedy rückten diese Experimente noch deutlicher in seine Aufmerksamkeit. Er erkannte, dass auf solchen Wegen die Nachteile des allgemein vorherrschenden Geldsystems gemildert, wenn nicht gar eliminiert werden könnten, weil keine der »neuen Währungen« auch nur eines der vier folgenden Schlüsselmerkmale der Währungen des Industriezeitalters aufweist:

1. Geld ist mit einem Nationalstaat verbunden
2. es wird durch Vergabe von Darlehen aus dem Nichts erschaffen
3. es wird mittels Bankdarlehen verliehen
4. dafür werden Zinsen verlangt.[35]

Nicht-staatliche »neue Währungen« aller Art bezeichnete Lietaer als Komplementärwährungen, um bereits in der Begriffswahl zu verdeutlichen, dass es nach seinem Dafürhalten keineswegs darum ging, die konventionellen Währungen zu ersetzen, wohl aber darum, sie zu ergänzen. Seiner Meinung nach ist es wichtig, zu beachten, dass durch jeden Währungstyp eine spezifische Wirkung erzielt werden kann. Nationales Bewusstsein kann am ehesten durch eine nationale Währung erzeugt werden. »Mit der gemeinsamen Währung entsteht ein unsichtbares, aber sehr wirkungsvolles Band zwischen allen Sektoren einer Gesellschaft und eine Informationsgrenze zwischen ›uns‹ und ›ihnen‹.«[36] Ergo sei es möglich, mittels eines anderen, nicht-staatlichen Währungstyps eine ganz andere Wirkung zu erzielen, zum Beispiel die Verstärkung bestimmter lokaler, bürgerschaftlicher Initiativen.

Es ging Lietaer also nicht darum, das Geldsystem von der politischen Ebene aus zu verändern, sondern um das Vertrauen in die Kräfte des Zusammenwirkens verschiedener Währungsarten in einem differenzierten Geldsystem, das, sich selbst regulierend, einem optimalen Gleichgewichtszustand zustrebt. Auf diese Weise würde das Geldsystem für die partizipierenden Menschen die Art des Zusammenlebens und Wirtschaftens verändern.

In seinem Verständnis vom Wesen des Geldsystems und seiner Wirkungen ging Lietaer klar davon aus, dass mit dem Währungssystem eine Methode gegeben ist, um »die Welt des Inneren in das Außen zu übersetzen, das heißt größtenteils unbewusste archetypische Kräfte auf die sichtbare Realität zu projizieren beziehungsweise ihr aufzuzwingen.«[37] Derartige Wirksamkeiten können im Sinne förderlicher oder hinderlicher, egoistischer oder altruistischer Impulse intendiert sein. Das Wesen und der Umgang mit Geld können von Gier gesteuert sein, aber auch auf völlig entgegengesetzten Absichten beruhen. »Unser Geld ist unser Spiegel. Es kann mehr als nur unsere Schatten widerspiegeln. Es ist ein Spiegel unserer Seele.«[38] Insofern ist es nicht nur möglich, aus dem Umgang mit Geld auf Intentionen zurückzuschließen, sondern ebenso, die entsprechenden Währungsformen aus speziellen Intentionen und Impulsen zu schaffen.

Ein lebendes System bewerkstelligt die Flüsse vieler verschiedener Arten von Energie, Nahrung, Abfall, Information und Reproduktion. Indem wir die Zirkulation unserer Wirtschaft auf eine Art von Geldsystem beschränken, machen wir sie weniger widerstandsfähig, empfindlicher gegenüber Erschütterungen und anderen Störungen, und wir verlieren eine Vielzahl wirtschaftlicher Aktivitäten, die sowohl der Menschheit als auch der natürlichen Welt wirksamer dienen könnten. Die Schaffung einer Ökologie der Währungen, die den ökologischen Kriterien der Erde und den sozialen Bedürfnissen der menschlichen Familie besser entspricht, kann dazu beitragen, das Wirtschaftssystem wieder auf das Überleben unserer Spezies auszurichten.[39]

Geld ist nicht neutral!

Niemand ist in der Lage, die eigenen Bedürfnisse ausschließlich aus eigenen Leistungen zu befriedigen. Das gilt heutzutage mehr denn je. Vieles von dem, was der eine Mensch braucht, wird in einer arbeitsteilig organisierten Welt nur ein anderer Mensch bereitstellen können. In früheren Zeiten führte dieser Vorgang zu einem Tausch von Ware gegen Ware oder Leistung gegen Leistung. Da solche direkten Tauschbeziehungen stets darauf beruhen, dass der Bedarf des einen auch zum Angebot des anderen Menschen passen muss, wird es schnell so kompliziert, dass Geld als vermittelndes Medium eine geniale Lösung bietet. Und geht man von der verbreiteten Vorstellung aus, Geld sei lediglich ein Mittel, um Tauschvorgänge zu erleichtern, wird man zugleich vermuten, dass vom Geld selbst kein direkter Einfluss auf den Tauschvorgang ausginge. Lietaer war diesbezüglich allerdings anderer Meinung.

Wirtschaft wird gemeinhin als System verstanden, in dem erzeugt und – in einem riesigen Tauschhandel – verkauft wird. Dem Geld fällt dabei die Rolle zu, Angebot und Nachfrage auf einfache Weise zusammenzubringen. Den Rest regelt der Markt, in welchem sich das Verhältnis von Löhnen und Preisen von selbst einstellt. Es geht aber nicht allein um den Einfluss der Geldmenge auf Löhne und Preise, sondern auch um das Geld an sich und um dessen Wirkungen auf die einzelnen Menschen und die Gemeinschaft.

In sehr grundsätzlichen Überlegungen stellte Lietaer die traditionelle wirtschaftswissenschaftliche Hypothese in Frage, dass Geld wertneutral sei, »das heißt, dass Geld einfach ein passives Tauschmittel ist, das die Transaktion oder die Verwender einer Währung nicht beeinflusst. […] Die traditionelle psychologische Hypothese, die der Wirtschaftswissenschaft zugrunde liegt, ist die des völlig rationalen ›Homo oeconomicus‹, der auf Adam Smith zurückgeht, also ein Jahrhundert vor der Entdeckung des Unbewussten durch Freud und Jung entstand. Ich schlage vor, dass dieses vereinfachende Modell durch ein umfassendes Schema der menschlichen Emotionen und Motivationen ergänzt werden sollte.«[40]

Eine systemische Sicht auf das Geldsystem legt nahe, dass jede Verwendung von Geld dessen Gesamtwirkung beeinflusst und umgekehrt. Die Wirkung jeder Einzelheit drückt sich stets in der Gesamtheit aus und mit jeder Transaktion in jedweder Währung wird zugleich ein Stück weit das ganze Geldsystem wirksam, und zwar in jedem noch so kleinen Vorgang. Unter dieser Voraussetzung kann man sich vorstellen, wie sich die Art und Weise des Lebens und Wirtschaftens durch den Einfluss des Geldsystems verändert. Es ist ein Unterschied, ob Geiz und Gier mit dem Geld verbunden sind oder nicht. Um das verständlich zu machen, schlug Lietaer vor, Erkenntnisse der Psychologie zu berücksichtigen, wobei er stets auch die soziale Dimension der Wirkungen des Geldes im Blick hatte. Er schrieb: »Wir können nicht einfach zusehen, wie der Sinn für Gemeinschaften vernichtet wird, nur weil wir nicht wissen, welchen Einfluss Währungen bei der Gestaltung unserer Beziehungen haben können.«[41] Herkömmliche Währungen, so Lietaer, zerstören letztendlich die Tauschwirtschaft, was im Hinblick auf alte Kulturen oder heutige Internetgemeinschaften erkannt werden könne.[42]

Die Wirkungen des Geldes auf die Menschen

Gesichtspunkte der Psychologie sind in der Beschäftigung mit den Wirkungen des Geldes schon deshalb relevant, weil Geld das wichtigste Tauschmittel für die Interaktion mit den Menschen außerhalb seines engsten Umkreises ist.

Unsere Beziehung zum Geld wirkt sich daher auf unser Verhalten gegenüber allen anderen aus. Es ist im Gegensatz zu den Behauptungen in vielen Wirtschafts-, Psychologie- und Soziologie-Lehrbüchern *kein* emotional neutrales Instrument. In dem Ausmaß, in dem wir mit dem Monopol der offiziellen Landeswährungen leben, sind die Werte und Ängste, die unbewusst bei jedem Vorgang aktiviert werden, in dieses Währungssystem eingebaut. Dies formt unsere Gesellschaft auf viel tiefgreifendere Weise, als allgemein angenommen wird.[43]

An anderer Stelle heißt es bei Lietaer, dass die »Hypothese eines hyperrationalen Wirtschaftsmenschen, die all unseren Wirtschaftstheorien zugrunde liegt, [uns] blind gemacht [hat] gegenüber dem Prozess, mit dem Geld unsere kollektiven Gefühle programmiert.«[44] Gemeint ist damit, dass die Vorstellung von einem Homo oeconomicus, die Lietaer kritisch als »Eckpfeiler der Wirtschaftswissenschaften« bezeichnet,[45] fälschlicherweise unterstellt, dass alle Menschen gleich sind und beispielsweise nicht berücksichtigt, dass das Verhalten einer Gruppe von dem einer einzelnen Person abweicht.

Zur Bezeichnung der unterschiedlichen, bei jeder Verwendung wirksam werdenden Qualitäten des Geldes griff Lietaer unter anderem auf Vorstellungen und Begriffe des Taoismus zurück. In dieser alten chinesischen Lehre ist von Yin und Yang die Rede, die als zwei duale, aufeinander bezogene und sich ergänzende Kräfte verstanden werden. Die grundlegende Zuordnung dieser beiden Kräfte zum Weiblichen und Männlichen hat Lietaer im Zusammenhang seiner Überlegungen zum Geldsystem besonders beschäftigt, was auf einem wichtigen Aspekt seiner Spiritualität beruht.

In Anlehnung an die Psychologie C.G. Jungs verstand Lietaer die Yin-Yang-Polarität der Schatten als Abweichung vom Archetyp. Sie führen beispielsweise zu den Schlüsselemotionen von Gier und Angst vor Knappheit, die in allen modernen Finanzmärkten zutagetreten.[46] Lietaer sieht darin das Ergebnis der Unterdrückung des weiblichen Archetyps durch Währungen, die er als Yang-Währungen bezeichnete, weil sie mit den Kennzeichen von Hierarchie, Konzentration und Wettbewerb verbunden sind. Zudem dienen sie im Gegensatz zu Yin-Währungen nicht nur als Tauschmittel, sondern auch zur Wertaufbewahrung.[47]

Zu den Erkenntnissen, die gegenwärtig und zukünftig möglich sind, gehört es, dass Geld als eine jener Verbindungen begriffen wird, die dem Denken in einer durch Yang-Währungen geprägten Kultur verborgen blieben. »Für eine Kultur ist Geld wie der DNA-Code für eine Art. Es repliziert Strukturen und Verhaltensmuster, die über Zeit und Raum aktiv blieben.«[48] Diese Sichtweise steht allerdings im Widerspruch zur vorherrschenden Wirtschaftswissenschaft, die, im Sinne einer Yang-Perspektive, dazu neigt, durch die ihr zugehörenden Schattenaspekte monopolisiert zu werden. Damit droht aber der Aufmerksamkeit gerade jene Perspektive zu entgehen, die, so Lietaer, zu neuem, nachhaltigem Verhalten führen kann.[49]

Indem Geld als »Informationsreplikator«[50] verstanden wird, öffnet sich der Blick auf eine Wirkebene, von der aus Phänomene des Lebens und der Veränderung in sozialen Systemen analog zu biologischen Vorgängen im Menschen verstanden werden können. Insofern entsprächen replikative Informationen des genetischen Codes oder der DNA emotionalen Informationen, die über das offizielle Währungssystem vermittelt werden.

> Als Folge davon ist unser Währungssystem einer der wichtigsten Informationsreplikatoren für eine Yang-Tendenz in unserer Gesellschaft. Es liefert den Grund dafür, dass sich die »reale Welt« nach den Regeln der Yang-Kohärenz richtet. Es ist der Mechanismus, der erklärt, warum sich die meisten Menschen – egal ob männlich oder weiblich – trotz bester Absichten und selbst mit völlig anderen persönlichen Wertvorstellungen schließlich doch nach den Yang-Regeln richten, um das Geld zu verdienen, das man zum Leben braucht.[51]

Die Wirkungen des Geldes im System

Es sind nicht nur die Wirkungen des Geldes und des Geldsystems auf Menschen und Menschengemeinschaften, die es zu beachten gilt, sondern auch die darüber hinausgehenden Wirkungen auf die nicht bloß menschliche Mitwelt. Ob Nachhaltigkeit gefördert oder gehemmt wird, ist ein Kriterium zur Beurteilung der Güte einer Währung. Lietaer wies darauf hin, dass das vorherrschende, einseitig geprägte Geldsystem prinzipiell nicht nachhaltig wirken kann und deshalb der Ergänzung durch komplementäre Währungen bedarf.

Gemeinhin wird Geld als passives Verrechnungsinstrument verstanden, als »Schmiermittel«, das lediglich Austauschprozesse erleichtert. Dabei glaubt man, dass die Austauschprozesse selbst nicht verändert werden. Dem widersprach Lietaer mit Verweis auf mehrere Mechanismen, die mit Nachhaltigkeit nicht zu vereinbaren sind:

> Insbesondere fünf Auswirkungen sind schädlich für eine Nachhaltigkeit, und wir können sie auf bestimmte Merkmale des Bankschuldengeldes zurückführen. Diese fünf schädlichen Merkmale sind:
>
> 1. Der prozyklische Charakter des Geldschöpfungsprozesses, der sowohl Aufschwung wie Abschwung im Konjunkturzyklus verstärkt.
> 2. Die systematische Förderung des kurzsichtigen Denkens und Handelns, weil das Zinsmerkmal des Geldsystems »rationale« Investoren darauf programmiert, die Zukunft zu ignorieren.
> 3. Das zwanghafte Wachstum aufgrund der Mechanismen des Zinseszinses.
> 4. Die Konzentration von Reichtum.
> 5. Eine Abwertung des Sozialkapitals.
>
> Aus einer systemischen Perspektive ist keine dieser Auswirkungen eine einfache lineare Ursache-Wirkung-Beziehung. Sie interagieren auch und verstärken einander sogar. Das Ergebnis ist eine

> Reihe von eingebauten Mechanismen, die bewirken, dass ein Bankschuldenmonopol mit Nachhaltigkeit langfristig unvereinbar ist.[52]

Die Vorstellung, dass Geld neutral ist und das Menschenbild vom hyperrationalen Homo oeconomicus sind dringend der Korrektur bedürftig, wenn es um die Entwicklung und Verwendung von Währungen geht, die der Nachhaltigkeit tatsächlich dienlich sind.

> Wir wissen jetzt, dass Versuche, Geld und andere komplexe sozioökonomische Phänomene durch eine mechanistische, wertneutrale Linse zu betrachten, von Natur aus fehlgeleitet sind. Die unzähligen Fälle von irrationalem Überschwang und die Boom-and-Bust-Manien, die unsere Volkswirtschaften seit Jahrhunderten geplagt haben, widersprechen der Grundidee des Homo oeconomicus. Ebenso wird die angebliche Wertneutralität von Geldern durch zahlreiche Beispiele in Frage gestellt, die belegen, dass unterschiedliche monetäre Systeme auch deutlich andere Werte fördern und gesellschaftliches Verhalten zu allen Zeiten der Geschichte auf einzigartige Weise beeinflusst haben.[53]

Weil es also keineswegs so ist, dass Menschen wirtschaftlich bedeutende Entscheidungen jederzeit absolut rational treffen, um die persönlichen Vorteile und das eigene Wohlergehen zu maximieren,[54] und weil von Währungen Einflüsse auf Kulturen und Gesellschaften ausgehen, bedarf es neuer, erweiterter Erklärungsmodelle, wenn es darum geht, dass die Wirtschaft und die Wirkungen des Geldes verstanden werden sollen. Dazu führt Lietaer weiter aus:

> Geld ist nicht wertneutral, sondern wirkt sich tiefgreifend auf die Art oder Gesellschaft aus, in der wir leben. Verzinsliche nationale Währungen waren die verborgenen Motoren, die unsere Zivilisation in und durch die industrielle Revolution trieben. Sowohl das Beste als auch das Schlimmste, was die Moderne hervorgebracht hat, kann direkt oder indirekt auf die Architektur unseres

> Geldes und die Werte zurückgeführt werden, die sie [sic] fördern, einschließlich: Wettbewerb, die Notwendigkeit für ständiges Wachstum und unerbittliche Vermögenskonzentration. Durch eine intelligente Gestaltung von Geld können wir auch andere Verhaltensweisen hervorrufen und unterschiedliche gesellschaftliche Ergebnisse erwarten.[55]

Für Lietaer fungiert Geld als Replikator von Ideen und kollektiven Emotionen. Sie werden, ähnlich wie die Gene in biologischen Systemen, als Bausteine der strukturellen Grundlagen einer Gesellschaft im Informationssystem der Währung weitergegeben.

Jeder Dollar, der geschaffen und ausgegeben wird, verstärkt – reproduziert – die Wertevorstellungen, die tief in der Grundkonstruktion unserer Währungssysteme eingeprägt sind. – Geld formt unsere Überzeugungen und sozialen Strukturen und vermittelt uns, was möglich ist und was nicht. Dies erklärt, warum sich trotz bester Absichten und völlig unterschiedlicher persönlicher Werte oder Perspektiven und unabhängig von Geschlecht, Rasse oder soziokulturellen Vorurteilen und Zugehörigkeiten, die meisten von uns doch so verhalten, wie es sich aus der Yang-Schattenachse des Gelderwerbs ergibt. Ein Ausdruck davon ist die Betonung von Wettbewerb statt Zusammenarbeit. Ohne diese würde die westliche Zivilisation ganz anders aussehen und handeln. Unser Geld ist einer der zentralen Informationsreplikatoren, die dafür sorgen, dass Wettbewerb in allen Bereichen unserer Gesellschaft betont wird.[56]

Zinsen

Nachdem Lietaer zu Beginn der 1990er Jahre durch Margrit Kennedy deutlich auf die Zinsproblematik hingewiesen worden war und er dadurch, wie er es ihr selber sagte, den entscheidenden Fehler im Geldsystem als solchen erkannt hatte, arbeitete er die gewonnenen Erkenntnisse im Zusammenhang seiner eigenen Sichtweisen und Ideen immer weiter aus.

Auch in seinem Buch *Das Geld der Zukunft* geht er darauf ein, indem er beschreibt, wie Entscheidungen über die Allokation (Zuordnung, Aufteilung oder Verteilung von Ressourcen) von Kapital durch das vorherrschende Verständnis von Verzinsungen verfremdet werden, dadurch finanzielle Kriterien und ökologische Nachhaltigkeit in Konflikt geraten, und wie der bei der diskontierten Einnahmeüberschussrechnung verwendete Zinssatz direkt vom Zinssatz der verwendeten Währung abhängig ist.[57] Dadurch ergibt sich ein Druck, kurzfristige Erträge zu erzielen, was ökologische Erwägungen unmöglich macht.

> Hier liegt die Wurzel für die buchstäbliche »Kurzsichtigkeit« der Finanzmärkte, die Unternehmen zwingt, Entscheidungen zu treffen, die, wie sie selbst wissen, auf lange Sicht der Gesellschaft und sogar dem Geschäft schaden können.[58]

Demgegenüber wirkt eine »Liegegebühr«, wie sie durch Silvio Gesell als Nutzungsgebühr für bereitliegendes Geld vorgeschlagen wurde, wie ein negativer Zins. Lietaer bezeichnet eine solche Liegegebühr als »Nachhaltigkeitsgebühr«,[59] und verdeutlicht, wie der Wert einer solchen Währung auf die Zukunft bezogen tatsächlich steigen würde, während der normalerweise angenommene Abzinsungssatz den Wert der Währung im Laufe der Zeit verringert.[60]

Christentum und Zinsen

Ein Kern der christlichen Ethik findet sich im sechsten Kapitel des Lukasevangeliums. Zu dieser Ethik gehört von Anfang an auch ein bestimmtes Verhältnis zum Zins, jener Eigenschaft, die wir Menschen dem Geld gegeben haben und die für so viel Unheil in der Welt verantwortlich ist. Menschen christlichen Glaubens, so die traditionelle Deutung dieser Textstelle, sollen darum keine Zinsen verlangen.

Das Evangelium berichtet von einer eindrucksvollen Begebenheit, der »Predigt auf dem Feld«, in der Jesus Christus seine Worte zunächst an die zwölf Apostel richtet. Es heißt dort in den so genannten »Seligpreisungen«, dass irdische Erfahrungen von Armut, Hunger, Trauer und Unfrieden »im Himmel« ausgeglichen würden. Und dann wendet Jesus Christus sich an »die Reichen«, die möglicherweise gar nicht anwesend sind, und widmet ihnen die sogenannten »Weherufe«: Die Satten werden hungern, die Lachenden werden weinen und das gefällige, ungeprüfte Wohlreden wird Folgen haben. Danach wendet er sich an »alle, die zuhören« und stellt die zentralen Inhalte der christlichen Ethik vor, die wir als Feindesliebe und Teilungsbereitschaft kennen: »Und wie ihr wollt, dass euch die Leute tun sollen, so tut ihnen auch.[61]

Bevor dann die Grundlagen der christlichen Ethik anhand dreier Beispiele (Nächstenliebe, Erkennen an den Früchten der Taten und Bau des Hauses auf festem Grund) ausgeführt werden, folgt eine der Textpassagen, mit denen das Zinsverbot für Menschen christlichen Glaubens begründet wird:

»Und wenn ihr denen leiht, von welchen ihr wieder zu empfangen hofft, was für einen Dank erwartet ihr dafür? Denn auch die Sünder leihen den Sündern, um das Gleiche wieder zu empfangen. Vielmehr liebt eure Feinde und tut Gutes und leiht, ohne etwas dafür zu erhoffen.«[61]

Bereits Jahrhunderte bevor Jesus Christus das Zinsverbot im Grundbestand seiner Religion verankerte, wurde es im so genannten »Alten Testament«, dem ersten Teil der Bibel, beschrieben: »Falls du [einem aus] meinem Volk, dem Elenden bei dir, Geld leihst, dann sei gegen ihn nicht wie ein Gläubiger; ihr sollt ihm keinen Zins auferlegen.«[62] Schon die Juden kannten also ein Verbot der Zinsen und auch die Muslime nahmen es Jahrhunderte nach den Christen in ihre Religion auf. Zinsgeschäfte widersprechen offenbar dem urreligiösen Empfinden von Gerechtigkeit und Solidarität unter Menschen!

Während das Zinsverbot noch bis ins Mittelalter hinein wirksam war, wurde es von da an Schritt für Schritt aufgeweicht und schließlich faktisch abgeschafft. Im 16. Jahrhundert legalisierte Heinrich VIII. als König von England nach seinem Bruch mit dem römischen Papst schließlich die Erhebung von Zinsen. Im Jahr 1745 schrieb der damals amtierende Papst Benedikt XIV. in einer Enzyklika zwar noch:

»Die Sünde, die usura heißt und im Darlehensvertrag ihren eigentlichen Sitz und Ursprung hat, beruht darin, dass jemand aus dem Darlehen selbst für sich mehr zurückverlangt, als der andere von ihm empfangen hat. [...] Jeder Gewinn, der die geliehene Summe übersteigt, ist deshalb unerlaubt und wucherisch.«[63]

Aber die katholische Kirche knickte schließlich ein und konnte sich gegen die Macht des Geldsystems nicht mehr behaupten. Papst Pius VIII. (1761–1830) hob das Zinsverbot auf und verabschiedete sich damit endgültig von einem der zentralsten Inhalte der christlichen Ethik.

Das Hauptproblem, das durch die Zinsen ausgelöst wird, ist die Erwartung eines unbegrenzten Wachstums in einer begrenzten Welt. Das aber kann es nicht geben. Denn die Wirklichkeit ist eine andere: Bei einer begrenzten Geldmenge erfolgt lediglich eine Umverteilung von Netto-Zinszahlenden zu Netto-Zinsgewinnern. Der Zugewinn des einen ist in der Jagd aufs Geld also immer der Verlust eines anderen. Und auch in Bezug auf die natürlichen Ressourcen der Erde kann es kein unbegrenztes Wachstum, sondern ebenfalls nur eine rücksichtslose Umverteilung und Ausbeutung geben, die die eine Partei verarmt und die andere bereichert. Krisen und Zusammenbrüche sind unausweichlich, denn das auf exponentielles Wachstum ausgerichtete Geldsystem kann nur über eine fortwährende Abfolge von Wachstum, Zusammenbruch und Neustart funktionieren.

»Aber nachhaltig wird unser System nie funktionieren können, es muss immer wieder scheitern«, sagte Lietaer in einem Interview. »Das ist so mit allen Prozessen exponentiellen Wachstums. Wenn die Grenzen ihrer Umgebung ausgereizt sind, ist die einzige verbleibende Möglichkeit der komplette Zusammenbruch und Neustart. Und da exponentielles Wachstum auch eine der eingebauten Eigenschaften unseres heutigen Geldsystems ist, sind die sich wiederholenden Aufschwünge und Einstürze der einzige Weg, es am Laufen zu halten. Natürlich gibt es nachhaltige Alternativen, theoretisch, aber nicht in dem System, wie wir es kennen.«[64]

Positiver und negativer Zins

Wenngleich sich viele Aspekte des modernen Währungssystems bis in die Frühzeiten des Geldes und der Banken zurückverfolgen lassen, gibt es, wie zuletzt gezeigt, auch relativ »neue«, wie eben die Regel, dass für verliehenes Geld Zinsen verlangt werden. Das aber war über 2000 Jahre aus religiösen und daraus abgeleiteten moralischen Gründen verboten!

Lietaer beschäftige sich insbesondere mit dem Zinsverbot im Christentum, weil sich die Entwicklung der modernen Welt größtenteils unter dessen Einfluss vollzog.

> Das Verbot des Wuchers war unbestreitbar eines der besonders beständigen Dogmen der Kirche. Ein früher Kirchenvater, Clemens von Alexandria, führte aus: »Die Gesetze verbieten einem Bruder, Wucher anzunehmen, und ein Bruder ist nicht nur der, der von denselben Eltern geboren ist, sondern auch einer von derselben Abstammung und Denkungsart.«[65]

Immer wieder kam Lietaer darauf zu sprechen, dass Zinsen den Wettbewerb zwischen den Beteiligten des Systems fördern, die so in eine Konkurrenzsituation zueinander geraten. »Wenn Sie der Bank Zinsen auf Ihr Darlehen zahlen, brauchen Sie das Ausgangskapital von jemand anderem auf.«[66] Infolgedessen fördert die Erhebung des Zinses eine Zunahme wirtschaftlicher Zusammenbrüche (Konkurse), etabliert und verstärkt die Notwendigkeit unbegrenzten Wachstums sowie die Umverteilung und Konzentration des Reichtums.

Die Geschichte der Zinszahlungen geht zurück bis in vorstädtische Gesellschaften der Sumerer des 3. Jahrtausends v. Chr. Damals konnte der Landeigner von einem Schafhirten, der seine Herde auf seinem Land grasen ließ, ein Lamm dieser Herde zum Ausgleich verlangen. Das macht die ursprüngliche Beziehung zwischen Leihgaben, Zinsen und landwirtschaftlichen Produktionen deutlich. Wenn es dabei zum Beispiel um Getreide ging, waren die Zinsen ein Teil des Ernteertrags, der natürlicherweise ein Vielfaches der Aussaat ausmachte. Aber wie soll man dieses Prinzip auf Silber und Gold übertragen, die ja von sich aus nicht wachsen und mehr werden?[67]

Auch für die Demurrage-Gebühr, einem Negativzins, gab es besonders im 11. und 12. Jahrhundert historische Vorbilder in Form von Währungen, die als Münzen kursierten, die nur eine zeitlich begrenzte Gültigkeit aufwiesen. Dadurch wurde ihre rasche, alltägliche Verwendung angeregt. In gewissen Abständen wurden sie von den Herrschern eingezogen, die im Tausch für neu geprägte Münzen einen geringeren Wert ausgaben. So kam es zu einer Einnahme aus dem Verfall des Wertes, der einer frühen Form der Demurrage-Gebühr entsprach.[68] Lietaer hat eine solche Demurrage-Gebühr als Negativzins im Zusammenhang seiner Ideen für komplementäre Währungen vielfach aufgegriffen und weiterverfolgt.

Komplementärwährungen

In den 1920er Jahren begannen Anhänger der Ideen Silvio Gesells in Deutschland damit, neben dem offiziellen gesetzlichen Zahlungsmittel auch eine andere Währung zu verwenden. Zuerst in Erfurt, dann auch in anderen Regionen emittierten sie die »Wära«. Mit diesem Tauschmittel, das als »Umlaufsicherung« mit einer Negativverzinsung von einem Prozent pro Monat verbunden war, begegnete man den Folgen der Weltwirtschaftskrise. Das Geldexperiment, das, durch Michael Unterguggenberger initiiert, ab 1932 mit den »Arbeitswertscheinen« im österreichischen Wörgl bestand, beruhte auf der Idee der Wära. Aber später auch die Regiogelder, die insbesondere seit den 2000er Jahren in verschiedenen Ländern und Regionen von bürgerschaftlichen Initiativen geschaffen worden waren, verstanden die Wära als Vorbild.

Die Idee zu solchen Währungen, die neben dem offiziellen Zahlungsmittel in Umlauf waren, entwickelte sich vor dem Hintergrund weit zurückliegender historischer Vorbilder – Lietaer verwies wiederholt besonders auf die altägyptische Kultur und das Mittelalter – und experimenteller Tauschsysteme, die seit den 1980er Jahren von Kanada ausgehend entstanden waren. In solchen »Local Exchange Trading Systems« (kurz LETS) werden Güter und Dienstleistungen unter Zuhilfenahme eines eigenen, bargeldlosen Verrechnungssystems getauscht.

Lietaer hat derartige Experimente und Projekte weltweit wahrgenommen und studiert. Für ihn waren sie eine Chance für die Reformation des Währungs- und Finanzsystems, wie er sie für dringend geboten hielt. Dafür setzte er sich, besonders ab Ende der 1990er Jahre, intensiv ein. So wollte er erstens dazu beitragen, dass die

Grundlagen, auf denen das derzeitige Währungssystem beruht, verstanden werden. Zweitens stellte er Währungssysteme vor, die Landeswährungen ergänzen, und drittens rief er dazu auf, bewusste Entscheidungen zu treffen, wann welche Währung verwendet wird.[69] Das Verständnis der Komplementarität, also Ergänzung nicht-staatlicher Währungen beruht auf der Erkenntnis, dass mehrere Währungen mit unterschiedlichen, sich möglicherweise widersprechenden Eigenschaften günstig zusammenwirken. Vor dem Hintergrund seiner Erfahrungen in Währungsfragen und als Manager eines Hedgefonds konzentrierte sich Lietaer mit Blick auf Probleme, Gefahren, Krisen und Katastrophen vor allem auf die Möglichkeit der stabilisierenden Wirkung von Komplementärwährungen für das allgemeine System nationaler Währungen:

> Komplementärwährungen und private Zahlungssysteme können ein nützliches Sicherheitsnetz für das offizielle Währungssystem bilden.[70]

Für das Zustandekommen einer Komplementärwährung bedarf es eines Abkommens zwischen Einzelnen in einer Gruppe oder Unternehmen, eine neue Währung als Tauschmittel zu akzeptieren.

> Die Bezeichnung »Komplementärwährung« stammt daher, dass es nicht darum geht, die herkömmlichen Landeswährungen zu ersetzen. Komplementärwährungen sollen vielmehr solche sozialen Funktionen erfüllen, die für das offizielle Währungssystem nicht vorgesehen sind.[71]

Lietaer hat in seinen Veröffentlichungen, Vorträgen und Workshops die historischen und neu entstandenen Komplementärwährungen immer wieder als Beispiele beschrieben, von denen ausgehend die Schaffung weiterer Systeme möglich sei. Dabei beschränkte er sich keineswegs nur auf bürgerschaftlich getragene, gemeinnützige Projekte, sondern hatte auch gewerblich betriebene Bonus- und Gutscheinsysteme im Blick. In der weltweiten Verbreitung nichtstaatlicher Komplementärwährungssysteme, die zur Jahrtausendwende verstärkt zu beobachten war, sah Lietaer einen bedeutenden Trend, schreibt aber über seine Einschätzung zur Zukunft der vielen Projekte auch:

> Meiner Ansicht nach werden 95 Prozent der Projekte scheitern; aber die verbleibenden fünf Prozent werden sich durchsetzen und unsere Wirtschaftsweise, unsere Gesellschaft, unsere Zivilisation und unsere Welt für immer verändern.[72]

Zum Verständnis der Idee der Komplementarität weist Lietaer immer wieder auf Yin-Yang-Phänomene hin, was er mit Überlegungen zu psychologischen Aspekten verband. So stellte er beispielsweise für die Archetypen einmal des Liebhabers und dann des Kriegers dar, wie der eine Grenzen aufhebt, während der andere sie verteidigt.[73] Beide Eigenschaften sind in ihrem Zusammenwirken wichtig und können mit unterschiedlichen Währungen verbunden sein. Solche Überlegungen wollte er nicht als bloße Konstruktionen von Analogien verstanden wissen; er war vielmehr überzeugt, dass von jedem Geld tatsächlich bestimmte, vom Währungsdesign und der Art der Verwendung abhängige Wirkungen ausgehen. Geld ist daher, wie schon gezeigt, für sein Verständnis nicht neutral.

Der Einfluss komplementärer Währungen auf die bestehenden Verhältnisse

Es gehört zu den Signaturen der Gegenwart, dass die Bedeutung von Nationalstaaten gegenwärtig immer stärker in den Hintergrund tritt. So nimmt es nicht Wunder, dass es auch immer mehr nicht-nationale Währungen gibt. Das ist eine neue Erfahrung für die Menschen, denn der Glaube an die eine, einzige Landeswährung ist immer noch sehr verbreitet. Dabei könnte man sich unschwer vorstellen, dass man sein eigenes Geld schaffen kann. Denn: »Der erste Zaubertrick beim Geld besteht darin, uns vorzugaukeln, wir bräuchten die Hilfe des Zauberers, damit Geld entsteht.«[74] Tatsächlich ist es aber möglich und sogar wünschenswert, dass komplementäre Währungen, die neben den Landeswährungen verwendet werden, durch nichtstaatliche Initiative entstehen und verwaltet werden. Wenn Komplementärwährungen durch bürgerschaftliches Engagement geschaffen werden, könne, so Lietaer, das Anliegen einer Demokratisierung des Geldwesens direkt verwirklicht werden.

Lietaer war überzeugt, dass Komplementärwährungen im Sinne einer Diversifizierung von Zahlungsmitteln geeignet sind, zusammen mit den Landeswährungen ein monetäres Ökosystem zu bilden. So würde den schädlichen Eigenschaften des Bankschuldengeldes entgegengewirkt, nämlich dem prozyklischen Charakter des Geldschöpfungsprozesses, der Förderung kurzsichtigen zinsfixierten Denkens, dem durch Zins und Zinseszins bedingten Wachstumszwang sowie der damit einhergehenden Konzentration von Reichtum und der Abwertung des Sozialkapitals.

In dem Ansinnen, das bestehende Geld-, Banken- und Finanzsystem nicht ersetzen, sondern ergänzen zu wollen, unterscheidet sich der Ansatz Lietaers allerdings grundlegend von dem Silvio Gesells, der das bestehende System durch ein einziges neues komplett ersetzen wollte. Lietaer hielt das prinzipiell für nicht zielführend.

Viele Versuche, Geld zu reformieren, scheiterten in der Vergangenheit, weil sie das bestehende Währungssystem angreifen oder radikal verändern wollten. Aus drei Gründen glaube ich, dass den laufenden Versuchen mehr Erfolg beschieden sein wird:

1. Zunächst greifen diese Gelderneuerungen nicht die bestehenden offiziellen Finanzsysteme an. […]
2. Der zweite Grund liegt in der Fähigkeit dieser Systeme, Zusammenbrüche neuer Art zu bewältigen, die im Paradigma konventionellen Geldes keine Lösung fänden.
3. Schließlich ist die Verfügbarkeit aktueller Informationstechnologien, die zu einer Implementierung eines neuen Geldsystems

> notwendig sind, so fortgeschritten, dass eine Demokratisierung der Geldinnovationen Wirklichkeit geworden ist.[75]

Natürlich bedarf auch die Idee der Komplementärwährung einer Zeit der Reife, und es wird erst mittel- bis langfristig so sein, dass von entsprechend großen, dann vermutlich gewerblich betriebenen Systemen in signifikantem Umfang jene Einflüsse ausgehen, die Lietaer erwartete. Er verglich die Geldexperimente der jüngsten Vergangenheit und der Gegenwart mit den Flugversuchen der Gebrüder Wright. Auch sie experimentierten lange, wurden dabei nicht beachtet, waren aber auf dem richtigen Weg.

> Mein Standpunkt ist nur, dass Komplementärwährungen ein potentielles Finanzinstrument sind, das bisher übersehen wurde und mehr Aufmerksamkeit verdient. Sie haben das Potential, wirksame und dauerhafte Lösungen für Fragestellungen zu geben, die sich konventionellen Ansätzen bisher versperrt haben.[76]

Bereits zur Jahrtausendwende erkannte Lietaer die Bedeutung von »Internetgeld«, worunter er das in virtuellen Gemeinschaften verwendete Geld verstand.[77] Verbunden mit den virtuellen Gemeinschaften sah er eine Chance »im Kampf gegen ein Monopol der Landeswährungen im Internet«,[78] weil der Marktplatz nicht ausschließlich auf ein Währungssystem beschränkt bleiben müsse. Allerdings bestünde auch das Risiko, dass die denkbaren Internetwährungen wiederum nur mit den Eigenschaften der bekannten Währungen aufträten. Tatsächlich ginge es aber darum, Währungen zu etablieren, die effizient und sicher in einem elektronischen Zahlungssystem, konvertierbar für lokale Ausgaben, supranational, selbstregulierend und gemeinschaftsfördernd sind. Keine dieser Eigenschaften fand Lietaer bei den bislang verwendeten Währungen,[79] weshalb er den ursprünglichen Charakter virtueller Gemeinschaften als Plattformen einer Geschenkwirtschaft gefährdet sah. Und er mahnte: »Wir können nicht einfach zusehen, wie der Sinn für Gemeinschaften vernichtet wird, nur weil wir nicht wissen, welchen Einfluss Währungen bei der Gestaltung unserer Beziehungen haben können.«[80]

Die Terra-Währung

Mit den Risiken, die sich mit Währungskursschwankungen verbinden, hatte Lietaer sich bereits im Rahmen seiner Master-Thesis beschäftigt, wobei er vor dem Hintergrund seiner Studien zur wirtschaftlichen Situation in Lateinamerika Mitte der 1970er Jahre auf seine Idee von einer durch einen Warenkorb mit repräsentativen Gütern und Dienstleistungen gedeckten, globalen Referenzwährung gekommen war.

Die »globale Referenzwährung Terra« – über die Idee als solche war bereits in den 1930er Jahren in einer französischen Zeitschrift geschrieben worden – sei, so Lietaer, als Äquivalent zum Goldstandard des 19. Jahrhunderts zu verstehen.[81] Die Geldeinheit wird bestimmt durch einen Standardwarenkorb von Gütern und Dienstleistungen, die im internationalen Handel besonders wichtig sind. Lietaer benennt vier wichtige Merkmale für den Terra: Inflationssicherheit, einfache Umrechenbarkeit und Konvertierbarkeit in jede Landeswährung und eine »von Natur aus« eingebaute Nachhaltigkeitsgebühr im Sinne der Kosten, die für die Lagerung der Waren zu berechnen sind.[82] Eine solche Demurrage-Gebühr bezifferte er mit jährlich 3,65 Prozent (0,01 Prozent pro Tag).[83]

Die Wahrscheinlichkeit der Umsetzung der Idee des Terra durch die Parlamente schätzte Lietaer als gering ein. Aus seiner Sicht waren dafür multinationale Unternehmen wichtiger, die – ähnlich den Banken, die de facto ja auch Privatunternehmen sind – jedem, der weltweit Handel treiben möchte, den Terra als Dienstleistung zur Verfügung stellen könnten. Gegenüber den Landeswährungen nähme der Terra so die Rolle einer Komplementärwährung ein. Die Entwicklung von Unternehmenswährungen selbst verortete Lietaer für Firmen im Kontext des Barter-Handels (Tauschgeschäfte unter Firmen), für den er ein weiteres starkes Wachstum vermutete, das schließlich – Lietaer nannte dafür vorausblickend das Jahr 2006 – zu einem chaordischen (Schachtelwort aus »Chaos« und »Ordnung«) Verband internationaler Konzerne führen könnte, in dem die »standardisierte globale Referenzwährung Terra« verwendet wird.[84]

»Das Terra-System könnte in einer Weise gelenkt werden, dass es einen starken antizyklischen volkswirtschaftlichen Effekt gegenüber dem offiziellen Währungssystem hätte, und auf diese Weise würde es dazu beitragen, die Risiken einer schwerwiegenden weltweiten Rezession zu verringern. Dies rührt daher, dass die Bestände, die den Warenkorb von Terra bilden, während einer Rezession logischerweise anwachsen würden, da Unternehmen in solchen Zeiten immer größere Lagerbestände haben. Damit würde automatisch an diesem Punkt des Konjunkturzyklus die Liquidität in Terra zunehmen. In einer Phase der Hochkonjunktur würde genau das Umgekehrte passieren: Die Bestände und die Liquidität in Terra würden abnehmen.«[85]

Idee und Wirkung der Terra-Währung

Den Terra definierte Lietaer als »eine globale B2B-Währung, die es für multinationale Unternehmen profitabel machen würde, langfristig zu denken, und damit den Konflikt zwischen kurzfristigen finanziellen Konzernprioritäten und langfristigen sozialen und ökologischen Bedürfnissen lösen würde. Das wäre eine inflations- und crashsichere Währung, die von einem für die globale Wirtschaft relevanten Waren- und Dienstleistungskorb gedeckt wäre. Als globale Währung würde sich der Terra von jeder existierenden nationalen Währung unterscheiden und damit das Risiko geopolitischer Spannungen um Währungseinflusszonen reduzieren.«[86]

Als Folge des Scheiterns der Vereinbarung von Bretton-Woods hatte das Ausmaß der Schwankungen der Wechselkurse für nationale Währungen schnell stark zugenommen. Dadurch wurden Spekulationen begünstigt und die Stabilität des Währungssystems insgesamt immer weiter geschwächt.

> Heute ergibt sich als direkte Folge daraus, dass unser Währungssystem auf internationaler Ebene die Schlüsselfunktion einer Währung nicht erfüllt. Wenn man sich an die drei klassischen Hauptfunktionen des Geldes – Recheneinheit, Tauschmittel, Wertaufbewahrung – hält, bedeutet die aktuelle Instabilität des Weltwährungssystems, dass wir über keine internationale Recheneinheit verfügen. Damit haben wir ein strukturelles Problem, dessen Wurzeln in den 1970ern liegen und das meiner Meinung nach gewaltige Opportunitätskosten (entgangener Gewinn aufgrund von Nutzungsverzicht) verursacht, selbst wenn diese nicht messbar sind.[87]

Beim Terra, den Lietaer als Lösung dieser Problematik vorschlug, handelt es sich um einen standardisierten Barterhandel,[88] also um einen Güterhandel auf der Basis einer bilanziellen Verrechnung unter Verwendung einer komplementären Währung. Diese Art geschäftlicher Tätigkeit ist unter global agierenden Firmen nach wie vor ein stark wachsender Bereich – man sprach bereits zur Jahrtausendwende von einem Umfang von 20 bis 25 Prozent des Transaktionsvolumens –, was verständlicherweise damit zusammenhängt, dass die Firmen auf diese Weise die Verluste aus Währungskursschwankungen vermeiden können.

Der Wert des Terra definiert sich aus einem Warenkorb mit 12 bis 20 der wichtigsten Waren und Dienstleistungen im internationalen Handel, er ist deshalb inflationssicher und kann als globale Referenzwährung verwendet werden.

> Im Gegensatz zu den Fiat-Währungen ist der Terra eine völlig gedeckte Währung. Er ist als eine Komplementärwährung in der Lage, in dem bestehenden Währungssystem zu operieren. Er stellt ein zusätzliches universelles Tauschmittel für jeden dar, der in dieser Währung internationale Verträge oder internationalen Handel abschließen will. […] Der wirklich originelle Gedanke dieser Währung liegt darin, dass die Lagerhaltungskosten des Warenkorbs

(geschätzte drei bis vier Prozent p.a.) dem Halter der Währung angerechnet würden. Damit erhielte man letztlich eine mit Liegegeld belastete Währung.[89]

Die »Terra Trade Reference Currency (TRC)« sollte speziell auf die drei systemischen wirtschaftlichen Probleme »monetäre Instabilität, Eindämmung des Konjunkturzyklus und Ermöglichen langfristiger Nachhaltigkeit« ausgerichtet sein.[90]

Sie »soll für mehr Stabilität und Planbarkeit im Finanz- und Geschäftssektor sorgen, indem ein Mechanismus für vertragliche Zahlungs- und Planungszwecke weltweit bereitgestellt wird. Dies wäre das erste Mal seit den Tagen des Goldstandards, dass ein robuster internationaler Wertstandard, der auch inflationsbeständig ist, zur Verfügung steht.«[91]

Lietaer hatte seine erste Version einer solchen globalen Währung im Jahr 1978 im Rahmen seiner Studien zur Wirtschaft in Lateinamerika entworfen – ihm war am 16. September 1983 als Anerkennung seiner verdienstvollen Beratungstätigkeit die bolivianische Staatsbürgerschaft verliehen worden –, wobei es ihm besonders um die Stabilisierung der Einkommen in Drittweltländern ging. Für die Umsetzung seiner Ideen hoffte er damals noch auf die entsprechend wirksamen Regierungsinitiativen. In seinen späteren Entwürfen ging Lietaer stattdessen davon aus, dass die Impulse zur Schaffung der Terra-Währung von der Privatwirtschaft kommen könnten. Als weitere Entwicklung der Ursprungsidee fügte er das »Liegegeld« (engl. *demurrage*) als Antihortungssteuer hinzu.

Das, so Lietaer, »bringt finanzielle Interessen und langfristige Nachhaltigkeit in Einklang. Ein zukünftiger Cashflow in Terra wäre mehr wert als der jetzige und sein Wert würde auf der Zeitachse exponentiell zunehmen. Dies ist das genaue Gegenteil des positiven Zinses, der die Verhaltensregel aller derzeitigen Währungen ist. Daher wäre die Verwendung der neuen Währung für langfristige Planungen, Verträge und Transaktionen automatisch profitabel, da sie Planungen und Operationen in langen Zyklen belohnt.«[92]

In Notizen, die Lietaer sich zur Vorbereitung für ein Interview gemacht hatte, fasste er wichtige Kernaussagen prägnant zusammen:

> Nein, unser derzeitiges konventionelles Geld ist nicht neutral. Sein Entstehungsprozess ist prozyklisch (verstärkt den Aufschwung in guten Zeiten und verschlechtert die Wirtschaft in schlechten Zeiten), es konzentriert den Reichtum und es verbindet jede finanzielle Entscheidung mit kurzfristigem Denken. Der prozyklische Effekt ist darauf zurückzuführen, dass 95 Prozent unseres gesamten normalen Geldes durch Bankschulden generiert werden. Und Banken tendieren dazu, einen Herdentrieb zu haben: Sie werden gleichzeitig zu enthusiastischen Kreditgebern, wenn die Dinge in einem bestimmten Sektor gut laufen, was zu einem Boom führt, während sie gleichzeitig übermäßig restriktiv werden, wenn die Wirtschaft nachlässt, was eine schlechte Situation verschlimmert. – Per Definition übertragen Zinsen Ressourcen von den Armen, die kein Geld haben, auf die Reichen und konzentrieren so den Wohlstand. Ein weiterer Effekt – die Tendenz zum kurzfristigen Denken – ist eine Folge der Rolle des Zinsmerkmals im »Discounted Cash Flow«-Prozess. Geld ist in Zukunft aus Zinsgründen immer weniger wert als heute – auch für eine absolut inflationssichere Währung. Der Einsatz unseres zinstragenden Geldes trägt daher zur systematischen Ausrichtung auf kurzfristige Entscheidungen bei.[93]

Nachhaltigkeit

Bernard Lietaer ging davon aus, dass ein »nachhaltiger Wohlstand« in absehbarer Zeit grundsätzlich möglich ist.[94] Zur Erklärung des Begriffs erläuterte er:

> Nachhaltiger Wohlstand bietet der Menschheit die Möglichkeit, materiell, emotional und spirituell zu wachsen und sich zu entfalten, ohne die Ressourcen der Zukunft zu vergeuden. Ein Synonym dafür wäre »Wachstum mit Weisheit«. Der nachhaltige Wohlstand kennzeichnet eine Gemeinschaft, eine Gesellschaft, ein Land oder ein globales System, das den Menschen die Möglichkeit bietet, ihren kreativen Fähigkeiten Ausdruck zu verleihen, ohne kommenden Generationen die Aussicht auf eine vergleichbare oder eine bessere Lebensweise zu schmälern. Es geht darum, unsere materiellen Bedürfnisse so zu stillen, dass wir unser höchstes Potential als Menschen entdecken können.[95]

Lietaer ging in seinem Verständnis von Nachhaltigkeit über die reine Systemfunktion hinaus, indem er den Begriff zugleich ganzheitlich-soziopolitisch konnotierte.

Bei der Entwicklung zu nachhaltigem Wohlstand geht es für sein Verständnis zentral immer auch um eine Reform des Geldsystems als Voraussetzung für die entsprechenden Wandlungsprozesse in Wirtschaft, Politik und Kultur. Die Tatsache, dass sich gegen Ende des 20. Jahrhunderts weltweit immer mehr Menschen und Initiativen eben dieser Aufgabe zuwandten, deutete Lietaer systemisch als Wandel[96] im »Übergang vom Industriezeitalter zum Wissenszeitalter« und er pointierte: »Wir erleben derzeit einen Strukturwandel, und dieser

Strukturwandel bietet uns die einmalige Chance zur Schaffung eines nachhaltigen Wohlstands.«[97]

Allerdings komme es darauf an, die sich bietenden Gelegenheiten auch zu ergreifen. Erschwert wird dies durch Veränderungen, die sich für die Arbeitswelt ergeben, die dazu führen, dass eine Berufsbiografie auf Grundlage einer vergüteten Erwerbsarbeit im traditionellen Sinne immer schwieriger zu realisieren sein wird.[98] Der technische Fortschritt bringt es mit sich, dass die Arbeit für den Menschen zum knappen Gut wird. Die soziopolitischen Folgen dieser Entwicklung sind gravierend, insbesondere weil sich Menschen in ihrem Selbstwertgefühl bis heute zu einem großen Teil über die Erwerbsarbeit definieren. Lietaer ging dem ausführlich nach, indem er Lösungsmöglichkeiten für die sich abzeichnenden, schwierigen Entwicklungen aufzeigte.[99] Letztlich sind es seiner Meinung nach der Umfang der technischen Innovationen und die ökologische Problemlage, die den Menschen zu einem Umdenken zwingen und gänzlich neue Lebensmodelle begünstigen werden.

Die Wirkung der Währungen in einem monetären Ökosystem

In diesem Zusammenhang schrieb Lietaer von einer »integrierten Wirtschaft«,[100] die er als Zielzustand verstand. Was er mit dieser Begriffsbildung meinte, erläuterte er vor dem Hintergrund der taoistischen Sichtweise, die hilfreich darin sein könne, polarisierende Sichtweisen zu überwinden und so die Aufmerksamkeit mehr auf das Verbindende zwischen Gegensätzen zu konzentrieren.

> Die Taoisten sehen im Ganzen gleichzeitig Teile. Jedes Teil existiert nur aufgrund der Berührungspunkte zum Ganzen. Wir dagegen sehen meist einen Teil und setzen ihn in Gegensatz zu einem anderen.[101]

Auf das Wirtschaftssystem übertragen würde dies zum Beispiel bedeuten, dass die Trennung von ›Yang‹- (Geld- und Sachkapital) und ›Yin‹-Kapital (soziales und natürliches Kapital) überwunden werden kann,[102] womit sich direkt der Zugang zur Idee entsprechender Wirtschaftskreisläufe und Währungsformen[103] ergäbe. Für Letztere beschrieb Lietaer bereits in den 1990er Jahren als »Währungssystem im Jahr 2020: ein Vierganggetriebe«[104] – nämlich das Zusammenspiel von globaler Referenzwährung, drei grundlegenden multinationalen Währungen, einigen Landeswährungen sowie lokalen Komplementärwährungen. Ein solches System bezeichnete er als »monetäres Ökosystem«, womit er implizit ausdrückte, dass es ihm auf die Wirkungen aus dem Zusammenspiel der verschiedenen Währungsformen ankam, für die er annahm, dass sie sich, ähnlich wie beim Zusammenwirken in biologischen Systemen, selbstregulierend einstellen würden.

Beginnend mit seinem Buch *Das Geld der Zukunft* ging Lietaer nun mehr und mehr auch auf die mit dem Geldsystem verbundenen ökologischen Problematiken ein. Dabei hatte er die großen Dimensionen im Blick, die seit dem Bericht des Club of Rome in den 1970er Jahren, dem Bericht der »Nord-Süd-Kommission« in den 1980er Jahren und der »Konferenz der Vereinten Nationen über Umwelt und Entwicklung« in den 1990er Jahren verstärkt im öffentlichen Diskurs beachtet wurden. Dazu gehörte auch, dass die Eigenschaften des Geld- und Finanzsystems durch immer mehr Menschen kritisch hinterfragt wurden. Es wird immer klarer: Wegen der Wirkung von Zins und Zinseszins, die darin besteht, in einer begrenzten Welt ein unbegrenztes Wachstum zu schaffen, sind dynamische Systeme für ihre Nachhaltigkeit auf Rückkopplungsmechanismen angewiesen, die ein exponentielles, unkontrollierbares Wachstum verhindern.

Für Lietaer ging es bei den für die Zukunft wichtigen Maßnahmen aber nicht allein um die Reformation des Geldsystems, sondern vor allem um eine Veränderung des Bewusstseins, die, so meinte er, sich im zeitlichen Umkreis der Jahrtausendwende tendenziell bereits abzeichnete.

> Die Menschheit steht in den kommenden Jahrzehnten vor der wahrscheinlich größten Herausforderung aller Zeiten. Zum ersten Mal in unserer Geschichte bedroht unsere kurzfristige Denkweise die gesamte Biosphäre. Daher könnte das Wissen über Vorgänge, die unsere kollektive Einstellung in Richtung auf ein langfristiges Denken verändern, für uns alle lebenswichtig sein.[105]

Auf die Diskrepanz zwischen der derzeit noch vorherrschenden Denkart und einer neuen, weitsichtigen Handlungsorientierung ging Lietaer einmal besonders eindrücklich ein, als er von einem Gespräch mit einem deutschen Topmanager berichtete:

»Meine Frage: ›Haben Sie Kinder?‹ Antwort: ›Oh ja, vier.‹ ›In welchen Zeithorizonten denken Sie für Ihre Kinder?‹ ›20 bis 30 Jahre.‹ Nächste Frage: ›Wenn Sie ihr Büro betreten, wie ist dann Ihr Zeithorizont?‹ Seine Antwort: ›Zwei bis drei Monate.‹ ›Wie glauben Sie, wird die Welt sich auf Ihre Kinder vorbereiten, wenn alle so handeln wie Sie?‹«[106]

Existentia und Essentia

Lietaer befasste sich immer aufs Neue damit, dass und wie sich das Welterleben des Menschen im Laufe der kulturellen Entwicklung veränderte. Die Wahrnehmung unserer Erde im Sonnensystem zum Beispiel entwickelte sich von religiös geprägten Vorstellungen über solche von einem mechanistisch funktionierenden Universum bis hin zur heutigen Vorstellung von einem Planeten mit endlichen Ressourcen in einem multidimensionalen, energiebasierten Kosmos. Im Rahmen dieser Entwicklung veränderten sich zugleich auch unsere Vorstellungen von Wirtschaft und Geld. Heutzutage, konstatierte Lietaer, suchen wir nach Wegen für ein nachhaltiges Handeln, das den Bedürfnissen der vielen Menschen und denen des Ökosystems gleichermaßen gerecht wird. In seinem Buch *New Money for a New World* heißt es dazu:

> Zur Unterstützung der monumentalen Reise der Menschheit und der Ziele des 21. Jahrhunderts loten wir hier ein konzeptuelles Rahmenwerk aus, das neue Erkenntnisse und Lösungen für eine nachhaltige Entwicklung bietet und sowohl die Wirtschaft als auch die lebenden Systeme dieses Planeten entlastet.[107]

Die ökologische Bedeutung der Reformation des Geld- und Finanzsystems war für Lietaer nun ganz in den Vordergrund seiner Aufmerksamkeit gerückt.

Für die Weltbilder, die den Handlungen der Menschen im 21. Jahrhundert zugrunde liegen, ist der historische Hintergrund der letzten 200 Jahre wohl ganz besonders maßgeblich. In diesem Zeitraum haben sich durch die industrielle Revolution die äußeren Verhältnisse ebenso verändert wie die Denkgewohnheiten, bedingt durch bahnbrechende Entdeckungen und Erfindungen. Ziemlich genau war erforscht und verstanden worden, wie Leben und Zusammenleben funktionieren, und die gewonnenen Erkenntnisse wurden in immer rascherem Tempo in gravierenden Veränderungen in den verschiedensten Bereichen umgesetzt. Aber obwohl sich die Meisterschaft des Menschen in Sachen Entwicklung und Umsetzung innovativer Ideen immer stärker entwickelte, blieben die Kenntnisse auf bloße Funktionen beschränkt. Man verfügt heutzutage schließlich über großartige technische Möglichkeiten, kann im engmaschigen Netz der globalisierten Wirtschaft nahezu jedes Bedürfnis zu jeder Zeit befriedigen, hat Lebenserwartung und Wohlstand für einen großen Teil der Menschen auf Erden steigern können – weiß aber noch nicht einmal ansatzweise, was Leben eigentlich ist.

Im Erforschen und Dienstbarmachen der Welt hatte die Menschheit im Laufe der Zeit viel über die *Existentia* gelernt, aber zugleich die *Essentia* aus dem Blick verloren. Diese Situation, in der zur Beurteilung und Handhabung von allem und jedem eine Vielzahl an Kriterien verfügbar sind, erfordert, sich über grundlegende Definitionen Klarheit zu verschaffen. Es genügt nicht mehr, bloß die Funktionen zu verstehen, auf denen unser Leben beruht, es kommt zugleich darauf an, dessen Wesen selbst zu erkennen!

Die hier zutage tretende Polarität kann als die zwischen Definitionen und Kriterien oder zwischen Ideologien und Mythen bezeichnet werden – das entspricht der Sichtweise, die Lietaer als junger Mensch durch Raimon Pannikar kennengelernt hatte. Oder aber als diejenige zwischen Effizienz und Resilienz: Gemeint ist das gleiche, nämlich zweierlei Eigenschaften und Kräfte, auf deren komplementärem, ausgeglichenem Zusammenwirken das Leben idealerweise beruht.

Die Wirkung von Einseitigkeit und Vielfalt

Wie wir bereits sahen, verglich Lietaer soziale und wirtschaftliche Systeme mit den Phänomenen in biologischen Systemen. Ausgehend von dieser kybernetischen Sichtweise entwickelte er ein integratives, empirisch abgesichertes Modell, in dem er Volkswirtschaften mit komplexen, anpassungsfähigen, lebenden Systemen verglich, in denen Materie, Energie und Informationen kontinuierlich fließen. Die davon abgeleiteten Maßgaben sind für den einsichtig, der Lietaers Grundannahmen kennt und berücksichtigt.

> Volkswirtschaften sind ebenso wie natürliche Ökosysteme komplexe Flussnetzwerke. Sie bestehen aus Millionen von Unternehmen und produktiven Aktivitäten, bei denen die Ergebnisse der einen Einheit als Input für eine andere Einheit dienen, alles in einem riesigen Netz, das Energie, Informationen und Ressourcen praktisch auf dem gesamten Planeten verarbeitet und zirkulieren lässt.[108]

Sowohl der hohe Vernetzungsgrad mit diversen Rückkopplungen als auch die Anzahl unterschiedlicher Datenkategorien und die Abundanz (Häufigkeit der Individuen einer Art, bezogen auf ihr Habitat) sind für die Nachhaltigkeit in komplexen Systemen von gleich großer Bedeutung. Lietaer hatte das bereits im Zusammenhang seiner Überlegungen bezüglich der Berechenbarkeit von Währungskursschwankungen erkannt und angewendet, später brachte er es in seine grundsätzlichen Überlegungen zur Nachhaltigkeit von Systemen ebenfalls ein.

> Zwei Strukturvariablen eines komplexen Systems bestimmen den Wirkungsgrad seiner Belastbarkeit. Die eine Variable ist die Diversität, das heißt, die Existenz verschiedener Arten von Agenten, die als Knoten im Netzwerk fungieren. Die andere ist Interkonnektivität als die Anzahl von Verbindungspfaden zwischen den jeweiligen Agenten. Vielfalt und Interkonnektivität sind die Schlüsselgrößen für Effizienz und Belastbarkeit eines komplexen Systems, jedoch in entgegengesetzter Richtung.[109]

Wenn es dann um die Entwicklungen geht, die das Geldsystem in den zurückliegenden Jahrhunderten und Jahrzehnten genommen hat, weist Lietaer auf die eingetretene, gefährliche Vereinseitigung hin, indem er ausführt:

> Das heutige monetäre Paradigma entspricht letztlich einem planetarischen Ökosystem, in dem nur eine einzige Pflanzen- oder Tierart toleriert und künstlich erhalten wird und in dem jegliche Vielfalt als unangemessener Konkurrent ausgerottet wird, weil dies die Effizienz des Ganzen beeinträchtigen würde. In einem solchen Szenario ist nur ein Endergebnis möglich – der Zusammenbruch des Gesamtsystems.[110]

»Die Instabilität der Währungen und die Physik komplexer Flussnetzwerke«

Mit den Kursschwankungen und der Instabilität von Währungen hatte Lietaer sich bereits Jahrzehnte lang befasst, bevor er seine diesbezüglichen Kenntnisse und Vorschläge in dem Buch *Geld und Nachhaltigkeit* als Bericht des Club of Rome erneut und sehr präzise erläutert wiedergab. In diesem Buch, das er gemeinsam mit Christian Arnsberger, Sally Goerner und Stefan Brunnhuber verfasst hatte, ging Lietaer ausführlich darauf ein, inwiefern das Geld- und Finanzsystem Eigenschaften aufweist, die denen biologischer und ökologischer Systeme vergleichbar sind. »Das Konzept, die Währungs- und Finanzstabilität als komplexes Flussnetzwerk zu betrachten, ist keine Metapher, sondern hat etwas mit systemischer Biomimikry zu tun.«[111] Dieser Denk- und Forschungsansatz ist für das Verständnis des Werks Lietaers von zentraler Bedeutung.

In vielen seiner Veröffentlichungen beschrieb Lietaer die Entwicklung des Marktes für Finanzprodukte, wie er sich innerhalb weniger Jahrzehnte gegenüber der Realwirtschaft in kaum vorstellbarem Ausmaß aufgebläht hatte. Die Ursache dafür liege nicht darin begründet, dass in internationalen Geschäften die Risiken von Währungskursschwankungen gemanagt werden, sondern in der Ausweitung rein spekulativer Transaktionen, die mittlerweile weit über 90 Prozent des weltweiten Transaktionsvolumens ausmachen, während sich nur noch weniger als zehn Prozent auf die Realwirtschaft beziehen.

Lietaer machte geltend, dass immer wiederkehrende Krisenereignisse und Zusammenbrüche wegen grundsätzlicher Systemfehler unvermeidbar sind, und er strich unter Verwendung von IWF-Daten (IWF = Internationaler Währungsfonds) heraus, dass es zwischen 1970 und 2010 zu weltweit 145 Bankenkrisen, 208 Währungscrashes und 72 Staatsschuldenkrisen – insgesamt also 425 Systemkrisen – kam.[112] Überdies kritisierte er, dass in der Analyse und Aufarbeitung derartiger Ereignisse zwar verschiedenste Auslöser benannt werden, nicht aber die eigentlichen strukturell ursächlichen Schwächen.[113]

Wirtschaft ist ein offenes System

Wie bereits gesagt näherte Lietaer sich möglichen Lösungen der Problematiken, indem er sich mit der Physik komplexer Flussnetzwerke befasste und die gewonnenen Erkenntnisse auf das Geld- und Finanzsystem übertrug. Erstmals veröffentlichte er seine diesbezüglichen Vorstellungen im Jahr 2005.[114] 2012 kam er darauf erneut und ausführlich zurück.[115]

Im Kern ging es ihm darum, darzustellen, dass Banken- und Währungsinstabilitäten darin begründet sind, dass den Systemstrukturen Beweglichkeit und Anpassungsfähigkeit fehlen, wie sie nötig sind, »um mit den sich beschleunigenden Veränderungen in der ökonomischen und sozialen Umwelt mithalten zu können, die unser postindustrielles Zeitalter charakterisieren«.[116] Die Schwäche der Wirtschaftssysteme beruhe darauf, dass sie zwar hocheffizient funktionieren, dafür aber eine reduzierte Resilienz in Kauf nehmen. »Dies ist die Ursache für die systemische Zerbrechlichkeit des Geld- und Bankensystems«, während Nachhaltigkeit als optimaler Ausgleich zwischen den Variablen Effizienz und Resilienz zu verstehen sei.[117]

Damit verständlich wird, warum Gesetzmäßigkeiten der Physik komplexer Flussnetzwerke auch auf ökonomische Systeme übertragbar sind, muss eingesehen werden, inwiefern die Wirtschaft nicht als geschlossenes Gleichgewichtssystem zu klassifizieren ist, sondern vielmehr als ein offenes System, das sich durch Input und Output permanent verändert. Hinzu kommt, dass auch im Wirtschaftssystem die Entropie, also die Zustandsgröße für Unordnung oder Beliebigkeit im System, mit der Zeit immer weiter zunimmt. Bemerkenswerterweise werden diese beiden Fakten seitens der traditionellen Wirtschaftswissenschaft bis dato völlig ignoriert, während eine ökologische Ökonomie die ständigen Entwicklungen von Märkten, Technologien, Unternehmensplanungen sowie der Bestände natürlicher Ressourcen als Indikatoren höchst komplexer Prozesse berücksichtigt.

Lietaer wies darauf hin, dass man zu beachten habe, dass jede Lebensform eindeutig höher organisiert ist als ihre Umwelt, und dass jedes Lebewesen durch seine Existenz die Entropie in seiner Umwelt erhöht.

> Dieses Phänomen der geordneten Komplexität tritt nicht in Systemen auf, die von einer einfachen, linearen Kausalität geregelt werden, und es entsteht auch nicht, wenn die Komponenten nur

> schwach gekoppelt sind. Es ist eben das Schlüsselmerkmal der Komplexität. Ein System lässt sich somit als komplex bezeichnen, wenn und nur wenn es zwei Merkmale hat: eine hohe Vielfalt von Komponenten und ein dichtes Netzwerk von Interaktionen zwischen diesen Komponenten. Wie Beinhocker [*Anm. pk: Eric D. Beinhocker ist ein US-amerikanischer Senior Fellow am »McKinsey Global Institute«.*] und andere nachgewiesen haben, ist dies mit Sicherheit der Fall bei ökonomischen Prozessen.[118]

Aus diesem Grund ist eine neue Methodik erforderlich, wenn es darum geht, die Geld- und Wirtschaftsdynamik zu verstehen, die nicht nur Ökosysteme und lebende Organismen, sondern auch Wirtschaftsformen als komplexe Materiefluss-, Energiefluss- und Informationsflusssysteme begreift.

Analog zu Erkenntnissen, die zum Verständnis von Effizienz und Resilienz natürlicher Ökosysteme gewonnen wurden, ergeben sich neue, von der traditionellen Wirtschaftswissenschaft abweichende Gesichtspunkte für das Verständnis von Eigenschaften und Entwicklungen von Wirtschafts- und Währungssystemen. Auch deren Lebensfähigkeit hängt ab von einem Gleichgewicht zwischen Effizienz und Resilienz, also dem »Maß der Fähigkeit eines Systems, sich von einer Störung, einem Angriff oder einer Veränderung in der Umwelt zu erholen«.[119]

Da die Resilienz eines Systems durch größere Vielfalt verbessert wird, kann anhand der Vielfalt und des Vernetzungsgrades die Resilienz eines Systems quantifiziert werden. Für die Effizienz gilt das Umgekehrte, dass nämlich die Abnahme von Vielfalt und Vernetzung die Wirkung des Systems steigert, wodurch aber zugleich die Stabilität eingeschränkt wird. Nachhaltigkeit erscheint in diesem Zusammenhang als das optimale Gleichgewicht zwischen Resilienz und Effizienz. »Ein System ist maximal nachhaltig, wenn dieses Gleichgewicht seinen optimalen Mischzustand erlangt.«[120] Diesen optimalen Mischzustand bezeichnete Lietaer als das Zeitfenster der Lebensfähigkeit.

> Von ganz entscheidender Bedeutung ist es, dass die Natur nicht um der maximalen Effizienz willen selektiert, sondern im Hinblick auf das optimale Gleichgewicht zwischen den beiden entgegengesetzten Polen von Durchsatzeffizienz und Resilienz. Mit anderen Worten: Nachhaltigkeit erfordert gerade genügend und nicht zu viel Effizienz wie Resilienz.[121]

Mit Blick auf das globale Geldsystem, bei dem es sich um ein Netzwerk monopolistischer nationaler Währungen handelt, wird schnell deutlich, dass ausgerechnet die große Effizienz der Preisbildung und der freien Wechselkurse in nationalen Märkten das entscheidende Problem darstellt. Die Krisenanfälligkeit ist gerade deswegen so groß, weil das Gesamtsystem zu effizient geworden ist. Zudem erhöht im Falle von Erschütterungen der Mangel an Vernetzungsmöglichkeiten die Wahrscheinlichkeit eines Zusammenbruchs.

Eben aus diesem Grund plädierte Lietaer für eine Vielfalt von Geldsystemen, die zur monetären Nachhaltigkeit des Gesamtsystems beitragen:

> Wir empfehlen ein monetäres Ökosystem, in dem andere Zahlungsmittel als ein monopolistisches Bankschuldengeld eine Rolle spielen dürfen. Dies würde für größere strukturelle Vielfalt sowohl bei den Zahlungsmitteln wie bei den Instituten, die sie erschaffen, sorgen. Falls und wenn solche komplementären Systeme installiert sind, wird eine spontane Anpassung an eine ökonomische Instabilität und/oder eine plötzliche Knappheit des Bankschuldengeldes möglich. Solche komplementären Arrangements würden auch den außergewöhnlichen Würgegriff lockern, in den das Bankensystem inzwischen Staaten und die gesamte Wirtschaft nimmt.[122]

Teil 2: Wissen und Weisheit

Weisheit verleiht dem Wissen Tiefe, Perspektive und Bedeutung. Neben der Logik und der Analyse sind noch andere Erkenntnisformen am Zustandekommen von Weisheit beteiligt, etwa die Intuition und Anteilnahme. Weisheit ist definitionsgemäß mehrdimensional und umfasst verschiedene Wissensgebiete und -formen. Sie ist die ultimative Synthese, die weder erzwungen noch von jemand anderem gelehrt werden kann.

Bernard Lietaer, 1999

Ökonomie und Ökologie

Das Funktionieren der Weltwirtschaft beruht darauf, dass die wichtigsten Regeln für das globale Zusammenwirken von den Beteiligten anerkannt und umgesetzt werden. Dabei wird dennoch oft nicht hinterfragt, auf Grundlage welcher Paradigmen diese Regeln zustande gekommen sind. Aber eben diese Paradigmen, die den Akteuren bemerkenswerterweise meist noch nicht einmal bewusst sind, bilden den entscheidenden Hintergrund und Nährboden für alle Regeln, nach denen wir Menschen uns in der Welt verhalten.

Lietaer war es wichtig, genau diesen Aspekt zu beleuchten. Er definierte zunächst: »Ein Paradigma ist das Begriffssystem, von dem aus die Wirklichkeit wahrgenommen und bewertet beziehungsweise auf sie reagiert wird.«[1] Und er stellte fest, dass Paradigmen notwendig sind, weil sie die Ausgangsbasis für das Zustandekommen der Regeln für jedes überlegte, strukturierte Handeln darstellen. Paradigmen sind einerseits immer von Menschen gemacht und können darum auch jederzeit verändert werden. Andererseits gehen von ihnen Wirkungen aus, die die Welt und das Leben in charakteristischer Weise beeinflussen und verändern. Um die Wirkungen vorherrschender ökonomischer Paradigmen genauer zu durchschauen, untersuchte Lietaer ihre Auswirkungen auf die Welt der Natur, auf die Wirtschaft und auf das Geldsystem.

Ein anderer Blick auf die Wirtschaft

Aus der Sicht der Wirtschaftswissenschaft wird die Natur als Ressource, als »Externalität« verstanden. Diese distanzierte Haltung wird auch auf den Menschen selbst übertragen, wenn er auf seinen produktiven Arbeitsinput reduziert wird. Für die »traditionelle

Ökonomie«[2] ist deshalb nur diejenige Leistung relevant, die als mit Geld vergütete Arbeitsleistung in Leistungsbilanzen erfasst wird. Aus diesem Grund werden alle Arbeiten, die sich außerhalb der monetarisierten Sphäre ereignen – etwa unvergütete Arbeit in Haushalt, Familie, Nachbarschaft und Vereinen – für die Berechnung des BIP nicht berücksichtigt. In letzter Konsequenz ist das problematisch, weil eine »am Inneren orientierte Arbeit (wie individuelle oder kollektive Werte und die Psychologie) als Fantasie« abgetan wird.[3] Was jemand denkt und fühlt, ist unter diesem Vorzeichen erst und nur dann ökonomisch relevant, wenn es zu vergüteten Leistungen oder handelbaren Produkten führt. Ebenso hat die Natur an sich in der traditionellen Ökonomie keinen Wert, solange sie nicht durch den Menschen in den Produktionsprozess eingebunden wurde. Durch ein derartig distanziertes Verhältnis zur Natur und zu der Arbeit an inneren Werten wird fatalerweise ein Bild der Welt geschaffen, das nicht der vollständigen Wirklichkeit entspricht.

Demgegenüber schlug die OECD ein Modell vor, nach dem sich die Gebiete von Ökonomie, Umwelt und Gesellschaft bis zu einem gewissen Grad überlappen. Lietaer kritisierte diesen Ansatz: »Dennoch hält auch dieses Modell an der Vorstellung fest, die Ökonomie sei ein Bereich, der teilweise abstrakt und autonom gegenüber kulturellen, sozialen und umweltbezogenen Problemen sei.«[4] Im Sinne der sogenannten »ökologischen Ökonomie« sei es bedeutend sinnvoller, von einer »Nesthierarchie« auszugehen, die darauf beruht, dass sich die drei benannten Bereiche nicht nur teilweise überlappen, sondern vollständig durchdringen. Es gibt »im Modell der ökologischen Ökonomie keine Austauschbarkeit zwischen diesen drei Kapitalformen.«[5]

Hinsichtlich der monetären Dimensionen der Wirtschaft und der sie beherrschenden Paradigmen kommt dem grundlegenden Verständnis von Geld entscheidende Bedeutung zu. Lietaer betonte immer wieder, dass Geld kein »passives Element« ist, sondern Einfluss darauf hat, wie Individuen und Kollektive sich entscheiden zu handeln.[6] Mit dieser Auffassung begab er sich in Opposition zu dem in der traditionellen Wirtschaftswissenschaft vorherrschenden Paradigma, das davon ausgeht, dass das Geld- und Finanzsystem bloß ein Koordinierungsmechanismus sei, dem eine allein dienende Funktion zukäme.

Ebenso widersprach Lietaer der Auffassung, die Verbreitung von nur einer einzigen Währung in einem bestimmten Währungsgebiet wäre sinnvoll und gegeben:

> Allgemein wird angenommen, dass alle fortgeschrittenen Zivilisationen eine monopolistische, zentral ausgegebene Fiatwährung verwenden, weil dies am effizientesten sei. [...] Warum vertreten praktisch alle ökonomischen Paradigmen die Hypothese, dass eine Volkswirtschaft nur durch das Monopol einer einzigen Währungsart funktionieren kann? Und warum ist dies sogar in einer globalisierten Welt so, wie wir sie seit der Mitte der 1970er Jahre erleben?[7]

Diesen Fragen ging Lietaer nach, indem er die Wirkungen des Geld- und Finanzsystems in einem weiten kulturgeschichtlichen Umkreis untersuchte. So ergab sich ihm, dass bestimmte Währungsformen in charakteristischer Weise wirken. Die Verwendung einer einzigen, zentral ausgegebenen Fiat-Währung bewirkt die Konzentration von Macht, während das Zusammenwirken von mindestens zwei unterschiedlichen, jeweils für den Außenhandel oder für die lokale Wirtschaft verwendeten Währungen eine Gesellschaft fördert, in der die Beteiligten gleichberechtigt zusammenwirken.

Überdies ist interessant, dass Lietaer im Unterschied zu manchen anderen Geldreformern nicht davon ausging, dass es nötig wäre, das bestehende Bankschuldengeldsystem zu beseitigen.[8] Vielmehr komme es darauf an, ergänzende Systemarten zu finden, die, durchaus zusammen mit dem Bankschuldengeldsystem, jenes »monetäre Ökosystem« bilden würden, von dem bereits die Rede war.

> Letzten Endes ist unser Plädoyer für eine monetäre Ökologie ein Aufruf zu einer neuen Form von ökonomischer Governance. Das Ziel ist, zuzulassen, dass zwei Arten von Wirtschaft friedlich mit-

einander existieren: Einerseits wird die Mainstreamökonomie weiterhin konventionelles Geld in der Wettbewerbswirtschaft einsetzen, andererseits wird die Wiedergeburt einer kooperativen Ökonomie dafür sorgen, dass Regionen, Städte, Stadtviertel, NGOs und basisdemokratische Bürgerorganisationen das ganze Potential ihrer Projekte entwickeln, ohne von der Finanzierung mit Bankschuldengeld abhängig zu sein.[9]

Die Wirkung des Systems und der Wandel

Das Paradigma der traditionellen Ökonomie besagt, dass etwas nur dann ökonomisch von Wert ist, wenn es sich in Geldwerten messen und bewerten lässt. Das aber beschränkt die Aufmerksamkeit auf einen kleinen Ausschnitt von Welt und Leben. Dadurch kann der Mensch zwar viel über die Funktionen seiner Mitwelt erfahren und auf der Grundlage der so gewonnenen Erkenntnisse eine aus seiner Sicht effiziente und profitable Wirtschaft betreiben. Er werde durch die darauf gegründete, einseitig-beschränkte Lebensweise aber keine nachhaltigen Verhältnisse schaffen.

Lietaer schmälerte bei aller Kritik an der traditionellen Ökonomie keineswegs die verdienstvolle Rolle, die das Geldsystem beim Zustandekommen unserer derzeitigen Lebensverhältnisse gespielt hat. Dennoch wies er auf die Probleme hin, die sich parallel zu ihm entwickelten.

> Das moderne Geldsystem hat eine positive Rolle bei den Leistungen des Industriezeitalters gespielt. Ungeachtet der Folgen hat es eine Bevölkerungsexplosion ermöglicht – von 250 Millionen Menschen im Jahr 1750 bis auf über sieben Milliarden heute. Die Produktion von Gütern im Lauf der Zeit weist eine ähnliche Kurve wie das Bevölkerungswachstum auf: Zwischen 1800 und der Gegenwart hat sich das Bruttoinlandsprodukt in den Industriestaaten mindestens verzwanzigfacht. China, Indien und Brasilien vollziehen den Prozess nach, während wir dies schreiben. Infolge

der Industrialisierung ist der Lebensstandard vieler Menschen in Europa, Nordamerika und Teilen Asiens vom Existenzminimum auf ein Niveau gestiegen, das unsere Vorfahren für außerordentlichen Wohlstand gehalten hätten. Das sind gewaltige Leistungen, die ungeachtet ihrer Nachteile anerkannt und respektiert werden sollten. – Aber wie sieht die andere Seite der Bilanz aus? Wie wirkt sich die derzeitige Architektur von Geld, Banken und Finanzmärkten auf die Nachhaltigkeit aus? Wir befassen uns hier nicht mit den offenkundigen Folgen politischer Entscheidungen – wie die Gestaltung der Politik in der Dritten Welt durch den IWF –, sondern vielmehr mit den Auswirkungen, die systematisch aus der Architektur des Währungs- und Finanzsystems selbst erfolgen.[10]

Um zu verstehen, worum es bei den Wirkungen des Währungs- und Finanzsystems geht, kann man an ein beliebiges Objekt – etwa ein Kunstwerk – denken. Dabei wird man unschwer erkennen, dass das Kunstwerk einerseits aus materiellen Bestandteilen besteht, andererseits aber eine »Botschaft« transportiert, die auf den Betrachter wirkt. Lietaer tat nichts anderes, als diese Tatsache aufzugreifen, indem er Geld als Informationsreplikator verstand. Mit jedem Schein, mit jeder Münze oder jeder digital ausgeführten Buchung erreicht die Beteiligten eine Wirkung, die mit dem System an sich verbunden ist. Die Welt und das Leben werden auf diese Weise im Sinne der Systemeigenschaften geprägt.

Angesichts all dessen geht es um die Notwendigkeit eines Umdenkens, zu dem die gegenwärtigen Verhältnisse reichlich Anlass geben.[11] Für Lietaer bestand kein Zweifel daran, dass, insbesondere in den zurückliegenden zwei Jahrhunderten, für ein technisch-funktionales Verstehen der Welt gewaltige Fortschritte erzielt wurden, die zu den entsprechenden Ergebnissen führten. Dennoch beruht dies alles auf einem einseitigen Verhältnis zur Welt und zum Leben, das die »Existentia« zwar immer besser begreift, zugleich aber die »Essentia« immer mehr aus dem Blick verloren hat. Und wie immer fordert auch jetzt die eingetretene Einseitigkeit die Suche nach Ausgleich, nach Wiederherstellung des Gleichgewichts, allerdings unter neuen, veränderten Vorzeichen.

> Der Hauptunterschied zwischen diesem Wandel und den vorherigen Veränderungen besteht wie gesagt darin, dass wir uns dieses Mal bewusst darauf einlassen können. [...] Das neue Wertesystem ist integrativ, das heißt, dass andere Weltanschauungen nicht zwangsläufig ausgeschlossen werden. Im Gegenteil: Bei der Ausweitung des Bewusstseins geht es darum, so viele Ansichten wie möglich mit einzubeziehen.[12]

Nicht Entweder-Oder sondern Sowohl-als-Auch

Zeit seines Lebens hat Bernard Lietaer sich in seinen Forschungen und Handlungsempfehlungen darum bemüht, zu vermitteln, was es heißt, zu verbinden und gemeinsam zu wirken. Eine polarisierende Sichtweise und Haltung war ihm fremd. So ist es nur zu verständlich, dass er dem Begriff »Komplementärwährung« so große Bedeutung beimaß. »Dieser Begriff ist aus dem Taoismus zu verstehen. Es ist eben keine ›Alternative‹ gemeint, sondern eine Ergänzung. Es ist die spirituelle Idee des Taoismus dahinter.«[13] Dass es nicht auf das Dominante, Ausschließliche ankommt, sondern auf Zusammenhang und -klang vermeintlicher Gegensätze in einer sich ergänzenden Vielfalt, entsprach seiner Geistesart, aus der auch seine Idee eines monetären Ökosystems aus verschiedenen, zusammenwirkenden Währungen hervorging.

Immer wieder glich Lietaer die eigenen Vermutungen und Erkenntnisse mit den Ergebnissen naturwissenschaftlicher Forschungen ab. So beschäftigte er sich intensiv mit den Arbeiten der Systemtheoretiker Humberto Maturana und Francisco Varela, die mit Theorien zur Existenz lebender Systeme als autonomen dynamischen Einheiten hervorgetreten waren, und die für die Biologie das Konzept der Autopoiesis, also einer Entstehung aus sich selbst heraus, als charakteristisches Organisationsmerkmal von Lebewesen und lebenden Systemen vorgestellt haben.[14] Der Philosoph Niklas Luhmann hatte die Ideen Maturanas und Varelas auf das Gebiet der Soziologie übertragen, indem er darstellte, dass Kommunikation in sozialen Systemen der Selbstreproduktion lebender Organismen analog abläuft. Diese Erkenntnisansätze der Systemtheorie und der Soziokybernetik übertrug Lietaer nun auf das Geldsystem.[15]

Ebenso griff Lietaer auf philosophische Erklärungsmodelle, besonders aus dem Taoismus, zurück, um das Zusammenwirken polarer Kräfte zu verdeutlichen:

> Ein weiteres Objektiv für Archetypen und Geld liefert die Philosophie des Taoismus. Das Tao, was »der Weg« bedeutet, erklärt alle Kräfte in der Natur als komplementäre Paare wie Erde-Himmel, Wasser-Feuer, Einatmen-Ausatmen, Ziehen-Drücken und so weiter. Diese scheinbaren Polaritäten werden als »Yin-Yang«-Paare bezeichnet. Obwohl solche Polaritäten scheinbar getrennte Kräfte sind, sieht diese alte chinesische Philosophie, wie die moderne Philosophie, die Handlung und Reaktion als untrennbar betrachtet, jedes Element als notwendige Teile einer größeren Einheit.[16]

Gründlich studierte Lietaer das Buch *After the Clockwork Universe* von Sally Goerner.[17] Die Autorin verwendet darin den Begriff der »dynamischen Evolution« und hebt hervor, wie aus einer alle Lebensformen verbindenden Energie evolutiv wiederkehrende Muster hervorgehen, in denen sich vermeintliche Gegensätze in einer höheren Ordnung vereint finden. Für sie entspricht alle Trennung und Polarisierung einer Illusion, und auch den Menschen erkennt sie als aus allem aufgebaut und eingebunden in alles, was ist. Diese holistische Denkart korrespondiert absolut mit derjenigen Lietaers, der davon ausging, dass der Bewusstseinswandel hin zu einem solchen Verständnis von Sein und Leben zu den Charakteristiken der Jetztzeit und der nahen Zukunft gehört.

Die Entwicklung der ganzen Menschheit folgt dem gleichen Prinzip, dem auch die Entwicklung der Individualität folgt. Die Menschheit ist ein lebendes System, genauso wie dein Körper oder die Ökonomie. Das beruht auf einem universalen Prinzip. Darin geht es um die Balance, die in der Vielfalt, in der Polykultur gegeben ist, und die in der Monokultur nicht bestehen kann.[18]

Ökosophie

In sein holistisches, also ganzheitliches Erleben der Welt ist Lietaer von Kindheit an hineingewachsen. Aus dem spielerischen Erkunden der Natur entwickelte sich in Jugendjahren das Interesse an den Naturwissenschaften, worin er bereits dem inneren Anliegen folgte, die Erscheinungen des Lebens in seiner Mitwelt nicht nur auf die Erkenntnis von Funktionen zu reduzieren, sondern Zusammenhänge von Teilen zuallererst aus einem Erleben des Ganzen zu verstehen.

Mehr und mehr war Lietaer zu seinen latenten Fragen erwacht, als seine Reise nach Indien für ihn zur starken Erfahrung einer Initiation wurde, die für sein ganzes weiteres Leben prägend war. Besonders die Begegnung mit Raimon Panikkar war ausschlaggebend für die Richtung, in der sich das Welterleben Lietaers in den darauffolgenden Jahrzehnten immer weiter entwickelte. Darin ging es in erster Linie nicht um ein klassisches biologisch-ökologisches Verständnis der Mitwelt, sondern darüber hinaus um eines, das Panikkar als »ökosophisch« bezeichnete und in dem Existentia und Essentia nicht getrennt sind. Sie wirken zusammen, ergänzen sich und bilden so den tragenden Boden für einen ganzheitlichen, gedankenklaren Zugang zur Erfahrung der Mitwelt.

Für diese Art der Weltbetrachtung und Wissenschaft ist ein neuer Ausgangspunkt für Erfahrung und Erkenntnissuche entscheidend, indem jetzt zuerst das Ganze gesehen wird und sich erst aus dem heraus der Blick auf die Teile und Teilfunktionen eröffnet. Im Unterschied zur linearen Denkart, die einer logisch verständlichen Kette kausaler Verknüpfungen folgt, ist das nicht-lineare, ganzheitliche

Erkennen darauf gerichtet, eine Vielzahl von zunächst scheinbar nicht zusammenhängenden Phänomenen zu erfassen, die, in einem Ganzen vernetzt, mit- und aufeinander wirken. Diese Sichtweise, die früher vor allem besonders eher künstlerisch und kreativ ausgerichteten Menschen zugeschrieben wurde, entwickelt sich immer mehr zur Basis einer Wissenschaft, die sich auf dem mittlerweile erreichten Stand der Erkenntnisse damit konfrontiert sieht, dass sich bestimmte Phänomene nur noch dann hinreichend erklären lassen, wenn man sie in ihrem Zusammenhang mit dem vollständigen Netz des Lebens untersucht.

Als Holismus bezeichnet – Jan Christiaan Smuts hatte den Begriff mit seinem 1926 erschienenen Werk *Holism and Evolution* bekanntgemacht –, tauchte diese Sichtweise, die in den Mythen und religiösen Vorstellungen alter Kulturen noch fest verankert war, besonders seit Beginn des 20. Jahrhunderts wieder auf. Nachdem das Prinzip der starken Differenzierung die Entwicklung der Spezialisierung der Naturwissenschaften bestimmt hatte, begann man nun sich um einen Überblick und ein Verstehen des Ganzen zu bemühen, das stets etwas anderes und mehr als die Summe seiner Teile ist.

Im Jahr 2020

In seinem Buch *Das Geld der Zukunft* schrieb Lietaer 1999 in einer fiktiven Geschichte darüber, wie er sich im Jahr 2020 auf den Stanford-Campus versetzt sieht und dort an zwei Vorlesungen teilnimmt. Dazu heißt es: »Die Geschichte beleuchtet die Rolle dreier sich überlappender Entwicklungen – des Wertewandels, der Informationsflut und der Entstehung neuer Währungen – bei der Schaffung eines nachhaltigen Wohlstandes.«[19] Aus heutiger Sicht ist es natürlich interessant, diese zur Jahrtausendwende erfundene Geschichte mit den Realitäten zu vergleichen, die sich zwanzig Jahre später tatsächlich eingestellt haben. Es kann ja durchaus sein, dass Lietaer die zeitliche Angabe – das Jahr 2020 – ganz bewusst gewählt hatte. Es ist aber auch möglich, in der Jahreszahl einen versteckten Hinweis zu sehen: In der nordamerikanischen Welt bezeichnet man mit dem Begriff »20/20 Vision« die volle, gesunde Sehkraft eines Menschen. Kam es Lietaer bei der Wahl der Jahreszahl im übertragenen Sinne etwa auch darauf an?

In der ersten beschriebenen fiktiven Vorlesung referiert eine Professorin über die »Ökosophie«, also jene Weltsicht, die Lietaer als junger Mann während seiner Indienreise direkt von einem ihrer Urheber, dem Priester und Philosophen Raimon Panikkar, kennengelernt hatte. In der Geschichte lässt Lietaer die Professorin referieren, dass es einmal eine Zeit gab, »da machte man einen Abschluss in den Fächern Volkswirtschaft, Betriebswirtschaft, Finanzwirtschaft, Psychologie, ja sogar in der Soziologie und Politik, ohne auch nur Grundlagenkenntnisse in der Ökosophie zu besitzen.«[20]

Panikkar hatte den Begriff »Ökosophie« im Kontext seiner komparativen Philosophie geprägt, in der er sich als Christ um einen bestimmten Ausgangspunkt für seine philosophischen Erwägungen bemühte, der über alle speziellen kulturellen und religiösen Prägungen erhaben ist, und deshalb geeignet, eine alle Verschiedenheiten verbindende Sichtweise zugänglich zu machen. Ein solcher Ausgangspunkt kann in einer ganzheitlichen Sicht auf die Natur gefunden werden. Für diese ökosophische Anschauung ist Natur nicht mehr Objekt, sondern Subjekt mit eigener Weisheit, die dem menschlichen Erkennen zugänglich wird.

Lietaer, der sich die Ideen Panikkars zu eigen gemacht hatte, schrieb über die Bedeutung der Begriffe Ökonomie (Regeln des Haushalts), Ökologie (Lehre vom Haushalt) und Ökosophie (Weisheit des Haushalts) und führte aus, wie die Verbindung der verschiedenen Modelle und Tätigkeiten, die der Lebensart der Menschen zugrunde liegen, in der Ökosophie zur Erscheinung kommen, was als Anzeichen eines allgemeinen Wandels gedeutet werden könne.

> Die Ökosophie ist nur ein Zeichen von vielen, dass unsere Zivilisation den Übergang von der Moderne zu einem, wie wir es nennen, Zeitalter der Integration geschafft hat. [...] Jahrhunderte lang betrachtete der Mensch Mutter Natur als Extrapolation des

> menschlichen Geistes. […] Diese Sichtweise geriet ins Wanken, als die Relativitätstheorie und die Quantenphysik in der ersten Hälfte des 20. Jahrhunderts als gültige Sichtweise der Realität akzeptiert wurden. […] Die alten Metaphern von der Welt als seelenloser Maschine mit Menschen als losgetrennten ›objektiven‹ Beobachtern wurden durch die Vorstellung von einer lebendigen und lernenden Welt ersetzt, mit der die Menschen kommunizieren und für die sie auch einen Teil der Verantwortung für die weitere Entwicklung übernehmen.[21]

Einen Katalysator für das Eintreten des Zeitalters der Integration sah Lietaer in der sich rapide entwickelnden Computertechnologie. In der fiktiven Vorlesung spricht die Professorin denn auch über eine »Cybersphäre«, die der Idee von einem heutzutage so genannten »Internet der Dinge« sehr ähnlich ist.

Dass damit weit mehr gemeint ist, als ein praktischer Zusammenschluss technischer Geräte, wird deutlich, wenn mit Verweisen auf den Biologen Wladimir I. Wernadski und den Theologen Teilhard de Chardin im weiteren Verlauf der Vorlesung von der »Noosphäre« die Rede ist, die »jenseits« der Litho- und Biosphäre zu verorten sei.

> Das ist der Bereich, in dem alle Bewusstseinsformen zusammenwirken, auch das menschliche Bewusstsein. Nach Teilhard de Chardins Ansicht würde der Mensch mit der zunehmenden Erkenntnis seiner wechselseitigen Abhängigkeit auch das Bewusstsein seiner Einheit erkennen. Er dachte, das Ziel der Evolution des Menschen sei ein von ihm als »Punkt Omega« bezeichneter Zustand, ein kosmisches Bewusstsein der Einheit eingedenk aller Vielfalt.[22]

Lietaer meinte, dass in der Cybersphäre jener Raum gegeben sei, in dem sich das menschliche Bewusstsein auf eine Integration hin entwickeln könnte.

In der zweiten fiktiven Vorlesung geht es um eine Einführung in die Wirtschaftsgeschichte,[23] in der davon die Rede ist, dass nicht mehr nur eine Währung verwendet wird, sondern viele verschiedene. Den Ausschlag dafür gaben Veränderungen der Arbeitswelt, die sich aufgrund innovativer technischer Entwicklungen ereignet hatten und die immer mehr Menschen die Möglichkeit geben, neben der klassischen Erwerbsarbeit das persönliche, kreative Potenzial zu entfalten.

> Kreativität war in der Vergangenheit das Privileg einer kleinen Minderheit: Künstler, Wissenschaftler und einige andere Mitglieder der akademischen Führungsschicht. [...] Sie galten damals als »Genies«. Bedenken Sie nun, dass damals nur zwei der neun Intelligenzformen anerkannt und damit auch im Bildungssystem gefördert und gemessen wurden, nämlich die verbal-linguistische Intelligenz und die logisch-mathematische Intelligenz, beide mit einer »Yang«-Ausrichtung. Andere Intelligenzformen wurden früher einfach ignoriert. Daher wurde bei der Kindererziehung auch nur selten auf die anderen sieben Lernformen geachtet: die musikalische, räumliche, körperlich-kinästhetische, intrapersonale, interpersonale, die mystische Intelligenz und die Intelligenz bei der Mustererkennung.[24]

Ebenso wirkte die global zugespitzte ökologische Situation katalysierend, insofern die Menschen ihrer Verantwortung für die Mitwelt nicht mehr ausweichen konnten. Zusammenfassend schrieb Lietaer, dass der Wertewandel, die Informations- und die Währungsrevolution zusammenkamen und den Wandel zu nachhaltigen Denk- und Gesellschaftsformen auslösten. Dies entsprach seiner Vision.

Psychologie

Seine Ideen erläuterte Bernard Lietaer immer wieder im Zusammenhang mit einem philosophischen und psychologischen Hintergrund. Dabei war er seinem spirituellen Anliegen gemäß bestrebt, die traditionellen Besonderheiten der westlichen und östlichen Kulturen in einer Synthese zu verbinden und die so gewonnenen Gesichtspunkte mit seinen Vorschlägen für ein erneuertes Geldsystem zu verknüpfen.

Yin und Yang

Westliches und östliches Denken unterscheidet sich wesentlich darin, dass in der östlichen Philosophie das Nichts ausdrücklich am Anfang aller Dinge steht, während in der westlichen Philosophie stets ein Gott, ein Logos oder eine Monade am Anfang allen Seins angenommen wird.[25] Lietaer beschäftigte sich immer wieder mit diesem scheinbaren Widerspruch und begann bereits in den 1970er Jahren damit, mögliche Zusammenhänge des Taoismus mit der archetypischen Psychologie Carl Gustav Jungs[26] zu untersuchen. Mit Hilfe der dadurch gewonnenen Erkenntnisse arbeitete er in den folgenden Jahren seine Gedanken zum Wesen des Geldsystems, zu dessen Wirkungen und Reformierbarkeit immer weiter aus.

Im taoistischen Konzept von Yin und Yang werden einander polar entgegengesetzte Kräfte in ihrem ergänzenden Zusammenwirken verstanden. In dem allgemein bekannten Symbol der zwei in einer Kreisform ineinander verschränkten Tropfen ist die eine, dem Weiblichen entsprechende Form des Yin, schwarz mit weißem Punkt, und die andere, dem Männlichen entsprechende Form des Yang, weiß mit schwarzem Punkt, dargestellt. Im *I Ging*, dem chinesischen Buch der Wandlungen, werden Yin und Yang beispielsweise mit den Gegensatzpaaren schwach und stark, ungleich und gleich sowie weiblich und männlich in Verbindung gebracht. Die Aspekte des Weiblichen und Männlichen beziehen sich dabei, als allem Gegensätzlichen übergeordnet, auf Eigenschaften, die sich für jeden Menschen unabhängig von der geschlechtlichen Ausprägung finden: passiv und aktiv, empfangend und gebend und so weiter. Das Tao ist in diesem Zusammenhang das ewige Wirk- oder Schöpfungsprinzip, das als Ursprung in jener großen Leere verstanden wird, aus der sowohl die Einheit als auch jedwede Dualität – Yin und Yang – hervorgehen.

Alle Erscheinungen des Lebens – zum Beispiel das Werden und Vergehen oder die jahreszeitlichen Wechsel – lassen sich im Sinne des hervor- beziehungsweise zurücktretenden Wirkens des Yin oder des Yang erklären. Dabei kommt es auf das Zusammenwirken der beiden Kräfte an, die für sich genommen weder als positiv noch als negativ gedeutet werden. Jeglicher Wandel wird vom Tao verursacht, das zu allem und jedem gehört. Es gilt als weise, sein Wirken durch die eigenen Handlungen möglichst wenig zu stören, es sei denn mit therapeutischer Absicht zur Heilung von Krankheiten.

Yin- und Yang-Währungen

Die oben ausgeführten taoistischen Vorstellungen von den Prinzipien des Lebens verband Lietaer mit der Psychologie C.G. Jungs, indem er den dort beschriebenen Archetypen jeweils Schatten in Yin- beziehungsweise Yang-Ausprägung zuordnete. Die Polarität von Yin und Yang wendete er ebenfalls auf die beiden grundsätzlich verschiedenen Währungssysteme an, die er als Komplementär- beziehungsweise als National- oder Landeswährungen bezeichnete, die sich, im Sinne der Qualitäten eines Yin und Yang des Geldes, ergänzen sollten.

> Auf meiner Suche nach den Grundmustern unseres kollektiven systematischen Scheiterns kam ich über die Archetypen C.G. Jungs dazu zu erkennen, dass alle großen Zivilisationen der Vergangen-

heit an der übermäßigen Betonung einer Seite von dem zerbrachen, was in der östlichen Philosophie durch die Polarität von Yin und Yang dargestellt wird. Leider haben wir in unserer westlichen Philosophie keine Begriffe entwickelt, die entsprechend die Ausgeglichenheit von gegensätzlichen Systemeigenschaften betonen. – Unser heutiges Geld- und Wirtschaftssystem, eingebettet in unsere patriarchalische Kultur, lässt sich als vorwiegendes Yang-System abbilden. Seine Effizienz und Stärke ist, was es so groß und anziehend macht. Die systematische Vernachlässigung der Gegenseiten zeigt aber genau die Schwachstellen auf, die es nun zu stützen gilt. Wieder lässt sich ein Vergleich mit unserem optischen Sinn heranziehen: Unsere zwei Augen müssen gerade so weit auseinander liegen, dass sich die Unterschiede der einzelnen Sehfelder zu einem räumlichen Bild ergänzen. Mit nur einem Auge können wir nie alles erkennen.[27]

Bezüglich der Analogien zur Psychologie erläuterte Lietaer, inwiefern der souveräne, selbstbeherrschte Mensch deswegen frei ist, weil er seine Schatten angenommen und den Archetyp integriert hat. Seine entsprechenden Ausführungen [28] lassen sich metaphorisch verstehen. Sie können aber auch zum Anlass für die Frage genommen werden, ob es sich bei Geld tatsächlich um ein originär wirkendes System handelt, dessen »Lebens«-äußerungen und Entwicklungsbedingungen analog zu denen des Menschen zu verstehen sind. Stellt man sich diesem Unterfangen und nähert man sich der Sichtweise Lietaers, so wird verständlich, nach welchem Modus er sich ein aktives, zielorientiertes Gestalten des Geldsystems vorstellte.

Die taoistische Lehre von Yin und Yang erlaubt eine komprimierte Zuordnung der Eigenschaften verschiedener Währungen: »Bei einer Yang-Währung basiert die Geldschöpfung auf einer Hierarchie, die das Horten in Form dieser Währung fördert und im allgemeinen zwischen den Beteiligten ein Konkurrenzdenken hervorruft und immer weiter verstärkt. Wie gesagt, sind die konventionellen Landeswährungen Yang-Währungen, denn sie weisen alle diese Eigenschaften auf. Aus dem Grund wird die Wettbewerbsökonomie, die sie vorantreibt, als ›Yang-Wirtschaft‹ bezeichnet. Sie ist typischerweise die einzige Wirtschaftsform, die von den konventionellen Ökonomen anerkannt wird. – Bei einer Yin-Währung dagegen basiert die Geldschöpfung auf Gleichstellung. Sie schränkt das Horten von Geld ein und fördert die Zusammenarbeit zwischen den Beteiligten. Richtig geplante Komplementärwährungen aktivieren eine kooperative ›Yin-Wirtschaft‹.«[29]

Lietaer ging demnach davon aus, dass die Wirkungen des Geldsystems nicht erlitten werden müssen, sondern dass durch das Design und die Emission einer bestimmten Währung als Teil einer »integralen Ökonomie« gezielt ausgleichende Wirkungen hervorgerufen werden können.

> In der integralen Ökonomie nutze ich die ganzheitliche Systemanalyse als Schlüsselmethode. Der Ansatz des »whole systems approach« fasst den Kontext weiter als die herkömmliche Ökonomie, es werden so weit wie möglich alle wichtigen externen Effekte einbezogen. In unserem Fall sind dies die Auswirkungen unterschiedlicher Geldsysteme auf menschliche Interaktion, die Entwicklung der Gesellschaft und Ökosysteme.[30]

Den *Terra* bezeichnete Lietaer beispielsweise als »schwache Yang-Währung«, um im Sinne der taoistischen Medizin »in einer exzessiven Yang-Konstellation den Überschuss durch eine Yin-Aktivierung zu dämpfen. Der *Terra* ist dazu gedacht, das Yang zu dämpfen, während die lokalen Währungen das Yin aktivieren.«[31]

Archetypen und Schatten

Für Lietaers Verständnis vom Geld spielten die Erkenntnisse der Psychologie und Psychotherapie, die sich seit dem beginnenden 20. Jahrhundert entwickelt haben, eine wichtige Rolle. Er ging nämlich davon aus, dass jede verwendete Geldform ein Spiegelbild des kollektiven Unterbewussten darstellt, zu dessen Erforschung die archetypische Psychologie die beste Methode bietet. In den Darstellungen seiner Theorien verwendete er darum oft die Schlüsselbegriffe »Archetypen« und »Schatten«.

Als Archetyp verstand Lietaer in dem durch Carl Gustav Jung geprägten Sinn »ein wiederkehrendes Bild, das die Gefühle und das Verhalten des Menschen strukturiert. Ein Archetyp lässt sich unabhängig von Zeit und Kultur beobachten.«[32] Demgegenüber galt ihm ein Schatten als die Art, wie sich ein Archetyp manifestiert, wenn er unterdrückt wird. »Archetypen und Schatten ist gemeinsam, dass sie Menschen dazu veranlassen, sich auf bestimmte, vorhersehbare Weise zu verhalten.«[33]

C. G. Jung sprach zunächst von »Urbildern« oder von »Dominanten des kollektiven Unbewussten«, erst später von »Archetypen« als der Summe aller latenten Möglichkeiten der menschlichen Psyche. Davon abgeleitet, beschrieb er archetypische Aktions- und Reaktionsweisen, die vom Menschen erkannt und bearbeitet werden können, um den Grad seiner bewussten und selbstbestimmten Teilhabe am Leben zu erhöhen.

Archetypen erscheinen nicht nur statisch, sondern auch dynamisch-prozesshaft wie beispielsweise in der Differenzierung einer Bewusstseinsfunktion. Insofern beruhen alle Lebensäußerungen auch auf den Wirkungen der Archetypen. Sie repräsentieren oder personifizieren die instinktiven Gegebenheiten für jedes menschliche Verhalten, insofern es auf zunächst unerkannten Wirkungen der Psyche beruht. Solche archetypischen, psychischen Funktionen werden unter Menschen als Verhaltensmuster von Generation zu Generation weitergegeben. Ebenfalls werden sie durch allgemeine kulturelle Entwicklungen und Rahmenbedingungen beeinflusst und langfristig verändert. Lietaer ging davon aus, dass auch dem Geldsystem archetypische Wirksamkeiten innewohnen, und dass man darum am jeweils vorherrschenden Geldsystem erkennen kann, welche Archetypen in ihrer Wirkung in einer bestimmten Phase kultureller Entwicklung besonders verstärkt wurden.

Als einem bestimmten Archetyp zugeordnet, stellt der so genannte Schatten die »andere« Seite der Persönlichkeit eines Menschen dar. Er ist die Personifikation der nicht zugelassenen, verdrängten Inhalte der Psyche und macht sich bemerkbar, wenn es neben dem bewusst gewollten Handeln zu Verhaltensweisen kommt, die unkontrolliert und für das Bewusstsein ungewollt in Erscheinung treten. Dann enthüllt sich diese »andere« Seite des Menschen, die durchaus in konträrem Gegensatz zu sonst bejahten Normen stehen kann.

Es ist wichtig zu berücksichtigen, dass nicht nur die Archetypen, sondern auch die Schatten zu den Uranlagen der menschlichen Natur gehören. Im zuweilen spannungsreichen Verhältnis des bewussten zum unbewussten Teil der Psyche vollzieht sich die Entwicklung des Menschen zu einer freien, selbstbestimmten Persönlichkeit. Das gilt für jeden einzelnen, individuellen Menschen ebenso wie für die Menschengemeinschaft als ganze.

Die »archetypische Fünf«

Bezugnehmend auf die Archetypen, die C.G. Jung als solche benannte, gab Lietaer als vereinfachte Darstellung zunächst die wesentlichen vier Archetypen mit den jeweils dazugehörigen beiden Schatten wieder: der Herrscher, mit dem Tyrannen und dem Schwächling; der Liebhaber, mit den Neigungen zu Abhängigkeit oder Impotenz; der Magier, der hyperrational oder willkürlich geneigt sein kann; schließlich der Krieger, der als Sadist oder Masochist erscheinen kann.[34] Die Schattenaspekte verstand Lietaer zusätzlich als Yin- und Yang-Qualitäten. Zu diesen vier Archetypen fügte er noch den der Großen Mutter hinzu, dem er die Schattenaspekte Gier und Angst vor Knappheit zugeordnet hatte. Die fünf ausgewählten Archetypen – die »archetypische Fünf«[35] – stehen zusammen für den »archetypischen Menschen«.[36]

Kulturelle Entwicklung geschieht vor dem Hintergrund der Wirkung der Archetypen und ihrer Schatten, wobei es für den Zeitraum der zurückliegenden 5000 Jahre signifikant ist, dass der Archetyp der

Großen Mutter zumeist unterdrückt wurde.[37] Um die fünf Archetypen für die heutige Zeit verständlich zu machen, übertrug Lietaer die traditionellen Bezeichnungen in solche, die dem heutigen Verständnis eher entsprechen. So schrieb er von den Archetypen Integration (früher »Herrscher«), Partnerschaft (früher »Liebhaber«), Ernähren und Erhalten (früher »Große Mutter«), Wissen und Lehren (früher »Magier«) und Schutz (früher »Krieger«).[38]

Beim Umgang mit der Archetypenlehre kommt es jetzt und zukünftig darauf an, weniger die einzelnen Aspekte zu sehen, als vielmehr die Verbindungen, also das Ganze.[39]

Strukturen des Bewusstseins

Die Entwicklung der äußeren Weltverhältnisse folgt der Bewusstseinsentwicklung, von der aus das Verhältnis des Menschen zu sich selbst, zur Natur und zur sozialen Gemeinschaft bestimmt wird. Innerhalb dieses Wechselspiels werden »soziale Krankheiten« durch einseitige Wirkungen des Geldsystems auf katalytische Weise aktiviert. So kam es dazu, dass in der Vergangenheit bis in die Jetztzeit hinein besonders das »dominatorische Prinzip« verstärkt wurde:

> Dominanz ist das Bedürfnis, andere zu kontrollieren und zu dominieren, um ein Gefühl von Sicherheit zu erlangen oder seine Identität zu finden. Dem Dominanz-Paradigma, das historisch mit der patriarchalischen Ideologie in Verbindung steht, immanent ist die Vorliebe für totale Autonomie, Unabhängigkeit von anderen und ein Gefühl von Sicherheit in einer Welt, die auf der »Macht über« andere Menschen gründet.[40]

Lietaer war davon überzeugt, dass sich derzeit wieder ein allgemeiner Bewusstseinswandel vollzieht, der entsprechende Veränderungen der Lebensverhältnisse zur Folge haben wird. Das dominatorische Prinzip ist, zugunsten einer neuen, integralen Bewusstseinsart, in Auflösung begriffen. Mit Verweis auf den Kulturphilosophen Jean

Gebser, der als Anhänger der Jungschen Psychologie ein Strukturmodell der Bewusstseinsgeschichte des Menschen entworfen hatte, ging Lietaer auch dessen Überlegungen nach.

Um verständlich zu machen, was Bewusstsein ist und welche Bedeutung ihm im menschlichen Leben zukommt, benannte Gebser sechs Strukturen des Bewusstseins: archaisch, magisch, mythisch, rational, mental und arational-integral. Lietaer ließ in seiner Aufzählung »mental« aus und verwendete statt »arational-integral« den Begriff »integrativ«.[41] Im Rahmen der inneren Entwicklung, so Gebser, würde der Mensch nicht etwa von einer zur anderen, nächst höheren Bewusstseinsstruktur fortschreiten, sondern zur einen Struktur kumulativ eine andere hinzufügen. Damit erweitert sich das Bewusstsein, indem es sich über immer weitere seiner Strukturen erstreckt. Mit dieser Auffassung, dass es verschiedene Variationen des Bewusstseins, aber kein wirklich Unbewusstes gibt, widersprach Gebser allerdings der durch Jung vertretenen Lehrmeinung.

Wesentlich für Bewusstsein ist die Fähigkeit, konstituierende Verbindungen zu hinterfragen. Dabei ist Bewusstsein mit dem Prozess des Denkens nicht identisch, noch ist es durch das Ego des Menschen begrenzt. Es ist vielmehr ein aufmerksamer Beobachter und Agent mit regulatorischen Funktionen.

Unter der Voraussetzung dieser Sichtweise begann sich ein neues Menschenbild abzuzeichnen, in dem sich erkennen ließ, dass Bewusstsein durch die Funktionen des Gehirns als Ausdruck der Psyche in Denken, Fühlen und Wollen erscheint, sich darin aber nicht erschöpft. Das bedeutet de facto, dass der Mensch mehr und noch anderes ist als bloß sein Leib, dessen er sich als eines Werkzeugs bedient, weshalb es notwendig und naheliegend ist, zwischen leiblicher und personaler Existenz zu unterscheiden. Diese Erkenntnis der Psychologie erweitert den seit Beginn des 20. Jahrhunderts geführten humanmedizinischen Diskurs zur Bedeutung des Gehirns für den Bestand des personalen Lebens des Menschen, und sie ist überdies geeignet, die seit den 1950er Jahren auftretenden Erfahrungen von Menschen zu erklären, die während einer intensivmedizinischen

Behandlung dem Ausfall ihrer Hirnfunktionen im Sterbeprozess nahe gekommen sind und darin nicht etwa eine Reduktion, sondern eine Steigerung ihres Bewusstseins erlebten.

Der Indologe Georg Feuerstein, mit dessen Werk Lietaer sich intensiv befasst hatte, schrieb dazu: »Gebser hat intensiv daran gearbeitet, das aperspektivische oder arational-integrale Bewusstsein, das sich heute abzeichnet, zu dokumentieren. Diese entstehende Bewusstseinsstruktur ermöglicht zum ersten Mal in der Geschichte der Menschheit die bewusste Integration aller früheren (aber gleichzeitig vorhandenen) Strukturen, und durch diesen Integrationsakt wird die menschliche Persönlichkeit sozusagen für sich selbst transparent, so dass die ursprüngliche Gegenwart, das Geistige, unmittelbar erleuchtet wird.«[42]

Lietaer war der Ansicht, dass das allgemeine, menschheitliche Bewusstsein gegenwärtig vor allem die mythische und die rationale Struktur umfasst, deren charakteristische Merkmale kulturell besonders hervortreten.

Zum einen umfasst es aufgrund seiner mythischen Struktur das Zusammenwirken von Polaritäten, wie Lietaer es unter Zuhilfenahme der taoistischen Lehren beschrieb. Indem sich eigentlich gegensätzliche Kräfte ergänzen, kommt es zur entscheidenden Wirkung.

> Die Polarität ist das wesentliche Merkmal der mythischen Struktur des Bewusstseins. Es prägt und umschreibt seine Natur, die ausdrücklich psychisch ist. Letztendlich stellt es die Grundstruktur dar, die im Ursprung allem Leben verliehen wird.[43]

Zum anderen leitet die rationale Struktur hin zu einem streng kausalen, funktionalen Verständnis von Welt und Leben, was die Wahrnehmung von größeren Zusammenhängen und Dimensionen beschränkt.

> Aber nur mit dem rationalen Bewusstsein wurde der Körper ein Stück Materie, das es kaum wert war, mit der erleuchteten Vernunft

> in Verbindung gebracht zu werden. Dies läuft auf eine völlige Verneinung aller Bewusstseinsstrukturen außer der rationalen hinaus, eine völlige Verneinung der Evolutionsgeschichte der Menschheit, wie sie im Körper-Geist kodiert ist. [...] Die Ratio ist wie der Gipfel eines Berges, der das Massiv, auf dem er ruht, nicht wahrnimmt. Die Wolken überragend, bleiben die riesigen Strukturen darunter unsichtbar und für sie praktisch nicht existent.[44]

Lietaer meinte, dass die Auswirkungen des dominatorischen Prinzips auf die von Gebser benannten Bewusstseinsstrukturen als Yang-Abweichungen in Erscheinung treten, indem es eine modernistische Sichtweise nahezulegen scheint, »dass nur das Rationale und bestimmte Teile der mythischen Struktur ›erlaubt‹ sind. Ein Yang-Schlüsselmythos, der unbewusst als selbstverständlich hingenommen wird, stammt von dem Vorsokratiker Parmenides im 6. Jahrhundert v.Chr. Er besagt, dass der Vernunft bei der Interpretation der Wirklichkeit rechtmäßig das Monopol zukomme: Das Wahre, Seiende werde nur durch das Denken enthüllt, während die Sinneswahrnehmung lediglich ›Meinung‹ erzeuge. Jeder Zusammenhang mit archaischen oder magischen Strukturen hat seine Gültigkeit verloren und wird als ›primitiv‹ und später als ›unwissenschaftlich‹ abgetan.«[45] So kam es zur Einwicklung eines Weltbildes des »hyperrationalen apollinischen Schattens«, durch welches die Jetztzeit vorherrschend bestimmt wird.

Doch zeichnet sich bereits auch die Entwicklung hin zur nächsten, arational-integralen Bewusstseinsstruktur ab:

> Wenn Gebser Recht hat, stehen wir kurz vor einem grundlegenden Bewusstseinswandel. Die Verlagerung von den modernistischen zu den integrativen Werten lässt sich hinsichtlich der Ausmaße nur mit der Hinwendung zur Vernunft im klassischen Griechenland vergleichen. Allerdings wird der derzeitige Wandel wesentlich schneller vor sich gehen. Der griechische Rationalismus brauchte Jahrhunderte, um sich auch in anderen Regionen des Mittelmeer-

raums durchzusetzen. Wir mussten auf die Renaissance und die Aufklärung warten, damit sich diese Vorstellungen auch im Alltagsleben niederschlugen. Aktuelle Meinungsumfragen zeigen dagegen, dass die derzeitige Entwicklung der integrativen Werte bereits mit einer Flutwelle zu vergleichen ist.[46]

Der Archetyp der Großen Mutter

In der Psychologie C.G. Jungs sind das Mütterliche und Väterliche wichtige Aspekte. Lietaer hatte das Mütterliche besonders aufgegriffen, als er die Reihe der von ihm ausgewählten Archetypen um den der »Großen Mutter« ergänzte.

In seinem Buch *Mysterium Geld* stellte er im Kapitel »Der Fall des verschwundenen Archetyps«[47] zunächst fest, dass der Archetyp der Großen Mutter gegenwärtig ignoriert wird, was sich mit Blick auf seine unterdrückten beiden Schatten (Gier und Knappheit) verrät. Diese Schatten der in der westlichen Kultur systematisch unterdrückten Großen Mutter passen zu den Gefühlen, die unser Verhältnis zum Geld charakterisieren: Gier und Angst vor Knappheit sind weit verbreitet und als Yin-Yang-Polarität durch Furcht miteinander verbunden. Sie gelten im Sinne der vorherrschenden volkswirtschaftlichen Theorie – die besagt, dass knappe Ressourcen über das Verlangen einzelner, Reichtum anzuhäufen, verteilt werden – sogar als normal.

Demgegenüber verbinden sich mit dem Archetyp der Großen Mutter ganz andere Qualitäten, von denen in den Kulturen früherer Zeiten noch gewusst wurde. Lietaer verdeutlichte dies unter anderem anhand der archetypischen Attribute von Juno – entsprechend der griechischen Hera –, der Göttin der Geburt, Ehe und Fürsorge.

> Die Kontinuität der archetypischen Attribute Junos seit den Tagen der steinzeitlichen Großen Mutter ist wirklich erstaunlich. Die berühmte Venus von Laussel wurde etwa 25000 v.Chr. am Eingang einer Initiationshöhle im Tal der Dordogne in Frankreich in den Fels geritzt. Mit der einen Hand hält sie ihren schwangeren Bauch,

der durch den natürlich hervortretenden Fels betont wird. In der anderen Hand hält sie ein Büffelhorn (ein entfernter Vorläufer der »Cornucopia«, der Kuhgottheit 20.000 Jahre später?) mit 13 Markierungen (der Zahl der Vollmonde und Menstruationsblutungen in einem Jahr sowie der Anzahl der Tage von Neumond bis Vollmond). Sie wurde als der älteste bekannte Kalender bezeichnet, der den Lebensrhythmus mit dem des Himmels in Einklang bringt. Die Höhle, die sie bewacht, symbolisiert den Leib der Mutter Erde und ist tief im Inneren mit den Bildern eines Paares beim Geschlechtsakt geschmückt, was uns deutlich macht, dass die Initiationsriten mit Sexualität zu tun hatten. Als die Römer ihre erste Münze [Prägestätte] in der höhlenartigen Krypta des Tempels der Juno Moneta einrichteten, hielten sie damit ihre Verbindung aufrecht, die schon Jahrtausende vor der Gründung Roms existierte.[48]

Der Archetyp der Großen Mutter und das Geld

Lietaer schrieb, dass die systematische Unterdrückung des Archetyps der Großen Mutter während der letzten fünf Jahrtausende vor allem in westlichen Gesellschaften auch Auswirkungen auf die Natur des Geldes hatte. Ein Höhepunkt der Repression war in der Zeit der Hexenverfolgungen erreicht. Als Schatten der Großen Mutter hatten sich Gier und die Angst vor Knappheit bis in die Frühe Neuzeit tief in das Bewusstsein der Menschen eingegraben. Zur gleichen Zeit stellte Adam Smith fest, dass der Wunsch nach Reichtum universal geworden war:

> Daher kam er zu dem Schluss, dass Gier und Knappheit in einer »zivilisierten« Gesellschaft »normal« waren. Moralisch konnte er die Gier nicht gutheißen, doch er dachte, dass man ein »normales« Verhalten nicht ablehnen könne. »Normal« unterscheidet sich von »natürlich«, doch Adam Smith machte einen solchen Unterschied nicht. Auf der Grundlage dieser Überlegungen entwickelte er eine

> Theorie, aus der später die Volkswirtschaftslehre hervorging. Sie hatte zum Ziel, knappe Ressourcen durch individuelle private Ansammlung von Reichtum zu verteilen.[49]

Diese Auffassung stellt sich als vorläufiger Höhepunkt einer Entwicklung dar, für die Lietaer drei Hypothesen anführte:

1. Der Archetyp der Großen Mutter war bei der Einführung des Geldes aktiv beteiligt.
2. Es gibt Beweise für eine wichtige direkte Verbindung zwischen Währungssystemen und dem Archetyp der Großen Mutter. Diese Verbindung geht über eine zufällige zeitliche Übereinstimmung hinaus.
3. Der Archetyp der Großen Mutter wurde später unterdrückt, was Auswirkungen auf das Währungssystem hatte.[50]

Diese drei Hypothesen stehen dafür, dass Geld ursprünglich mit »weiblichen« Qualitäten verbunden gedacht und erlebt wurde, also mit Yin-Qualitäten, die im Laufe der Zeit sukzessive durch Yang-Qualitäten ersetzt wurden. Auf diese Weise kam es zur Entwicklung unserer heutigen Währungen und der mit ihnen verbundenen Art des Wirtschaftens.

Lietaer war sich dessen bewusst, dass von ihm – zur Herleitung und zum Beleg seiner Hypothesen – archäologische Funde und Fakten in einer speziellen, nicht unumstrittenen Weise interpretiert wurden:

> Man sollte sich aber bewusst sein, dass meine Darstellung angesichts der begrenzten materiellen Beweise eine[r] plausible[n] Interpretation der archäologischen Funde, dennoch eben nur *eine* von vielen Möglichkeiten ist. Unser Modell muss für Bestätigungen, Veränderungen oder Widerlegungen durch neue Funde oder Analysen offenbleiben.[51]

Und er fügte hinzu:

> Jeder Mensch ist zwangsläufig ein Geschöpf seiner Zeit, der vorherrschenden Prioritäten und Werte. Er nimmt daher die Realität durch den Filter seiner eigenen Erfahrungen wahr. Selbst in den Naturwissenschaften wie beispielsweise in der Physik mussten wir akzeptieren, dass ein »völlig objektiver« Beobachter – der die Dinge so sehen kann, wie sie wirklich sind – nicht existiert. Dieses erkenntnistheoretische Problem verstärkt sich natürlich noch, wenn wir uns mit Geisteswissenschaften befassen, um so mehr, sofern es um die Interpretation sehr alter und stark fragmentarischer Funde und Überreste geht.[52]

Wichtig ist, dass Lietaer seine Deutungen ausdrücklich als »Modell« bezeichnete, mit dem ein Zusammenhang erfahren beziehungsweise erkannt werden kann, an den sich seine Ideen für komplementäre Währungs- und Wirtschaftssysteme anschließen. Letztere verstand er vor dem Hintergrund seiner Hypothesen als zielend auf die Wiederherstellung eines ursprünglichen Zustands.

Die Interpretation vor- und frühgeschichtlicher Artefakte

Zur Erläuterung seiner Sichtweise interpretierte Lietaer vor- und frühgeschichtliche Artefakte, die für sein Verständnis jene Große Mutter darstellen, die symbolisch für das umfassend mütterliche Prinzip steht, das in vielen Kulturen der Frühzeit besonders verehrt wurde. Die Große Mutter, durch die der menschliche Körper und die Erde zum Mysterium des Heiligen verbunden werden,[53] nährt und versorgt ihre »Kinder« aus einer bedingungslosen Liebe heraus. Sie macht keine Gegenrechnungen auf. Auch frühe Formen des Geldes wurden neben den rein kommerziellen Geschäften, ebenso bei »Transaktionen rituellen Charakters oder bestimmten Sitten und Gebräuchen«[54] verwendet, die mit Tauschgeschäften im klassischen

Sinn nichts gemein haben. Demgegenüber sind die Währungssysteme der westlichen Kultur ausschließlich auf das Kommerzielle fixiert.

Interessant ist, dass chinesische Münzen im 11. Jahrhundert v. Chr. als runde Metallstücke mit quadratischem Loch in der Mitte hergestellt und verwendet wurden. Lietaer deutete das, indem er darin die Symbole des Yin und Yang erkannte.

> Warum machten sich die Chinesen die Mühe und stellten Münzen mit viereckigen Löchern her, obwohl solche mit runden doch einfacher zu fertigen und zusammenzubinden waren? Die Antwort liegt in der Symbolik: Der Kreis steht in der taoistischen Tradition als Yang-Sinnbild für den Himmel, das Quadrat steht dagegen für das Yin-Element Erde. Hier zeigt sich erneut der Bezug zur Fruchtbarkeit von Mutter Erde im Zentrum des Geldes.[55]

Erste Anzeichen dafür, dass der Archetyp der Großen Mutter unterdrückt wurde, datiert Lietaer auf das 3. Jahrtausend v. Chr.[56] Seit jener Zeit wurde im westlichen Kulturkreis das Idealbild eines autonomen, rationalen Menschen immer stärker etabliert. Im Gegensatz zur ursprünglichen Einheit von Mensch und Natur wurde es nun ein Ideal, sich von der Natur abzusetzen und sie schließlich unter allen Umständen zur Dienerin der eigenen Lebensart zu machen. Der Einfluss, der von derartigen Veränderungen ausging, lässt sich heute an den patriarchalischen Religionen des Westens, der rationalen Philosophie und in den objektiven Naturwissenschaften des modernen Europas ablesen, für dessen Zustandekommen der männliche Geist den weiblichen unterdrückt hatte. Ein umfassendes, holistisches Welterleben, das eher dem Weiblichen entspricht, findet darin keinen Raum.

> Wie alle Indogermanen formten die Griechen die archaische Mythologie bis zur Unkenntlichkeit in patriarchalische Mythen um. Für die Griechen symbolisierte sich bereits der Gründungsakt für eine zivilisierte Gemeinschaft im »Zerschneiden des Weiblichen«.

Darüber hinaus bot das Erwachen des rationalen Geistes in Griechenland neue Argumente für die Unterdrückung des Weiblichen, Argumente, die zu Eckpfeilern des westlichen Denkens der nächsten 25 Jahrhunderte wurden. Dazu gehört Parmenides' Erklärung, Unabhängigkeit, Autonomie und die Überlegenheit der Vernunft seien die einzigen legitimen Richter der Realität. Für ihn führten alle Sinne in die Irre, nur der intellektuelle Verstand nimmt die Wirklichkeit wahr. Sokrates und Plato bauten darauf auf: Der Verstand wird mit dem Transzendentalen, dem spirituellen Verlangen und dem Absoluten assoziiert. Alles andere wird zum »Irrationalen«, das mit der Unvollkommenheit der Materie, instinktivem Verlangen und dem Relativen in Zusammenhang gebracht wird.[57]

Auch die christliche Religion blieb von dieser Vereinseitigung westlichen Denkens nicht unberührt. Mit der Bibel wurde der monotheistische männliche Gott als absoluter Monarch etabliert, und die christliche Dreifaltigkeit Gottes ist, im Unterschied zu den indischen, ägyptischen und griechischen Dreifaltigkeiten, mit Vatergott, Sohn und Heiligem Geist ausschließlich männlicher Natur. Selbst das Bild der Gottesmutter Maria ist darin vollständig anders als das der mit aller Natur verbundenen Großen Mutter. Dennoch schimmert das Bild der Großen Mutter in einigen wenigen Elementen der Marienverehrung immer noch durch, etwa beim Bild von »Maria am Spinnrad«, das auf die apokryphe Geschichte der Gottesmutter zurückgeht, die den Vorhang des Tempels spann und webte. »Damit bewahrt sie das griechische, germanische und mayanische archetypische Bild der Großen Mutter, die die Schicksalsfäden spinnt, oder das der alten griechischen Göttin der Geburt, Eileithyia.«[58]

Damit, dass der Archetyp der Großen Mutter in der Aufmerksamkeit wieder mehr Präsenz gewinnt, bietet sich zugleich eine besondere Chance für eine Reformation des Währungssystems.

Wenn sich etwas an der archetypischen Kohärenz in Zusammenhang mit der Großen Mutter ändert, sollten wir darauf achten, wie

> unser Währungssystem reagiert und umgekehrt. [...] Sollte sich die Verbindung zwischen archetypischen Veränderungen und Währungssystemen bestätigen, haben die beiden letzten Kapitel [im Buch *Mysterium Geld*] gezeigt, dass sich uns möglicherweise eine ungewöhnliche Gelegenheit bietet, bei der wir die erste bedeutende Änderung unseres Währungssystems seit Jahrhunderten durchführen können.[59]

Dazu zitierte Lietaer den Häuptling Chief Finnow von den Tonga-Inseln:

> »Selbstverständlich ist [konventionelles] Geld einfach zu handhaben und praktisch. Aber da es beim Aufbewahren nicht schlecht wird, horten es die Menschen, anstatt es mit anderen zu teilen (wie es sich für einen Häuptling gehört), und werden selbstsüchtig. Wenn dagegen Lebensmittel als der wertvollste Besitz eines Menschen gelten (wie es der Fall sein sollte, denn sie sind überaus nützlich und notwendig), kann er diesen Besitz nicht aufheben und muss ihn entweder gegen andere nützliche Dinge tauschen oder mit seinen Nachbarn, niedrigeren Häuptlingen und allen ihm anvertrauten Menschen teilen, und zwar ohne dafür etwas im Gegenzug zu bekommen. Ich weiß inzwischen sehr gut, was die Europäer so selbstsüchtig macht: Geld.«[60]

Die »Triade«

Zu den fünf ausgewählten Archetypen, die Lietaer als den archetypischen Menschen bezeichnete, bemerkte er, »dass die Zahl Fünf an sich bereits ein Archetyp ist«.[61] Das beruht ebenso wie die Dreizahl, die Lietaer für diverse Erläuterungen immer wieder verwendete, auf einem besonderen spirituellen Hintergrund und lässt Rückschlüsse auf die damit verbundene Esoterik zu. Man kann davon ausgehen, dass er damit, ohne es besonders zu erwähnen, methodisch-bewusst umgegangen ist.

Oftmals wählt Lietaer die Zahl Drei, um bestimmte Zusammenhänge komprimiert zu erklären. In seinem Buch *Mysterium Geld* tritt das besonders deutlich zutage.[62] Methodisch ließe sich so manche der betreffenden Textstellen so deuten, dass Bezüge und Entwicklungslinien sichtbar gemacht werden oder die Aufmerksamkeit schrittweise durch Stufenfolgen (zum Beispiel Erfahren, Erkennen und Deuten) geführt wird. Damit kann das Studium von bestimmten Passagen seiner Texte zu einer gedanklich-kontemplativen Betätigung werden, die bestimmten, ausgewählten Bahnen folgt. So zum Beispiel, wenn Lietaer feststellt, dass ein unterdrückter Archetyp sich (erstens) durch seinen starken, in einer Gesellschaft erlebbaren »Fingerabdruck« verrät, dass (zweitens) die zwei zu jedem Archetyp gehörenden Schatten in einer Yin-Yang-Polarität zueinander stehen, die miteinander verbunden sind, und dass (drittens) diese Schatten als normales menschliches Verhalten und Empfinden gelten. In einer Grafik stellte Lietaer dies am Beispiel der »Großen Mutter« dar, der er, an den Fußpunkten eines Dreiecks, die Schatten Gier und Knappheit zuordnete, die durch Angst miteinander verbunden sind.[63]

Zu den bekannten Gründen, die zum wirtschaftlichen Niedergang im Europa des 14. Jahrhunderts geführt hatten – Klimaveränderungen, ausgelaugte Böden und Überbevölkerung –, fügte Lietaer hinzu, dass sich ebenfalls eine bedeutende Veränderung im Währungssystem ereignete, insofern die Demurrage-Währungen »aus der Mode« gekommen waren.[64]

Um dies näher auszuführen, wählte Lietaer einmal mehr einen Dreischritt und schrieb:

1. Das Demurrage-System war missbraucht worden.
2. Das Währungssystem geriet in zunehmendem Maße unter die Kontrolle einer zentralen Autorität […]
3. Die königliche Münzautorität war militärisch durchgesetzt worden und wurde später durch die »Schießpulver-Revolution« zur ständigen Einrichtung.[65]

Dass sich gegenwärtig in immer größeren Radien ein Wertewandel vollzieht, stand für Lietaer außer Frage. Diese Überzeugung bildete für sein Engagement ein wesentliches Fundament. Bezugnehmend auf eine Untersuchung, die 1995 in den USA durchgeführt worden war, benannte er drei Subkulturen, nämlich die Traditionalisten, die Modernisten und die kulturell Kreativen.[66]

Für die Traditionalisten spielen konservative Wertvorstellungen und religiöse Orientierungen die entscheidende Rolle, während sich die Modernisten zugunsten eines aufgeklärten Weltbildes von überkommenen religiösen Vorstellungen und Werten lossagen. Und zum Einfluss einer modernistischen Wirtschaftswissenschaft auf die Beziehung der Menschen zu ihrer Mitwelt stellte Lietaer fest, dass fatalerweise nur dasjenige als existent angenommen wird, wofür eine Geldrechnung aufgemacht werden kann (was zu einer grundsätzlichen Blindheit gegenüber dem nicht Messbaren führt) und dass so ökonomischen Kriterien bei Entscheidungsfindungen schließlich eine zu große Bedeutung beigemessen wird.[67]

Eine neuartige Subkultur hingegen stellen die kulturell Kreativen dar, die die Sichtweisen der Traditionalisten und der Modernisten überwinden. Auffallend ist, dass der Anteil der kulturell Kreativen an der Gesamtbevölkerung – vermutlich weltweit – stetig wächst. Für diese Menschen sind innere Werte und inneres Wachstum wichtiger als äußeres soziales Prestige. Sie engagieren sich für den Erhalt des Gemeinwesens und gestalten ihr Leben ökologisch verantwortlich. Hinzu kommt, dass sie der kulturellen Vielfalt eine hohe Bedeutung beimessen.

Bezüglich der Wege zur Umsetzung kulturkreativer Vorstellungen skizzierte Lietaer fiktional ein »Virtual Institute for sustainable Abundance (2020VISA)«, das sich mit Blick auf das Jahr 2020 drei Zielen verschreibt: 1. Informationstechnologien sinnvoll für ein breites Wachstum von Wissen einzusetzen, 2. neue Geldsysteme zu kreieren und 3. dafür zu sorgen, dass sich die Kulturkreativen ihrer Zahl und ihrer Rolle bewusst werden. Drei Möglichkeiten sind es, die das Projekt 2020VISA seinen Partnern bietet, nämlich ein Netzwerk der

Kompetenzen, eine Investmentbank, die ausreichend Kapital für Projekte bereitstellt, sowie die Einführung eines besonderen Labels für die Gemeinwohlorientierung von Unternehmen.[68]

Am Ende seines Lebens fasste Lietaer sein Anliegen schließlich in drei Sätze, deren Erläuterung sein letztes Buch[69] gewidmet ist: »Erstens: Das Gesetz der Nachhaltigkeit anerkennen und einhalten. Zweitens: Balance zwischen matrifokalen und patrifokalen Werten. Drittens: Machen Sie persönliche Informationen wieder persönlich.«

Matrifokale Epochen und ihre Währungen

Im Hinblick auf den Archetyp der Großen Mutter hatte Lietaer sich insbesondere mit der im Hochmittelalter verehrten Schwarzen Madonna beschäftigt, ebenso mit einem besonderen Zeitabschnitt der altägyptischen Kultur.

Im Mittelalter

Die Jahrhunderte, in denen die Schwarze Madonna im Hochmittelalter verehrt wurde, galten Lietaer als Ausnahmezeit. Die Zeitspanne zwischen dem 10. und 13. Jahrhundert – auch als Zeitalter der Kathedralen, der Gotik oder der ersten europäischen Renaissance bezeichnet – war geprägt von wirtschaftlichem Aufschwung und allgemeinem Wohlergehen. Einen wesentlichen Grund dafür sah Lietaer im Gebrauch komplementärer, lokaler Münzwährungen, die in gewissen Abständen gegen neugeprägte ausgetauscht wurden. Weil dabei im Tausch alter gegen neue Münzen ein geringerer Wert ausgezahlt wurde, entstand der Impuls, das Geld eher auszugeben beziehungsweise in langlebige Wirtschaftsgüter zu investieren. Dadurch wurde die Umlaufgeschwindigkeit der Währung erhöht. Lietaer wies unter Bezugnahme auf den US-amerikanischen Ökonomen Irving Fisher darauf hin, dass das Ausmaß der wirtschaftlichen Aktivität in gleichem Maße von der Geldmenge und der Umlaufgeschwindigkeit abhängt,[70] weshalb den lokalen Währungen im Fördern wirtschaftlichen Aufschwungs und Wohlergehens im ausgehenden Hochmittelalter eine besondere Bedeutung zukam.

Tatsächlich kam es ab dem frühen 11. Jahrhundert zur Ausweitung der landwirtschaftlichen Flächen und zur Zunahme der Ernteerträge. Ebenso wurden technische Verfahren in der Produktion verschiedenster Güter optimiert, und die Zahl der Dörfer und Städte wuchs. Wichtig ist, dass auch das gemeine Volk an diesem sich ausbreitenden Wohlstand teilhatte, er also nicht auf eine kleine Gruppe von Herrschenden beschränkt blieb.

Markant für diese Epoche des Hochmittelalters ist auch der Bau der Kathedralen. Dazu Lietaer: »Mir gefällt das Beispiel der Kathedralen, da diese für mich eines der schönsten Geschenke der westlichen Geschichte darstellen. Sie sind ein starkes Bekenntnis zu Glaube, Einfallsreichtum, Solidarität und Großzügigkeit. Aus wirtschaftlicher Sicht verkörpern sie eine grandiose Möglichkeit zur Schaffung eines langfristigen zukünftigen Einkommens für eine ganze Gemeinde.«[71]

In der Zeit vom 11. bis 13. Jahrhundert entstanden in Europa 300 Kathedralen, die, das ist aufschlussreich, fast ausnahmslos der Jungfrau Maria geweiht wurden. Darin sah Lietaer einen Beleg für die Bedeutung, die man der spirituellen Verehrung des Weiblich-Mütterlichen, die für die allgemeine Kultur der damaligen Zeit bestimmend war, in jener Zeit beimaß. Wirtschaftlicher Aufschwung, technischer Fortschritt, allgemeines Wohlergehen und spirituelle Tiefe gingen nun einher mit der Verwendung lokaler Währungen, die neben den Gold- und Silbermünzen zirkulierten.

Der wirtschaftliche Niedergang hingegen, der mit dem Ende des 13. Jahrhunderts einsetzte, war begleitet von bedeutenden Veränderungen im Währungssystem.

> Ende des 13. Jahrhunderts war das französische Königreich so groß geworden, dass man die Münzen nicht mehr verrufen konnte [Erklärung des Münzrechtsinhabers, dass seine Münzen oder ein Teil des umlaufenden Metallgeldes ab einem bestimmten Zeitpunkt ungültig bzw. abgewertet werden]. Hier finden wir vermutlich die Verbindung zwischen einer wachsenden yang-geprägten Zentralmacht und dem Ende der damaligen Yin-Währungen. Je

> mächtiger der König und je größer das Königreich, desto weniger lässt sich ein Demurrage-System beibehalten.[72]

Das Demurrage-System war missbraucht worden und das Währungssystem geriet unter die Kontrolle einer zentralen Autorität, deren Ansprüche militärisch durchgesetzt wurden. An die Stelle des Wirtschaftens aus einer Fülle, die dem ganzen Volk zugänglich war, trat nun die Konzentration von Reichtum und Macht in den Händen weniger.

> Betrachtet man die Währungssituation aus archetypischer Sicht, dann wurden die unspektakulären lokalen Yin-Währungen, die mit einer Demurrage-Gebühr versehen waren, einfach aufgegeben. Man hatte ein Monopol der knappen Yang-Währungen dauerhaft errichtet.[73]

Im alten Ägypten

Ebenso wie für das Hochmittelalter beschrieb Lietaer auch für einen bestimmten Abschnitt der altägyptischen Kulturepoche die parallele Verwendung zweier Währungen, die bevorzugt (a) für den Außenhandel beziehungsweise (b) für Angelegenheiten der lokalen und regionalen Wirtschaft Verwendung fanden. Dabei handelte es sich noch nicht um Währungen in heutiger Erscheinungsform, sondern zum Beispiel um Goldringe und Silberbarren oder um Getreide. Auch in Ägypten war die lokale Getreide-Währung mit einer Demurrage-Gebühr verbunden, die den entsprechenden Einfluss auf die Umlaufgeschwindigkeit gehabt haben mag.

Anders als im Hochmittelalter, handelte es sich in Ägypten also nicht um ein Münz-, sondern um ein Warengeld in Form von eingelagertem Getreide. Für diese Lagerbestände wurden Quittungen ausgestellt, die als Zahlungsmittel verwendet wurden. Wenn eine solche Quittung zur Ausgabe des Getreides verwendet wurde, wurde der quittierte Getreidebestand um einen Anteil für die Kosten der

Lagerhaltung gekürzt. Diese Kürzung verstand Lietaer als eine Demurrage.

Zeitlich ordnete Lietaer die Getreide-Währung, die im Unterschied zu den mittelalterlichen Lokalwährungen nicht demokratisch durch die Verwender, sondern durch den Pharao kontrolliert und verwaltet wurde, der Regierungszeit von Ramses II. zu. Aus dieser Zeit datieren die Ostrakon-Weizenquittungen, die Lietaer als beispielhaften Beleg seiner Hypothese anführte.[74] Solche, auf Tonscherben geschriebenen Quittungen waren im Ägypten der damaligen Zeit üblich und weitverbreitet, weshalb sie in der Archäologie auch gut dokumentiert sind.

> Im alten Ägypten existierten zwei Währungen parallel. Fernwährungen in Form von standardisierten Goldringen und Silberbarren wurden im internationalen Austausch mit Ländern wie Mesopotamien und Nubien eingesetzt. Diese Währungen wurden für den Kauf wichtiger Güter wie Immobilien und Luxusgüter sowie in Eheverträgen verwendet. Sie fungierten sowohl als Tauschmittel als auch als Wertspeicher.[75]

Es muss hier festgestellt werden, dass, obwohl in Ägypten tatsächlich Millionen von Ostraka Weizenquittungen an verschiedenen Orten aus den fraglichen Zeiträumen gefunden wurden, die Bestätigung einer allgemeinen Verwendung dieser Tonscherben als vollwertiges, Demurrage belastetes Geldsystem noch nicht erfolgt ist. – Die Hauptstudie über diese Demurrage-Währungen wurde 1910 vom deutschen Gelehrten der griechischen Klassik, Friedrich Preisigke, durchgeführt, der sich ausschließlich mit der ptolemäischen Periode ab 332 v. Chr. befasste. Seine Forschung beschränkte sich auch auf die papierähnlichen Währungen in Form von Papyrus, die in der kaiserlichen Sammlung griechischsprachiger Papyri aus Ägypten gefunden wurden. – Fast völlig ignoriert in dieser Untersuchung waren jedoch die reichlich vorhandenen und sehr viel älteren Ostraka. Nicht weniger als 1,6 Millionen Ostraka wurden in einem einzigen Dynastiedorf (in Medinet) gefunden, einer relativ gut erhaltenen und antiken Region in der ägyptischen Wüste. – Preisigke selbst behauptet freilich nicht, dass das System der Getreidequittungen in dem von ihm beschriebenen Zeitraum erfunden oder neu war. Während der ptolemäischen Zeit wurden einige zusätzliche Bankfunktionen hinzugefügt, aber die Belege für das Hinterlegen von Getreide sind viel früher reichlich vorhanden. Er gibt auch nicht an, dass Geld nur in Form von Papyri verwendet wurde. Stattdessen folgerte Preisigke implizit, dass Papyri und Ostraka die gleiche Funktion hatten. Er weist zum Beispiel darauf hin, dass er in einigen Bereichen des Deltas Papyri fand, in Memphis aber Ostraka verwendet wurden.[76]

Im Rahmen seiner Ausführungen zur Getreide-Währung führte Lietaer die im Alten Testament der Bibel überlieferte Josef-Geschichte an, in der von einem Mann berichtet wird, dessen verschlungene Lebenswege ihn schließlich zum obersten Verwalter und Stellvertreter des Pharaos gemacht hatten. In dieser Funktion verwaltete Josef die Erntevorräte äußerst geschickt und gewinnbringend. Lietaer schrieb, dass er zwar nicht belegen kann, dass Josef die Getreide-Währung erfand, aber Josef dafür »nach wie vor der aussichtsreichste Kandidat zu sein scheint«.[77]

Man kann davon ausgehen, dass die Ereignisse im Leben Josefs erst sehr viel später aufgeschrieben wurden, nachdem sie zunächst nur mündlich überliefert worden waren. Dabei mag im Laufe der Zeit einiges in die Geschichte eingeflossen sein, was über die tatsächlichen Ereignisse im Leben dieses Josef genannten Menschen hinausgeht. Insofern kann angenommen werden, dass die Josef-Geschichte einen Zeitraum abdeckt, zu dessen Beginn sich die betreffende Biografie tatsächlich ereignete, und dass die Ereignisse dann mündlich überliefert wurden, um schließlich in schriftliche Form gefasst zu werden. Dieser Zeitraum umfasst Jahrhunderte, die in der Regierungszeit von Ramses II. (1279 bis 1213 v. Chr.) begonnen haben und bis zur schriftlichen Fassung der Geschichte, die zwischenzeitlich von Priestern kommentiert und um eingefügte Sondertraditionen und Zusätze erweitert wurde, im 5. Jahrhundert v. Chr. gereicht haben könnte.

In etwa entspricht dies jener besonderen Zeitspanne, die Lietaer für den besagten Abschnitt der altägyptischen Kultur annahm. »Das Währungssystem nach dem Getreide-Standard funktionierte über 1000 Jahre lang sehr gut. Dann übernahmen die Römer gegen Ende der ptolemäischen Herrschaft (323–30 v.Chr.) das Finanzwesen.«[78]

Eine Parallele zur Zeit des Hochmittelalters sah Lietaer in der ausgeprägten Bautätigkeit in diesem Abschnitt der altägyptischen Kultur, in der abgesehen von den in früheren Zeiten entstandenen Pyramiden, nun auch besonders während der Regierungszeit von Ramses II. viele weitere Tempelanlagen und Erweiterungen von bestehenden Bauten entstanden. Diese rege Bautätigkeit von Ramses II. und ihre Auswirkungen sah Lietaer vor dem Hintergrund der besonderen Verehrung der Göttin Isis.

> Isis war als die ›Göttin der zehntausend Namen‹ bekannt, die die Griechen »Isis Panthea« (= »Isis, die All-Göttin«) nannten. […] Sie war der Mond und die Mutter der Sonne [anders als in der deutschen Sprache ist in den meisten anderen Sprachen und Kulturkreisen dem Mond das weibliche und der Sonne das männliche Geschlecht zugeordnet], die trauernde Gattin und liebende Schwester, Kulturspenderin und Heilerin. Sie war die Himmelskönigin und der leitende Stern des Meeres, Dame der Freude und des Wohlstandes, die Grüne Göttin, Königsmacherin, Macherin des Sonnenaufgangs, Dame der Liebe. Sie war Harthor, die großzügig so viel Nahrung spendete, wie es Sterne am Himmel gab. Sie war Sothis, die das neue Jahr eröffnete, sie war Meri, eine Meeresgöttin, und Sochit, das Kornfeld. – Isis war der Sitz der Weisheit, wie man an ihrer Hieroglyphe in Form eines hochlehnigen Thrones erkennen konnte, der oft ihr einziges Erkennungsmerkmal war. Der Schoß der Göttin Isis wurde der Königsthron Ägyptens, und der Pharao, der an ihrer Brust saugte, symbolisierte den Weg zur nährenden göttlichen Weisheit, die sein Recht zu herrschen garantierte.[79]

Lietaer verstand den Isis-Kult und seine Auswirkungen auf das allgemeine Leben im alten Ägypten ähnlich wie die Verehrung der Schwarzen Madonna im Hochmittelalter. Und er ging den Fragen nach, welche Bedeutung der weibliche Archetyp in der ägyptischen Mythologie hatte, wie sich das konkret auf das Leben der Frauen in der damaligen Zeit auswirkte und wie und warum dieser Zustand schließlich an sein Ende kam.[80]

> Kurz nachdem das römische Geld die »archaische Weizen-Währung« ersetzt hatte, wurde aus Ägypten ein Entwicklungsland. Die »moderne« römische Währung hatte »normale« positive Zinssätze, Zinsen, die nach Rom flossen. Ist es bloßer Zufall, dass es seit damals bis auf den heutigen Tag nie wieder zum »Wirtschaftswunder am Nil« kam?[81]

In der Schwarzen Madonna erkannte Lietaer die Göttin Isis schließlich wieder, und er stellte fest, dass in beiden Epochen, im Hochmittelalter zwischen dem 10. und 13. Jahrhundert und in Ägypten in dem Jahrtausend vor Beginn unserer christlichen Zeitrechnung, eine komplementäre Demurrage-Währung verwendet wurde. Da diese nicht mit einer Wertaufbewahrungsfunktion verbunden war, bezeichnete er sie als Yin-Währung.

> Aus meiner Sicht handelt es sich bei allen drei Faktoren – die Verehrung des Archetyps der Großen Mutter, Demurrage-Währungen und »Wohlstand für alle« – um Spuren desselben archetypischen Zusammenhangs. Kurz gesagt hatten die zwei besprochenen Kulturen einen bestimmten Zeitgeist gemeinsam.[82]

Gegenwärtig, so Lietaer, besteht nun wiederum die Chance, an diesen Zeitgeist anzuknüpfen, um eine integrierte Wirtschaft zu schaffen, die dem nachhaltigen Wohlstand dienlich ist.

Fiktive Szenarien und Geschichten

Unter bestimmten Voraussetzungen lassen sich Sachverhalte und Ideen in Bildern und Geschichten besser ausdrücken als in abstrakten Gedanken. Die Bildsprache erreicht andere Schichten des Erlebens und des Bewusstseins. Es ist bemerkenswert, dass Lietaer nicht nur damit befasst war, Bildsprachen verschiedenster Zeiten und Kulturen zu interpretieren, sondern selbst auch Geschichten ersann. Vier Beispiele sollen hier zusammengefasst wiedergegeben werden.

Die Zeitkompressionsmaschine

> Es war einmal ein außergewöhnlich reicher und schöner Planet. Dessen einfallsreiche Bewohner erfanden einst zu ihrem eigenen Vergnügen eine gigantische Maschine. Wie überrascht waren sie jedoch, als sie herausfanden, dass sie mit ihrer Maschine die Zeit verdichten konnten. Aufgrund dieser ungewöhnlichen Eigenschaft zwang die kolossale Erfindung die Bewohner dazu, sich einiger Missstände in ihrem Leben bewusst zu werden – Missstände, die zwischen liebgewordenen, festen Gewohnheiten und ihren eigenen Überlebensaussichten standen.[83]

Anhand der Geschichte von der »Zeitkompressionsmaschine« erläuterte Lietaer die vier hauptsächlichen globalen Herausforderungen: Überalterung der Bevölkerung, Informationsrevolution, Klimaveränderung und Artensterben sowie Währungsinstabilität. Durch die damit verbundenen Krisenereignisse stellen sich spezifische »Geldfragen«, die da lauten: Wie wird die Gesellschaft das Geld für die alten Menschen im Hinblick auf ihr erhöhtes Lebensalter aufbringen? Wie können wir zusätzlichen Milliarden Menschen einen Lebensunterhalt bieten, wenn der technische Fortschritt keine zusätzlichen Arbeitsplätze schafft? Wie können wir den Konflikt zwischen kurzfristigen finanziellen Interessen und einer langfristigen, nachhaltigen Wirtschaftsweise lösen? Wie können wir uns auf eine mögliche Währungskrise vorbereiten? In seinen Erläuterungen zur letzteren Frage wies Lietaer Ende der 1990er Jahre darauf hin, dass es in naher Zukunft zu einer weltweiten Währungskrise kommen könnte: »Wenn nichts unternommen wird, besteht zumindest eine 50prozentige Chance, dass es in den nächsten fünf oder zehn Jahren zu einer Dollarkrise kommen wird, die sich zu einem globalen Währungszusammenbruch entwickeln könnte.«[84] Die Ereignisse ab 2007 gaben ihm in dieser Einschätzung recht!

Und Lietaer führte weiter aus: »Um mit den gerade genannten Herausforderungen fertigzuwerden, müssen wir unsere Einstellung zu Geld in den nächsten 20 Jahren im selben Maße verändern, wie wir es in den vergangenen 5000 Jahren getan haben.«[85]

Vier Jahreszeiten im Jahr 2020

Um aufzuzeigen, wie man eine drohende Krise in eine Chance verwandeln kann, beschrieb

Lietaer in seinem Buch *Das Geld der Zukunft* auch vier alltägliche Situationen,[86] die er in das Jahr 2020 verlegte, also in eine Zukunft, die für ihn damals noch zwei Jahrzehnte entfernt war. »Alle vier Szenen beschreiben die Auswirkungen einer Währungsinnovation, die erfolgreich durchgeführt wurde. Darüber hinaus handelt es sich jedes Mal um ein Projekt, das derzeit irgendwo auf der Welt ausprobiert wird.«[87] Man kann davon ausgehen, dass er die Szenarien für sein damaliges Verständnis für durchaus realistisch hielt, will heißen, die entsprechenden Entwicklungen tatsächlich erwartete.

Die erste Geschichte handelt von einem 105 Jahre alten, ehemaligen Bankangestellten mit knapper Rente, der in seinem Alltag durch einen jungen Studenten unterstützt wird. Dafür werden dem Studenten Pflegestunden gutgeschrieben, die später für den eigenen Unterstützungsbedarf verwendet werden können. Das reale Beispiel zu dieser Geschichte ist die »Fureai Kippu«-Pflegewährung, die Anfang der 1990er Jahre durch einen ehemaligen japanischen Staatsanwalt und Justizminister erfunden worden war, den Lietaer während einer Japanreise im Jahr 1999 getroffen hatte.

Das nächste Beispiel handelt davon, dass Menschen einer mit gewöhnlicher Landeswährung vergüteten Erwerbsarbeit und einer weiteren, frei gewählten Tätigkeit nachgehen, die mit einer Komplementärwährung bezahlt wird. Das Beispiel zeigt, wie komplementäre Währungen dazu dienen können, dem kreativen Potential einer Person zur freien Entfaltung zu verhelfen. Das zugehörige praktische Beispiel ist das »Local Exchange Trading System« (LETS), das gegen Ende der 1990er Jahre bereits in vielen Projekten weltweit zum Einsatz kam und Initiativen ermöglichte, für die ansonsten »kein Geld« da gewesen wäre.

In der dritten Geschichte geht es um eine Firma, die über zwei Projekte berät, die für einen Zeitraum von mehreren Jahrhunderten ausgelegt sind. Lietaer griff für diese Geschichte auf Erfahrungen zurück, die er in den vorangegangenen Jahren im Umgang mit der Problematik von zu kurz gefassten Planungszeiträumen gemacht hatte, und er erläuterte:

> Heutzutage werden die meisten geschäftlichen Entscheidungen innerhalb eines Planungszeitraums von fünf Jahren getroffen, manchmal sogar nur von einem Quartal zum nächsten. Selbst langfristige Anleihen, sogenannte »Langläufer«, konservative Investitionen mit langer Laufzeit, sind maximal auf 30 Jahre ausgelegt. Unter den derzeit vorherrschenden finanziellen Kriterien ist eine Entscheidung wie die obengenannte undenkbar.[88]

Viertens schrieb Lietaer über eine Studentin, die ihre Kosten für eine längere Studienreise nach China zum größten Teil mit Komplementärwährungen bestreitet. Dafür bedient sie sich der Dienste einer »Clearingstelle«, über die verschiedene Komplementärwährungen international getauscht werden können.

Aus heutiger Sicht kann man sich fragen, welche der in die vier kurzen Geschichten eingeflossenen Vermutungen tatsächlich Wirklichkeit wurde. Also, wie haben sich die von Lietaer wahrgenommenen und fortgeschriebenen Anfänge bis zum Jahr 2020 tatsächlich entwickelt, und warum?

Fünf Zukunftsszenarien

In seinem Buch *Das Geld der Zukunft* hielt Lietaer zudem über Sinn und Bedeutung von Szenarien als Methode der Vermittlung von Wissen Folgendes fest:

> Die Entwicklung von Szenarien verfolgt drei Ziele:
> 1. Denkgewohnheiten, vorgefasste Meinungen, Vorstellungen und mentale Modelle zu hinterfragen. […]
> 2. Eine Identifizierung und ein besseres Verständnis der Kräfte hinter den zentralen Ereignissen. […]
> 3. Die kreative Arbeit mit diesen Entdeckungen.[89]

Im Folgenden entwickelte er fünf alternative Projektionen auf das Jahr 2020. Für das erste der Szenarien, das er mit »Die offizielle Zukunft: ›Mehr vom Bisherigen‹« übertitelt, sah er keine große Eintrittswahrscheinlichkeit. Vielmehr ging er von einem so großen Veränderungsdruck aus, dass ein »Weiter-so« für ihn nicht realistisch schien. Dennoch finden sich im Text interessante Voraussagen, zum Beispiel, dass Zahlungen mit Smart Cards üblich und dass fast alle der (zur Jahrtausendwende) bestehenden komplementären Währungssysteme wieder verschwunden sein würden. Beide Voraussagen waren, wie wir heute wissen, zutreffend. Und wenn man berücksichtigt, in welchem Ausmaß sich beispielsweise Kryptowährungen etablieren konnten, kann dies als Beleg dafür gelten, dass unter den fortbestehenden fünf Prozent der Währungsexperimente solche waren, die den Keim zu eben jenen Währungsinnovationen gelegt haben, die in den kommenden Jahrzehnten tatsächlich das bestehende globale Währungssystem grundlegend verändern könnten.

Im Szenario »Das Jahrtausend der Konzerne« zeigt Lietaer, wie »Macht (auch die Macht zur Geldschöpfung) in den kommenden Jahrzehnten vom Staat auf multinationale Konzerne übergehen kann«.[90] Wichtige staatliche Aufgaben finden sich in diesem Szenario an nichtstaatliche Unternehmen übergeben, die eigene Währungen emittieren, welche von realen Gütern und Dienstleistungen gestützt werden und allmählich die instabilen Landeswährungen verdrängen. Lietaer schrieb: »Es ist lediglich eine Frage der Zeit, bis ein Unternehmen (American Express, Microsoft, eine neu gegründete Internetfirma oder ein Unternehmenskonsortium?) eine vollständige Unternehmenswährung herausgeben wird«[91] und beschreibt damit eine Zukunft, die möglicherweise schon bald ihren Anfang nehmen könnte. Es ist beeindruckend, mit welcher Treffgenauigkeit Lietaer Trends erkannte und zu Aussagen fand, die der heutigen Realität entsprechen oder ihr zumindest sehr nahekommen. So sah er beispielsweise die Privatsphäre bedroht, was er an drei Entwicklungen festmachte:

1. Das verständliche Bedürfnis, die Identität von Personen festzustellen (»Unbedenklichkeitsnachweis«), um die Sicherheit elektronischer Zahlungsvorgänge zu erhöhen. [...]
2. Bei elektronischen Zahlungsvorgängen – gleichgültig, ob es sich bei dem verwendeten Geld um die alten Landeswährungen oder um Unternehmenswährungen handelt – lässt sich jeder Kauf zurückverfolgen, wodurch man leicht herausfinden kann, wer welche Ware kauft. [...]
3. Die Verbindung von Strichcodes mit dem persönlichen Datenausweis des Käufers.[92]

Zusammengenommen wird so ein entscheidender Vermögenswert für Firmen geschaffen, nämlich ein Pool voller psycho- und demografischer Daten. Heutzutage ist auch davon manches bereits Wirklichkeit geworden.

Nach einem großen Finanzcrash und einem Erdbeben in Kalifornien, so der Hintergrund des dritten Szenarios, kommt es zur Bildung von »Schutzgemeinschaften«,[93] in die sich die Menschen zurückziehen. Besonders katastrophal war es, dass die finanziellen Krisenereignisse auf die Leitwährung, den US-Dollar übergegriffen haben. Dadurch brach das Weltfinanzsystem zusammen.

Dazu Lietaer: »Wenn die Währung zusammenbricht, werden alle ausstehenden finanziellen Vereinbarungen – wie zum Beispiel Gehälter oder Mieten – sinnlos. Lebenslange Ersparnisse werden in wenigen Tagen zunichte gemacht, und die Menschen sehen einer Zukunft entgegen, die unsicherer ist, als sie es je für möglich gehalten hätten. Unter diesen Bedingungen können kollektive Ängste und Projektionen eine starke Wirkung entfalten.«[94]

Lokale Währungen, die in den zurückliegenden zwanzig Jahren entstanden waren, ermöglichen nun das Überleben. Die Gemeinschaften selbst sind extrem geschlossen, lassen nur bestimmte Menschen herein und filtern durch die Manipulation der Medien sogar auch die Ideen. In einer eingefügten »Zeittafel der Revolution« datiert Lietaer den »globalen Währungszusammenbruch« auf das Jahr 2005. Tatsächlich ereignete sich eine globale Krise des Geld- und Finanzsystems ab 2007.

Als »Die Hölle auf Erden« beschrieb Lietaer in einem vierten Szenario die Lebenswelt einer Gruppe von Straßenkindern, deren Schicksal exemplarisch für eine Welt steht, in der jeder gegen jeden kämpft. Lietaer betonte ausdrücklich, dass die geschilderten Ereignisse nicht erfunden, sondern real sind.

Die Hölle liegt weniger als eine halbe Stunde Autofahrt von einer der reichsten Gemeinden mit der am schnellsten wachsenden

> Wirtschaft in den USA entfernt. […] Das Drama ereignet sich mitten während einer Phase anhaltenden Wirtschaftswachstums, in einem Jahr, in dem der Dow-Jones-Index seine Rekordhöhe 43-mal verbessert hat.[95]

Man kann davon ausgehen, dass Lietaer die Verhältnisse in der Bay-Area, in der er einige Jahre gelebt hatte, genau wahrgenommen hat. Die furchtbaren Verhältnisse der seit den 1990er Jahren immer schneller um sich greifenden Armut, der Zunahme der gesellschaftlichen Spaltung in die Lebenswelten der Armen und Reichen, erschütterten Lietaer. Und er stellte fest: »Eine Ganztagsstelle mit Mindestgehalt sichert in Amerika niemandem mehr ein Zuhause. Die US Conference of Mayors stellte schon 1996 fest, dass landesweit 19 Prozent der obdachlosen Bevölkerung eine feste Anstellung haben.«[96] Besonders an diesem Szenario über »die Hölle auf Erden« erkennt man, wie stark das Engagement Lietaers in seiner Wahrnehmung der sozialen Verhältnisse – nicht nur in den so genannten Entwicklungs- und Schwellenländern, sondern auch in seinem unmittelbaren Umkreis – verwurzelt war.

Ein letztes, fünftes Szenario, das mit »Nachhaltiger Wohlstand« überschrieben ist, eröffnete Lietaer, indem er als die »stärkste Motivation für die Arbeit an diesem Buch« seine Ansicht benennt, dass die Schaffung nachhaltigen Wohlstands kurzfristig möglich ist.[97] Zentral hob er hier die aus seiner Sicht damit verbundene ökonomische Problematik hervor. Und er mutmaßt, dass vielleicht gerade unser Währungssystem ständig jenen Mangel herbeiführte, den wir so fürchten. Den Ausgangspunkt für seine Ideenbildungen und sein Wirken sah Lietaer in erster Linie nicht im ökologischen, sondern eben im ökonomischen Bereich. Unter diesen Vorzeichen ist einzuordnen, was Lietaer unter Nachhaltigkeit verstand, besonders wenn man beachtet, dass er sogar von einem »nachhaltigen Kapitalismus« sprach, dessen Zustandekommen er eng mit Währungssystemen verknüpft sah, die eben dieser Zielsetzung dienlich sind.

Die Goldene Göttin

In der Sprache der Märchen findet sich wiederkehrend jene Schwelle beschrieben, die vom Menschen zwischen äußerer und innerer Welt passiert wird. Die dabei verwendeten Bilder sind nicht allein jenem Bereich des Lebens entnommen, der rational erfasst werden kann. Was geschieht, reicht tiefer und tritt aus einer für das gewöhnliche Bewusstsein meistens verborgenen Welt heraus zutage. So erscheinen die Verhältnisse und Ereignisse des alltäglichen Lebens in einem anderen Licht. Um die Wirkung komplementärer Währungen zu beschreiben, hat Lietaer für sein Buch *Mysterium Geld* auch ein Märchen geschrieben,[98] in dem sich »die Göttin« und »der König« versöhnen:

Die Goldene Göttin geht in den Bergen spazieren und kommt an einen zugefrorenen See. In einer Höhle unter der Erde macht der Magier ein Feuer unter dem Kessel. Er hat vom Ritter die Aufgabe bekommen, alles Gold der Welt zum Schmelzen zu bringen. Da entdecken die schwarze Schlange Sofie und der Magier, dass auf dem Oberlicht der Höhle ein goldener Pantoffel liegt. Als der Magier das untersucht, stehen sich plötzlich die Goldene Göttin und der Magier gegenüber. Sie gehen gemeinsam in den Kristallpalast der Goldenen Göttin, in dem seit 5000 Jahren keine Gäste mehr waren. Der Magier staunt darüber, dass im Palast alles aus Gold ist, und die Göttin erklärt, dass sich alles, was sie liebt, in Gold verwandelt.

Der Magier nimmt die Goldene Göttin schließlich mit in seine Welt, und darin zuerst zur Burg des Ritters und danach zum Schloss des Königs. Im siebten und größten Raum des Palastes treffen sie den König. Nun verwandelt die Goldene Göttin den ganzen Palast in pures Gold. Daraufhin erklärt der König der Göttin, dass er den Befehl gab, alles Gold einzuschmelzen, damit mehr Münzen für die Menschen in seinem Reich daraus geprägt werden können. Die Göttin versteht das nicht, denn sie meint, dass Gold eine Form des Seins ist, nicht des Habens. Und so geschah es, dass die Menschen aus der

Überfülle des Goldes ihr Geld schufen und das Königreich darum wohlhabender wurde, als es je gewesen war. Die Reiche der Göttin und des Königs wurden zu einem und im Reich der Göttin brach nach Tausenden Jahren zum ersten Mal wieder der Frühling an.

Für diese Geschichte bediente Lietaer sich solcher Urbilder, die über eine psychologische Bedeutung noch hinausführen. Es geht nämlich um einen alchemistischen Prozess, der, auf den Menschen selbst übertragen, nicht nur allegorisch zu verstehen ist, sondern im Sinne einer spirituellen Praxis, die seit Jahrtausenden in einer esoterischen Tradition gepflegt wird, mit der Lietaer verbunden war.

Teil 3:
Spiritualität

Die Menschen kennen nur die eine Seite von mir. Nun sollen sie die andere Seite auch kennenlernen.

Bernard Lietaer, 2019

Selbst- und Welterkenntnis

Bernard Lietaer begab sich schon in den frühen Jahren seines Lebens auf einen Weg, der ihn später in besonderer Weise im spirituellen Sinne übend und erkennend sein ließ. Daraus ging schließlich der bislang weitgehend verborgene (esoterische) Hintergrund seines öffentlich sichtbaren (exoterischen) Wirkens hervor.

Rückblickend erscheint alles im Strom einer sinnvollen biografischen Entwicklung. In seiner Kindheit erkundete Lietaer neugierig staunend die Welt. Als Jugendlicher entwickelte er sein naturwissenschaftliches Interesse an den Phänomenen des Lebens in seiner Umgebung, dem er laborierend und dokumentierend nachging. Das fiel in die Zeit, in der er in einem jesuitisch geführten Internat zur Schule ging. Dort wuchs er durch die regelmäßige Feier der christlichen Messe in rituelle Tiefe und mystisches Welterleben hinein, was für seine Geistesart wesentlich wurde. Am Ende seines Lebens sprach er rückblickend davon, dass er in seinem Leben stets irgendwie geführt worden war. Tatsächlich fügten sich die Eindrücke und Entwicklungsschritte in seiner Kindheit und Jugend wie von unsichtbarer Hand verknüpft zusammen, zumal er schon früh Ausblicke auf die wesentlichen Themen seines Lebens gewann.

Lietaer, der Zeit seines Lebens die unterschiedlichsten spirituellen Lehrarten und Riten studierte, ließ sich von festgefügten Formen und Lehren keineswegs vereinnahmen, sondern stets nur im besten Sinne für den eigenen Weg der Erfahrung inspirieren. Um das etwas besser verstehen zu können, wollen wir nun mit Blick auf Lietaers spirituelles Welt- und Menschenbild auf gewisse Autoren und Inspirationsquellen in seinem Werdegang eingehen. Dafür werden an der einen oder anderen Stelle ausführlich solche Zusammenhänge beschrieben, die Lietaer wichtig waren, von denen aber im allgemeinen zu wenig bekannt ist. Als Beispiele seien genannt: Alchemie, Taoismus, die Freimaurerei, Kathedrale und Schule von Chartres sowie die Schwarze Madonna. Diese – und einige weitere – Themen, mit denen Lietaer sich im Hintergrund seines öffentlichen Wirkens beschäftigte, sollen so weit beschrieben werden, als daraus Rückschlüsse auf sein allgemein bekanntes Werk und die besondere Art seiner Ideenbildungen möglich werden.

Rembrandt van Rijn

Lietaer war in seinen 70er Jahren angekommen und hatte gerade eine empfindliche Lebenskrise nahezu überwunden, als er auf eine besonders prägende Erfahrung zurückkam, die er als Jugendlicher gemacht und nie vergessen hatte: Für einen Ausstellungskatalog seines Freundes Axel Vervoordt schrieb er eine Abhandlung über das Phänomen der Selbstbildnisse des niederländischen Malers Rembrandt van Rijn (1606–1669).[1] Dieser Text ist einer von dreien, die Lietaer im Jahr 2008 zu besagtem Buch beisteuerte. Gemeinsam ist diesen Essays, dass Lietaer darin dem Leser einen besonderen, spirituell verankerten Blick auf sein Menschen- und Weltbild ermöglicht.

Eine so große Zahl an Selbstbildnissen, wie sie sich im Œuvre Rembrandts finden, ist in der Kunstgeschichte einzigartig. Die etwa 40 bis 50 Malereien, sieben Zeichnungen und 32 Radierungen entstanden in einem Zeitraum von rund vierzig Jahren und umspannen damit nahezu die gesamte Schaffenszeit des Künstlers. Rembrandt war fast zwanzig Jahre alt, als er sein erstes Selbstbildnis schuf. Lietaer war siebzehn, als er im Kunstunterricht seine Begegnung mit diesem Teil des Werks Rembrandts hatte.

> Es waren die Selbstbildnisse aus den letzten zehn Jahren im Leben Rembrandts, die mich am meisten ergriffen haben: ein unversöhnlicher Blick, der jede Linie und Falte erfasst, der nicht zögert, die

> scheinbar unendliche Traurigkeit zu erkunden. Eine Botschaft, eine vierhundert Jahre alte Verzweiflung, ein Schrei, der nicht länger auf eine Antwort wartet.[2]

Der jugendliche Lietaer war zutiefst beeindruckt. Er entschied, irgendwann etwas zu diesen Selbstbildnissen zu schreiben, darüber, was den Künstler dazu trieb, dem Bemühen um Selbsterkenntnis einen solch einzigartigen Ausdruck zu verleihen.

> Die Frage, die ich mir schon als junger Mensch gestellt hatte, war immer noch dieselbe: Warum? – Was kann erklären, warum ein Künstler wie Rembrandt sich im Schnitt alle sechs Monate vor einen Spiegel setzt und sich lange genug mit unerbittlicher Intensität selbst beobachtet, um sich geduldig selbst zu malen? Für ein Ölbild wird dieser Prozess wahrscheinlich einige Tage gedauert haben... Was kann diesen, unter Malern einzigartigen Aufwand erklären; diese Geduld und lebenslange Beharrlichkeit?[3]

Narzisstische Anwandlungen können es nicht gewesen sein, denn dann hätte der Maler nicht auch all jene Spuren altersbedingten, körperlichen Verfalls und die Spuren seines Ringens mit sich selbst verewigt. Es ist eine Schonungslosigkeit in der Selbstbeobachtung, der Ausdruck der inneren Suche eines Menschen nach sich selbst, die sich in den Selbstbildnissen Rembrandts offenbart und die den jungen Lietaer so sehr beeindruckt hatte.

Sich erinnernd stellte er nun fest, wie sehr sich das vorherrschende Menschenbild im Laufe der Jahrhunderte seit Rembrandt gewandelt hatte. Dem Barock war die Zeit der Renaissance vorausgegangen, in der der Mensch zum Maß der Dinge geworden war. In der romantischen Epoche trat die Beschäftigung mit den prägenden Emotionen und persönlichen Erfahrungen hervor. Das aber, so Lietaer, ist nicht geeignet, um das Phänomen der Selbstbildnisse Rembrandts wirklich zu erklären:

> In Raupps Studie [H.J. Raupp: *Selbstbildnisse und Künstlerportraits von Lucas van Leyden bis Anton Raphael Mengs*, Braunschweig 1980] zu den Selbstporträts wurde gezielt und bewusst versucht, diese romantische Verzerrung, wie sich die Menschen in Rembrandts Zeitalter sahen, zu lösen: Die Wahrnehmung der Persönlichkeit hing von den Lehren einer humanistischen und christlichen Ethik ab, der Theorie von den Temperamenten und der Astrologie. Persönlichkeit wurde auch durch einen Filter stereotyper Modelle gesehen, die aus der Antike stammen, wie die von Plutarch und Cornelius Nepos beschriebenen. Daraus schließt er, dass »Rembrandt sich nicht mit Fragen und Zweifeln vor den Spiegel setzte, sondern in einem Bewusstsein, das vorsichtig Programme plant«.[4]

Kunstgeschichtlich wird die große Zahl der Selbstbildnisse bis heute gemeinhin so erklärt, dass es sich zum größten Teil um so genannte »Tronies«, also um Studien, handeln würde. Doch einer der ganz bedeutenden und originellen Aspekte in Rembrandts Werk ist es, dass er eben nicht nur soziale Stereotypen malte, sondern auch die verschiedensten konkreten Emotionen.

Für Lietaer war genau das wesentlich, denn er sah neben der Bedeutung der Bilder als Tronies zugleich auch, dass der Künstler das Ziel verfolgte, sein inneres Selbst zu erforschen, und dies Jahrhunderte vor dem Aufkommen der medizinischen Psychologie. Rembrandt visualisierte in seinen Porträts tief verankerte Emotionen und kam sich dadurch selbst immer näher. Indem er, besonders in der zweiten Hälfte seines Lebens, ein solches »Journal der Emotionen«[5] produzierte, wuchs er zugleich über sich selbst hinaus, und diese Entwicklung trägt Züge spirituellen Reifens. Sie ereignet sich innerhalb eines nur schwer in Worte zu fassenden Bereichs. Insofern kann Rembrandt als visueller Entdecker der Emotionen – in seinem Spätwerk zum Beispiel: Selbstvertrauen, Traurigkeit, Distanziertheit und Resignation – verstanden werden. Musiker versuchen dasselbe, indem sie den Klang dafür nutzen.[6] Für Lietaer ergab sich, dass erst gegen Ende des 18. Jahrhunderts die Romantiker die Worte und Geschichten gefunden hatten, um Emotionen verbal ausdrücken zu können. Und erst mit Freud und Jung begann im 19. Jahrhundert die Suche nach den unbewussten Anteilen dieser Emotionen, während schließlich im 20. und 21. Jahrhundert die biologischen Mechanismen erforscht werden, welche den Emotionen zugrunde liegen. Dies alles zeugt von einem aktuellen Bewusstseinswandel, dem das Genie Rembrandt in seinem künstlerischen Schaffen um Jahrhunderte voraus war.

Selbsterkenntnis

Mit der spirituellen Dimension der Selbsterkenntnis war Lietaer aufgrund seiner Zugehörigkeit zum Bund der Freimaurer vertraut. In der »Kammer der Vorbereitung« oder im Tempel selbst steht dort jene Formel geschrieben, die auch die Außenseite des Apollotempels in Delphi zierte: »Erkenne dich selbst!« Dieser Formel widmete Lietaer eine Abhandlung, die sich ebenfalls in dem bereits erwähnten Ausstellungskatalog findet.[7] Darin wird, ausgehend von kunstgeschichtlichen Erwägungen, auf die Aspekte der Selbsterkenntnis im Zusammenhang mit den Lehren der platonischen Akademie und Ritualen der Einweihung eingegangen. Beides gehörte wesentlich zum Hintergrund der von Lietaer gepflegten Spiritualität.

Allerdings sah Lietaer ein modernes, zeitgemäßes Bemühen um spirituelle Entwicklung nicht etwa von den Obliegenheiten des alltäglichen Lebens separiert, sondern im Gegenteil, damit aufs Engste verknüpft. Für ihn traten die einst im Verborgenen gepflegten Mysterien im Zuge der kulturellen Entwicklung immer mehr in das Licht der Öffentlichkeit und der allgemein anerkannten Art der Lebensführung. Während in früheren Kulturen die Weisheiten an markanten Wendepunkten des Lebens in Einweihungsritualen weitergegeben wurden, finden sich viele der einstigen Mysterieninhalte heutzutage in den Formen des allgemeinen menschlichen Umgangs wieder.

> Unsere Zivilisation ist die erste, die glaubt, ohne diese Einweihungsrituale auskommen zu können, weshalb wir in unserem modernen Leben dieselben Spiele »in Echt« spielen. Wir sehen sie nicht mehr als formale Rituale, sondern vollziehen sie unbewusst in unserem realen Leben nach. Sind unsere finanziellen Ängstlichkeiten nicht eine Wiederaufführung der Dionysischen Rituale, insofern sie unseren Hyperrationalismus unvorhergesehen herausfordern und die apollinischen Gewissheiten, die so unerschütterlich schienen, plötzlich in Frage stellen? Wir befinden uns in der Mitte einer Epoche der kollektiven Einweihung – unbewusst, kein Zweifel, aber gerade deshalb so wirkmächtig. Unsere gemeinsamen ritualisierten Spiele, unsere alltäglichen Probleme – monetäre Instabilität, Klimawandel, technologischer Wandel, das Aufeinandertreffen der Zivilisationen, die Erschütterung der Beziehungen auf allen Ebenen – sind nun zu globalen Herausforderungen geworden.[8]

Auch in der zeitgenössischen Kunst sah Lietaer solche kulturellen Veränderungen zum Ausdruck kommen, weil Künstler hypersensibel den Wandel bemerken, schon lange bevor die Normalsterblichen sich dessen bewusst geworden sind.

Mag sein, dass die Zeit gekommen ist, in der wir uns wieder diese essenzielle, uralte Frage stellen: »Wer sind wir?« oder besser: »Wer wünschen wir zu werden?«[9]

Psychologie und Alchemie

Um den Prozess der Entwicklungsarbeit des Menschen an sich selbst geht es auch in der Alchemie, die gleichsam als Jahrtausende alter Vorläufer der heutigen Naturwissenschaft und einer spirituellen Psychologie verstanden werden kann. Derartige Einflüsse lassen sich in der Psychologie Carl Gustav Jungs erkennen, auf die wir bereits im vorangegangenen Kapitel eingingen. Jung hatte Ende der 1920er Jahre durch den befreundeten Sinologen Richard Wilhelm die taoistische Alchemie kennengelernt und in seine grundlegenden Überlegungen zur Psychoanalyse einbezogen: Zwischen den Traumbildern seiner Patienten und der Bildsprache der Alchemisten entdeckte er Übereinstimmungen, zu denen er in seinem Werk »Psychologie und Alchemie« geschrieben hat.[10]

Bei der Alchemie handelt es sich um einen alten Zweig der Naturphilosophie und einer damit verbundenen spirituellen Weltsicht. Chemische Prozesse wurden darin nicht nur materialistisch verstanden, sondern zugleich als Ausdruck der lebendigen Gegenwart einer schöpferischen Geistigkeit. Bezüglich der chemischen Prozesse war von der Transmutation unedler Metalle zu Gold und Silber die Rede, womit sehr wahrscheinlich nicht die tatsächliche Verwandlung von zum Beispiel Blei in Gold gemeint war, sondern stoffliche Zustandsveränderungen, die man im übertragenen Sinne als Gold, Silber oder ähnlich bezeichnen kann. Dieses Verständnis lässt zugleich die Möglichkeit für eine innere Beteiligung des experimentierenden Menschen an Wandlungsprozessen offen, die sich nicht nur auf stofflicher Ebene, sondern ebenso auf rein seelisch-geistiger Ebene ereignen können. Das Laborexperiment des Alchemisten war für Lietaers Verständnis genau darauf ausgerichtet.

So rückt die Alchemie in die Nähe von Bemühungen, das Verhältnis des Menschen zur Welt und zu sich selbst im Sinne der Psychologie, aber auch im Sinne der besonderen Formen der alchemistisch-spagyrischen Pharmazie zu verstehen. Spagyrik ist ein uraltes, ganzheitliches Naturheilverfahren, in dem Wirkstoffe aus Pflanzen oder ausgewählten Metallen auf eine besondere Weise getrennt, bearbeitet und dann wieder zusammengeführt werden. Elemente – Erde, Wasser, Feuer und Luft – und gegensätzliche Prinzipien wie warm und kalt, trocken und feucht boten den grundlegenden Verständnisrahmen für Wandlungs-, Entwicklungs-, Erkrankungs- und Genesungsprozesse, und zwar vor dem Hintergrund eines Weltbildes, das nicht rein mechanistisch-materialistisch ausgerichtet, sondern zugleich für die Erfahrung eines Göttlich-Geistigen aufgeschlossen war.

Die meisten Alchemisten des Mittelalters waren unter den Geistlichen der Klöster zu finden. In den folgenden Jahrhunderten gingen die alchemistischen Traditionen davon losgelöst mehr und mehr in der sich herausbildenden Naturwissenschaft oder in besonderen, teils esoterischen, also vor dem alltäglichen Leben verborgenen, Zusammenhängen auf. Alchemie wurde als spirituelle Lehrart vertreten, die zum großen Teil als Initiationswissen der »Hermetischen Tradition«, also nur von Mund zu Ohr tradiert wurde. Dabei kam es zweifellos zu Entwicklungen, die das eigentliche alchemistische Anliegen konterkarierten, indem Texte und »Anweisungen« verfasst und veröffentlicht wurden, die mit jener besonderen Erkenntnisart nichts mehr zu tun hatten, die zu Zeiten gepflegt wurde, in denen der Mensch selbst noch Teil des laborierenden Prozesses sein sollte.

Auch Jung hatte das erkannt, indem er – allerdings ganz und gar nicht abwertend – mit den alchemistischen Prozeduren den Begriff der »Projektion« verband:

> Projektion wird streng genommen nie gemacht – sie geschieht, sie wird vorgefunden. Im Dunkel eines Äußerlichen finde ich, ohne es als solches zu erkennen, mein eigenes Innerliches oder Seelisches. [...] Nicht weil der Alchemist aus theoretischen Gründen an eine Entsprechung glaubt, betreibt er seine Kunst, sondern vielmehr hat er eine Theorie der Entsprechungen, weil er die Gegenwart der Idee in der Physis erlebt. Ich bin deshalb geneigt anzunehmen, dass die wirkliche Wurzel der Alchemie weniger in philosophischen Anschauungen zu suchen ist, als vielmehr in den Projektionserlebnissen der einzelnen Forscher. Damit drücke ich die Meinung aus, dass der Laborant während der Ausführung des chemischen Experimentes gewisse psychische Erlebnisse hatte, welche ihm aber als ein besonderes Verhalten des chemischen Prozesses erschienen.[11]

Um das Gemeinte besser verstehen zu können, kann man an alltäglich verwendete Metaphern denken, die sich auf eine Entsprechung innerer Erfahrungen mit Prozessen und Erscheinungsformen der äußeren Welt beziehen, wie zum Beispiel »kristallklare Gedanken«, »feurige Begeisterung«, »etwas verwässern« und so weiter. Davon ausgehend, lässt sich denken, dass Erlebnisse von Vorgängen der Kristallisation, vom Entflammen brennbarer Substanz oder der Verdünnung farbiger Tinkturen Erfahrungen vermitteln, die seelisch vertieft und meditativ bearbeitet werden können.

Lietaer bezog sich wiederholt sowohl auf die psychologischen als auch auf die spirituellen Aspekte der Alchemie, über deren Bedeutung er auch selbst durch Initiation einiges erfahren hatte. Der alchemistische, vierstufige Prozess, der vom Urzustand der »Schwärze« zur Erleuchtung führt, kann als Weg spirituell getragener Entwicklung des Bewusstseins verstanden werden. Dieser Ansatz, der sich parallel zur abendländischen Mystik entwickelte, findet sich besonders in den Lehren der Rosenkreuzer, die in eigenständigen Ordenszusammenhängen, aber auch in bestimmten Hochgradsystemen der Freimaurerei gepflegt werden.

Auch dazu, ob die Alchemie traditionell dem Umgang mit physischen oder dem mit psychischen Prozessen zuzuordnen ist, hat sich Carl Gustav Jung geäußert, und zwar so, dass er die Aktualität der Alchemie für die heutige Zeit in einer Art herausstellte, wie sie auch der Auffassung Lietaers entsprach:

> Es gab für jene Zeit kein Entweder-Oder, sondern es gab ein Zwischenreich zwischen Stoff und Geist: nämlich ein seelisches Reich subtiler Körper, denen sowohl geistige wie stoffliche Erscheinungsweise eignete. Einzig diese Betrachtungsweise ist es, welche den Widersinn alchemistischer Gedankengänge in die Sphäre des Begreifbaren rückt. Selbstverständlich nimmt die Existenz dieses Zwischenreiches ein plötzliches Ende dann, wenn man versucht, den Stoff an und für sich, abgesehen von allen Projektionen zu untersuchen, und das Zwischenreich subtiler Körper verharrt so lange in der Nichtexistenz, als man glaubt, über den Stoff und über die Seele Endgültiges zu wissen. Kommt aber der Augenblick, wo die Physik an ein »Unbetretenes, nicht zu Betretendes« rührt und wo gleichzeitig die Psychologie anerkennen muss, dass es noch andere psychische Existenzformen gibt als persönliche Bewusst-

seinserwerbungen, das heißt, wo sie ebenfalls an ein undurchdringliches Dunkel stößt, dann belebt sich jenes Zwischenreich aufs Neue, und Physisches und Psychisches sind wiederum gemischt in untrennbarer Einheit. Wir sind heute dieser Wendung schon sehr nahegekommen. – Solche und ähnliche Überlegungen sind unumgänglich, wenn man die eigentümliche Begriffssprache der Alchemie einigermaßen verstehen will. Heutzutage ist das frühere Gerede vom »Irrtum« der Alchemie etwas antiquiert, indem ihr psychologischer Aspekt die Wissenschaft vor neue Aufgaben stellt. Es gibt in der Alchemie sehr moderne Probleme, die aber auf einem anderen Gebiete als dem der Chemie liegen.[12]

Taoismus

Auch im alten China gab es eine alchemistische, vom Taoismus ausgehende Tradition, die besonders auf die Schriften des Lü Dongbin zurückgeführt werden kann. Lü Dongbin, einer der »Acht Unsterblichen«, der vermutlich im 10. Jahrhundert lebte, verband in seinem Werk Konfuzianismus, Buddhismus und klassischen, religiösen und alchemistischen Taoismus. Die Geschichte seiner spirituellen Entwicklung und Einweihung gehört zu den bekanntesten taoistischen Erzählungen.

Man glaubte damals in Anlehnung an die von Lü Dongbin gemachten Erfahrungen, dass der Mensch auf dem Weg seiner spirituellen Entwicklung sieben Stufen zu absolvieren habe, die ihn vom normalen Menschen bis zur Stufe des »Gottgleichen« führen würde. Die eigentliche Unsterblichkeit erreicht der Mensch im Übergang von der vierten zur fünften Stufe durch innere Alchemie, mit der es ihm möglich ist, seinen »Shengtai«, seinen »Heiligen Embryo« zu erschaffen. Der Shengtai ist ein im physischen Körper herangebildeter reiner Körper, der hernach sorgfältig gepflegt und genährt werden muss, bis er mit dem Körper des Adepten eine vollständige Einheit bildet. Der so entstandene neue Mensch wird im Taoismus als »Goldene Blüte« bezeichnet.

Der Prozess der Entwicklung bis zur Stufe des Gottgleichen kann von jedem Menschen bewusst aufgegriffen werden. C.G. Jung deutete das so, dass eine Person (gebildet aus dem Ego als dem sich in verschiedenen Lebensphasen und -bereichen verändernden Bild der Person und dem Selbst als ihrem Sein) mit der Außenwelt agiert, während ihr Schatten im Hintergrund verborgen bleibt. In der Spannung zwischen der Person und ihrem Schatten ereignet sich jener spirituelle Arbeits- und Entwicklungsprozess, aus dem schließlich der »neue Mensch« hervorgeht.[13]

Da das höchste Selbst, das von Jung als das persönliche und zugleich kollektive Unterbewusste verstanden wurde, auch mit den Schattenaspekten einer Person, ihrem dunklen Alter-Ego verbunden ist, hat jede gute Qualität zugleich auch ihre schlechte Seite, und nichts Gutes kann in die Welt kommen, ohne ein korrespondierendes Böses zu erzeugen. Es kommt also darauf an, den Gegensatz der Kräfte und Qualitäten im Sinne eines sich ergänzenden Zusammenwirkens zu verstehen. Das gilt für den einzelnen Menschen ebenso wie für die ganze Welt.

Jung machte das exemplarisch an den literarischen Gestalten von Faust und Mephisto fest, von denen er meinte, dass sie in jedem Menschen, also auch in ihm in einer einzigen Person erscheinen würden. Anhand dieser beiden Charaktere und ihrer spannungsreichen Beziehung zueinander hatte Johann Wolfgang von Goethe in seinem *Faust*-Drama jene Dramatik verdeutlicht, in die sich der um Erkenntnis und spirituelle Entwicklung bemühte Mensch der modernen Zeit versetzt sieht. Im *Faust* ist wesentlich, dass es nicht den einen, guten und ungestörten Weg der Entwicklung gibt, für den man gewisse Bedingungen und Tatsachen zulässt, während man andere verwirft, sondern der Ansatz, die ganze Vielfalt der fördernden und widerstrebenden Kräfte in ihrer Komplementarität zuzulassen, was auch dem Weg taoistisch-spiritueller Schulung und Übung entspricht.

Wenn es im Taoismus heißt, dass, wenn das Männliche und Weibliche verbunden sind, alle Dinge Harmonie erreichen, so findet sich das in der taoistisch-alchemistischen Vorstellung als die Vermählung vom Erdwasserkörper Yin (dunkles, totes, leeres, empfängliches Herz) mit dem himmlischen Geistfeuer Yang. Aus dieser Vermählung geht die »Goldene Blüte« hervor. Jung griff das auf und beschrieb es als einen dreistufigen, alchemistischen Weg, auf dem erstens in einem vereinenden Bewusstsein Licht und Finsternis verbunden werden – Jung nannte dies die Geburt des Lichtes aus der Finsternis –, sich zweitens die chymische Hochzeit vom höchsten Himmel (Yang) und tiefster Erde (Yin) und schließlich, drittens, die Verbindung von niederem (Ego) und höherem Selbst (Selbst-Selbst) ereignen.

Meditation und holistisches Weltbild

Meditationen als Übungen zur spirituellen Entwicklung pflegte Lietaer seit seiner Indienreise, also von Jungend an. Auch im Zusammenhang mit seinen Interessen an einer alchemistischen Psychologie und in Verbindung mit der Freimaurerei hatte er für sich eine eigene spirituelle Praxis entwickelt, durch die er die Tiefendimension seiner Aktivitäten in Forschung und Lehre ausarbeitete.

> Ich praktiziere meine eigene kleine Mischung. Meditation ist ein Teil davon. Ich wurde in die Siddhi Yoga Meditation eingeführt, als ich mit 19 Jahren von Belgien aus per Anhalter nach Indien gereist war. [...] Ich praktiziere das jedoch nicht regelmäßig. Ich kann eine Zeit lang jeden Tag meditieren und dann eine Weile lang überhaupt nicht. Manchmal entscheide ich mich auch dafür, es sehr intensiv zu machen. Dann isoliere ich mich und meditiere acht bis zehn Stunden am Tag, oder ich faste bis zu 28 Tage nur mit Wasser, während ich meditiere. Und dann mache ich vielleicht monatelang nichts davon.[14]

Auf solchen Wegen der Übung verfeinerte Lietaer das ihm eigene holistische Weltbild immer mehr. Er war davon überzeugt, dass der Mensch durch Bemühungen um eine auch spirituelle Entwicklung seiner besonderen Stellung und Verantwortung im Weltganzen gerecht wird.

> Wir Menschen sind eigentlich wie aktive Bindeglieder. Wir verbinden den Kosmos mit dem Planeten. Interessanterweise war dies die Rolle, die das traditionelle China für den Menschen sah. Ältere Bäume spielen die gleiche Rolle, sind jedoch passiver. Deshalb sind alte Bäume so wichtig. Menschen können dies bewusst tun. Wir können kosmische Energie hereinbringen und sie auf dem Planeten wieder verankern, und das ist der Zweck des Rituals.[15]

In diesem Zusammenhang und im Rahmen seiner Beschäftigung mit der Idee der Ökosophie befasste Lietaer sich auch mit den Ideen des jesuitischen Philosophen Pierre Teilhard de Chardin und des Mathematikers Édouard Le Roy zur Entstehung einer so genannten Noosphäre. Beide hatten in den 1920er Jahren Vorlesungen des Russen Wladimir Iwanowitsch Wernadski gehört, in denen dieser über die evolutionäre Umwandlung der Biosphäre in eine Sphäre der menschlichen Vernunft – genannt die »Noosphäre« – gesprochen hatte.

In *Das Geld der Zukunft* verarbeitete Lietaer seine eigenen Vorstellungen von der Noosphäre in jener fiktiven Vorlesung des Jahres 2020, die wir bereits erwähnten und in der er eine Stanford-Professorin sagen ließ:

> Erst im 21. Jahrhundert gab der Mensch die Illusion auf, dass er losgelöst von der Natur existieren kann. Wir haben erst vor kurzem wirklich verstanden, dass es nur eine Lebensform auf der Erde geben kann: die Biosphäre. Heute wissen wir, dass die Spezies Mensch etwa die Rolle spielt, die einem Organ in einem Körper zukommt. – Die nächste Schicht, die so genannte Noosphäre [...] ist ätherisch. Das ist der Bereich, in dem alle Bewusstseinsformen zusammenwirken, auch das menschliche Bewusstsein. Nach Teilhard de Chardins Ansicht würde der Mensch mit der zunehmenden Erkenntnis seiner wechselseitigen Abhängigkeit auch das

> Bewusstsein seiner Einheit erkennen. Er dachte, das Ziel der Evolution des Menschen sei ein von ihm als »Punkt Omega« bezeichneter Zustand, ein kosmisches Bewusstsein der Einheit eingedenk aller Vielfalt. [...] Die Cybersphäre ist das Bindeglied zwischen Teilhard de Chardins Noosphäre und ihrem Ziel, sie ist der virtuelle Raum, in dem sich das menschliche Bewusstsein für eine Integration entwickeln konnte. Sie spielt eine ähnliche Rolle wie die Lithosphäre für die Biosphäre. [...] Die Computerspezialisten des 20. Jahrhunderts dachten, sie würden nur ein Computernetzwerk entwickeln, tatsächlich aber schufen sie eine zusätzliche Dimension und eine neue Form des Raums.[16]

Dass Lietaer die Vorstellungen von einer Noosphäre mit der bereits erwähnten Entwicklung einer Cybersphäre zusammenbrachte, die aufgrund des sich seinerzeit entwickelnden Internets denkbar geworden war, beruhte auf den Ideen des Kommunikationstheoretikers Herbert Marshall McLuhan, der die Noosphäre als kosmische Membran verstand, die sich durch die elektrische Erweiterung unserer verschiedenen Sinne rund um den Globus gelegt hat. McLuhan, der zur Charakteristik der globalen Auswirkungen der modernen Kommunikationstechniken auch den Begriff »Globales Dorf« geschaffen hatte, berief sich ebenfalls auf die Grundgedanken Teilhard de Chardins, als er davon ausging, dass die Menschheit der Zukunft zugunsten einer kollektiven Identität auf Stammesbasis vom Individualismus und der Trennung abrücken würde. Eine solche Entwicklung, die die ganze Menschheit erfassen würde, bezeichnete Teilhard de Chardin als Planetisation, die alle Menschen zwar zu super-organisierten Formen mitreißt, den Einzelmenschen aber gerade darum noch personaler und menschlicher machen würde.

Lietaer ging davon aus, dass der Mensch sich mittels spiritueller Übung über seine individuelle Verbindung mit den großen Entwicklungsbewegungen bewusst werden kann und dass ihm unter solchen Vorzeichen die Stimmigkeit in der Abfolge im Zusammenhang der Ereignisse seines persönlichen Lebens verständlich wird.

Ich persönlich weiß, dass ich in meinem Leben auf dem richtigen Weg bin, indem ich der Dichte der Synchronizitäten in jeder Zeit folge. Für mich ist das eine einfache Möglichkeit wahrzunehmen, dass etwas geschehen will. Ursache und Wirkung stimmen mit dem Yang-Modell überein, Synchronizitäten korrespondieren mit dem Yin-Modell. Oder, um es poetischer auszudrücken, nenne ich Synchronizitäten auch die Fußabdrücke der Großen Mutter.[17]

Freimaurerei

Lietaer kehrte Mitte der 1970er Jahre aus den USA nach Europa zurück. Damit begann für ihn ein neuer Lebensabschnitt: »Ich kam 1975 nach Brüssel und arrangierte innerhalb von zwei Wochen eine Professur in Löwen. Bis dahin hatte ich nicht mal einen Stuhl. Ich hatte zwei Koffer, mehr brauchte ich nicht. Ich musste also einige Dinge für die erste Zeit kaufen, Möbel, aber auch Kunst. So begann meine Karriere in Brüssel.«[18] In dieser Zeit, im Jahr 1976, wurde Lietaer in den Bund der Freimaurer aufgenommen. Diese Verbindung und die daraus hervorgehenden spirituellen Impulse gewannen in den folgenden Jahren für das Werk Lietaers immer größere Bedeutung, wenngleich er über diesen esoterischen Hintergrund seiner Arbeit nicht sprach. Erst postum sollte die Öffentlichkeit davon erfahren.

Die Ereignisse, die ab 1975 eine biografische Wende begleiteten, erlebte Lietaer als stimmig.

> Es ist sehr offensichtlich, dass ich geführt wurde. Ich habe nie allein gearbeitet. Da waren immer Menschen auf der anderen Seite, die am gleichen Inhalt gearbeitet haben. In dieser ganzen Zeit fühlte ich mich geführt. Ich kam immer genau zu dem, was ich zu tun hatte. In nur zwei Wochen hatte ich den Vertrag mit der Universität, also für die Arbeit für meine Familie, für die Forschung und für alles andere. Alles geschah zur selben Zeit. Das war 1975. Das ist es, was ich »Synchronizitäten« nenne. Dinge geschehen, fügen sich aufgrund einer Führung. [...] Seit dieser Zeit nutzte ich die Wirkung von Fügungen in meinem Leben. Ich wurde geführt, es fügte sich alles immer wieder. Das war etwas Neues für mich. Ich beschäftigte mich also mit Schicksal und Fügung, mit Synchronizitäten. Vor dieser Zeit machte ich Fünf-Jahres-Pläne – wie die

> Russen. Damit hörte ich dann auf. Ich wurde mir klar darüber, wo ich für Ereignisse in meinem Leben nicht direkt verantwortlich war. Vieles ist viel tiefer. Das hat mich geführt. Und dem bin ich gefolgt. Darüber habe ich nie gesprochen, wenn ich meine Ideen für das Geldsystem vorgetragen habe. Das ist esoterisch![19]

Wenn einem die Inhalte des in den freimaurerischen Initiationsriten tradierten Wissens mehr oder weniger vertraut sind, wird man im ganzen Werk Lietaers Bezüge dazu erkennen. Zum Beispiel in seinem Buch *Mysterium Geld* finden sich Hinweise auf Traditionslinien, die aus alten Zeiten bis zu den heutigen Freimaurerorden reichen:

> Alle Religionen haben eine exoterische und eine esoterische Tradition. »Exoterisch« bezieht sich auf die offiziellen, öffentlich verbreiteten Lehren; »esoterisch« befasst sich dagegen mit dem »geheimen« Wissen, das traditionell nur den Eingeweihten zugänglich ist. Jede Religion besitzt beide Formen des Wissens. So gehört zu den esoterischen Traditionen im Judentum die Kabbala, im Islam der Sufismus, im Hinduismus ist es Tantra und für das Christentum gab es die Traditionen des Benediktiner-, Zisterzienser-, Augustiner- und Templerordens.[20]

Im Mittelalter waren Initiationsriten und esoterisches Wissen ein wichtiger Bestandteil der Kultur. Für uns heute mag das schwer zu verstehen sein. So gab es beispielsweise für jede zugelassene Zunft (etwa der Bäcker, Maler, Steinmetzen, Schiffsbauer, sogar Hutmacher) formelle Aufnahmerituale und »Zunftgeheimnisse«, deren Preisgabe mit dem Tod bestraft werden konnte. Ebenso verhielt es sich mit der Wissensvermittlung bei den Intellektuellen. Die Darstellung von Pythagoras auf einem Tympanon in Chartres bestätigt, dass die pythagoreische esoterische Tradition zur Schule von Chartres im 12. Jahrhundert gehörte. Man unternahm große Anstrengungen, um Nichteingeweihte über die Sprache auszuschließen. Beispielsweise enthalten die wichtigsten Texte der

> Troubadoure über die »amour Courtois« (höfische Liebe) kodierte esoterische Botschaften. Bei den berühmten Wandteppichen der »Dame à la Licorne«, die derzeit im Metropolitan Museum in New York ausgestellt werden, fand man vor kurzem ebenfalls heraus, dass sie eine Fülle esoterischer Pflanzensymbole darstellen.[21]

Eine Ausnahme von den mehr oder weniger verborgenen Hinweisen auf den Mysterienhintergrund seiner Ideen bilden die vier Beiträge, in denen Lietaer ab 1982 unter seinem Pseudonym »René de Bartiral« unverstellt von seinen spirituellen Überzeugungen schrieb. Der Name enthielt dazu zugleich eine wichtige Aussage:

> Jeder Buchstabe meines Namens ist darin. Mein esoterischer Name ist ein Anagramm, eine Abschirmung. René bedeutet »der Eine, der zweimal geboren ist«. Das ist die Bedeutung einer Einweihung, dass jemand zweimal geboren ist. Das bin ich! Mit meinem esoterischen Namen gehe ich nun an die Öffentlichkeit. Jetzt ist die Zeit, die Box zu öffnen![22]

Das gewählte Anagramm, für das er alle Buchstaben seines weltlichen Namens verwendete, verstand Lietaer als direkten Hinweis auf die Tatsache, dass er sein Wirken in den Erfahrungen der Einweihung verwurzelt sah. Die französische Form des Namens »René« leitet sich vom lateinischen »Renatus« her, das »der Wiedergeborene« (*re* = wieder; *natus* = geboren) bedeutet. Damit ist die »Wiedergeburt im Geist« gemeint, um die es in der Freimaurerei geht.

> Ich bin ein Freimaurer und habe in meinem Leben dort mehrere Einweihungen erfahren. Das geschah in zwei Laufbahnen, in einer europäischen und einer amerikanischen. In Europa ging ich bis zum 18. Grad. Das ist der »Grad des Ritters vom Rosenkreuz«. In Amerika stieg ich zu weiteren Graden auf. Die Bedingungen für die Hochgrade gehen dort zurück bis zu George Washington, des-

sen Maurerkelle ich in einem Freimaurermuseum sogar mal in der Hand gehabt habe.[23]

George Washington, der erste Präsident der Vereinigten Staaten von Nordamerika, war 1752 in die »Fredericksburg Masonic Lodge No. 4« in den Bund aufgenommen worden. 1788 wurde er in Virginia Stuhlmeister der Loge »Alexandria« und leitete diese auch dann weiter, als er bereits Präsident der Vereinigten Staaten geworden war. Seinen Eid bei der Übernahme des Präsidentenamtes leistete Washington auf die Bibel der St. John's Lodge Nr. 1 in New York. 1793 vollzog er die Grundsteinlegung für das Kapitol nach freimaurerischem Ritus, wobei er jene Logenkelle verwendete, die heutzutage in einem freimaurerischen Museum in den USA verwahrt wird, das Lietaer besucht hatte.

Obwohl die Freimaurerei mit der Geschichte der USA traditionell verbunden ist, hat sie im Laufe der Zeit an Tiefe verloren. Jedenfalls erlebte Lietaer das so.

Ich war von der Freimaurerei in den USA sehr enttäuscht, weil es, inklusive der Hochgrade, oft nur ein Theater ist. Es ist ein Theaterspiel, das für 500 Leute gespielt wird! Ich fand das sehr enttäuschend. Es ist wie ein Lottoclub mit einer sozialen Funktion.[24]

Ebenso wie auch andere geistliche Gemeinschaften mit langer Tradition hat es auch der Bund der Freimaurer nicht leicht damit, seine eigentliche spirituelle Tiefe zu bewahren. Aber besonders darum ging es Lietaer:

Die Freimaurerei war wichtig für mich, weil ich dort die verschiedenen Einweihungen in die hohen Grade erfahren habe. Aber schon die Einweihung in den ersten Grad hat mir einen Schlüssel für die Praxis der Initiation geliefert. Es ist eine Arbeit am rauhen Stein, damit man ihn im Gebäude nutzen kann. Wir sind ja nicht nur der eine egoistische Mensch, sondern auch ein geistiges, ewiges Wesen. Aber diese zwei Seiten unserer selbst kämpfen miteinander. Wichtig ist, diese beiden Seiten zusammenzubringen. Die Entwicklung der ganzen Menschheit folgt dem gleichen Prinzip, dem auch die Entwicklung der Individualität folgt. Die Menschheit ist ein lebendes System, genauso wie dein Körper oder die Ökonomie. Das beruht auf einem universalen Prinzip. Darin geht es um die Balance, die in der Vielfalt, in der Polykultur gegeben ist. – Die Welt, das ganze Universum beruht auf Proportionen, die im Großen und im Kleinen immer die gleichen sind. Verstehst du die Zahlen und die Beziehungen der Zahlen zueinander, verstehst du das Universum und dich selbst. Auf der Suche danach findest du die Harmonien, auf denen das Leben beruht. Früher hat man das gewusst. Überall hat man das gewusst. Aber dann ging dieses Wissen, dieses Bewusstsein verloren. In der westlichen Welt wurde es nur in gewissen Traditionen als Geheimnis bewahrt. Die Wissenden, die Eingeweihten, haben damit gearbeitet, die Kathedralen gebaut, vieles im Leben geschaffen. Nun wird das geheime Wissen wieder öffentlich. Das Bewusstsein verändert sich, die ganze Menschheit erlebt nun ihre Einweihung.[25]

Geschichte

Die Wurzeln der Geschichte der Freimaurerei lassen sich sowohl vor dem Hintergrund jahrtausendealter Mysterien als auch im Zusammenhang mit den Bauhütten des Mittelalters verstehen. Mönche hatten sich damals als Baukünstler ihrer Klöster und Klosterkirchen in Deutschland, England und Frankreich in Baubruderschaften zusammengeschlossen. In Einweihungsriten wurde darin über Generationen hinweg besonderes Wissen weitergereicht, das die Welt und die Rolle des Menschen darin zum Erlebnis brachte und verständlich machte. Während die frühen Formen organisierter Baubruderschaften noch auf die Geistlichen beschränkt waren, kam es mit der Zunahme der Bautätigkeiten zu Erweiterungen über die Kreise der

Geistlichkeit hinaus, was die Stiftung rein weltlicher Steinmetzbruderschaften zur Folge hatte. Im »Regius-Manuskript«, das auf das Ende des 14. Jahrhunderts datiert wird, ist von der ältesten bekannten Zunftordnung der Steinmetzbruderschaften die Rede.

Während der Begriff »Loge« zur Bezeichnung einer Baubruderschaft bereits im 13. Jahrhundert auftauchte und deren Mitglieder seit dem 16. Jahrhundert »Freimaurer« genannt wurden, kam es erst am 24. Juni 1717 mit dem Zusammenschluss von vier Logen zur Gründung der ersten »Großloge von England« und damit zur Gründung der Freimaurerei im heutigen Sinne.

Die Inhalte der freimaurerischen Lehre lassen sich wie gesagt bis zu den mittelalterlichen Steinmetzbruderschaften zurückverfolgen. Die Grundzüge der Gebräuche und Rituale hingegen lassen zugleich an alte Mysterien denken, wobei auch Elemente jener Riten wiederzufinden sind, die in den alten christlichen Mönchsorden gepflegt wurden. Obwohl der eine Name »Freimaurer« von vielen Bruderschaften verwendet wird, haben sich im Laufe der Zeit unterschiedliche Lehrarten herausgebildet, die sich auch hinsichtlich ihrer spirituellen Tiefe voneinander unterscheiden. Lietaer gehörte der so genannten »regulären« Freimaurerei an, die in solchen Logen gepflegt wird, die unter einer gemeinsamen Großloge zusammengefasst sind.

Die Freimaurerei, die ebenso wie die Alchemie auch als »Königliche Kunst« bezeichnet wird, lebt in einem Bund – früher nur von Männern, heutzutage auch von Frauen –, deren Mitglieder sich zu gemeinsamen ethischen Werten bekennen und die Arbeit an sich selbst als Arbeit an der Welt verstehen. Dabei wird meistens ein »Allmächtiger Baumeister aller Welten« anerkannt und in den verschiedenen Ritualen auf Inhalte aus religiösen Überlieferungen Bezug genommen. Während der Zugehörigkeit zum Bund der Freimaurer werden den Mitgliedern nach und nach verschiedene Grade vermittelt. Dafür werden zur Initiation besondere Rituale vollzogen, in denen das mit den jeweiligen Graden verbundene Wissen tradiert wird. Dabei geht es um die Erlebnistiefe, die mit der Erfahrung einer symbolisch-rituellen Darstellung verbunden ist, und die hernach von den Adepten zum Gegenstand individuell-meditativer Übung oder gemeinsamer Erkenntnisarbeit gemacht wird. Freimaurer haben sich, was die Arbeit in den Logen betrifft, gegenseitig zu weitgehender Verschwiegenheit verpflichtet; das aber nicht, um der Öffentlichkeit Wissen vorzuenthalten, sondern vor allem, um für das spirituell intendierte Arbeiten einen geschützten Rahmen aufrechtzuerhalten.

Mysterien

Es sind die fünf Tugenden Freiheit, Gleichheit, Brüderlichkeit, Toleranz und Humanität, die das Zentrum des Wertecodex der Freimaurer bilden, die dem eigenen Verständnis nach am »Tempel der Humanität« bauen. Der Begriff »Tempel« wird auch für den Raum verwendet, in dem die rituellen Versammlungen, die »Tempelarbeiten« der Freimaurer stattfinden. Der Raum ist architektonisch und von seiner Ausstattung her dafür gestaltet: Farben, Einrichtungsgegenstände und deren Anordnung sowie diverse rituelle Gegenstände dienen dem Vollzug und dem Erlebnis der symbolischen Rituale, mit denen stufenweise über verschiedene »Grade« verteilt und aufeinander aufbauend die Lehrinhalte vermittelt werden.

Grundlegend für alle freimaurerischen Lehrsysteme sind die ersten drei Grade des Lehrlings, Gesellen und Meisters. Man bezeichnet sie als »Johannisgrade« und das System, in dem sie gelehrt werden, als die »blaue Freimaurerei«, als deren Schutzpatron Johannes der Täufer gilt, an dessen Gedenktag im Jahr 1717 die heutige Freimaurerei ihren Anfang nahm. Neben der blauen gibt es noch die rote Freimaurerei, die über die ersten drei Grade hinausreicht und darum als »Hochgradmaurerei« bezeichnet wird. Ihr Schutzpatron ist der heilige Andreas, einer der Jünger Christi.

Die Rituale, die von mehreren Freimaurern gemeinsam zelebriert werden, vermitteln Bilder und Handlungen, die vor allem auf das Gemüt der daran Teilnehmenden wirken. Sie vermitteln Erkenntnisse zu Weisheiten, die sich auf verschiedenste Bereiche des Lebens beziehen. Die in der Konstitution der Welt veranlagte Harmonie und die Rolle des sich darin geistig entwickelnden Menschen wird stufenweise zum Erlebnis gebracht, was als »Einweihung« oder als »Initiation« bezeichnet wird. Die Ritualerfahrungen stehen exemplarisch für Erfahrungen auf dem Weg der allgemeinen und persönlichen Entwicklung des Menschen.

Die Johannisgrade

Die Aufnahme eines Freimaurers in den ersten, den Grad des Lehrlings beginnt in einer dunklen Kammer, die das bisherige unerleuchtete Leben symbolisiert. Von dort aus werden die Kandidaten mit zunächst verbundenen Augen in den Tempel geführt. Der rituell gestaltete Weg dorthin wird als Weg zum Licht verstanden, was die Kandidaten besonders in jenem Augenblick erleben, wenn ihnen die Binde von den Augen genommen wird und sie im hell erleuchteten Tempelraum zu »Sehenden« geworden sind. Den Kandidaten wird erläutert, dass das Winkelmaß als Symbol der Rechtschaffenheit und Gewissenhaftigkeit verstanden wird, dass der Spitzhammer das Werkzeug ist, mit dem der Lehrling den rohen Stein zu bearbeiten hat, und dass der Zirkel als das Symbol der allumfassenden Menschenliebe gilt. Winkelmaß, Zirkel und Bibel werden als »die drei großen Lichter« der Freimaurerei bezeichnet.

Während der Tempelarbeit tragen die Freimaurer einen Schurz, an dem erkennbar ist, bis zu welchem Grad sie aufgestiegen sind. Der des Lehrlings ist ganz weiß, der des Gesellen blau umrandet und der eines Meisters ist mit drei blauen Rosetten im weißen Feld versehen. In der Mitte des Raumes liegt ein Teppich, der mit bestimmten Symbolen versehen ist, und der von drei Leuchtern, den Symbolen für Weisheit, Schönheit und Stärke, umstanden ist. Das östliche Kopfende des Raumes ist erhöht. Dort haben der »Meister vom Stuhl« und andere Würdenträger, die die Rituale leiten, ihren Platz. Vor ihnen ist der Altar der Loge, auf den Winkelmaß, Zirkel und Bibel gelegt sind. Die Wände und die Decke einer Johannisloge sind in blauer Farbe gehalten. Der Eingang, im Westen gelegen, ist flankiert von den Jakin- und Boas-Säulen, womit an die Säulen des salomonischen Tempels erinnert wird.

Im Ritual der Erhebung in den Grad des Gesellen wird das »Wandern zum Licht« vom ersten Grad fortgesetzt. Nun ist der raue Stein zu einem kubischen geworden, der dem Bau des Tempels eingefügt werden kann.

Nach weiteren zwei bis drei Jahren wird der Geselle zum Meister erhoben. Nun wird ihm rituell das Geheimnis des Stirb und Werde zum Erlebnis gebracht, indem er auf einer rituell vollzogenen mystischen Reise das Schicksal von Hiram Abif, dem Baumeister des Tempels des Königs Salomo, nachvollzieht. Einen Teil dieses Rituals erlebt der Kandidat in einem Sarg liegend, was den Einweihungsriten alter Zeiten entlehnt ist, sich aber auch in der alten, dem Wandlungsteil der Messe eingefügten Form der Benediktinerprofess findet.

Die beabsichtigte Wirkung der Initiation in die drei Grade der Johannismaurerei entspricht ziemlich genau dem, was Lietaer als Entwicklungsbedingungen für eine gemeinsame Arbeit an Szenarien für das Vorstellen der Zukunft beschrieb:

1. Denkgewohnheiten, vorgefasste Meinungen, Vorstellungen und mentale Modelle hinterfragen. Wir alle sind gewohnt, die Welt in einer bestimmten Weise zu sehen, die mit unserer Einstellung und unseren Ansichten übereinstimmt. Eine solche Haltung kann wie ein Filter wirken und nützliche Einblicke verhindern. Szenarien ermöglichen es uns, diese Filter für einen Moment auszuschalten, und legen so ›blinde Flecken‹ und versteckte Annahmen frei, was uns neue Ausblicke auf die Zukunft gestattet.
2. Eine Identifizierung und ein besseres Verständnis der Kräfte hinter den zentralen Ereignissen. [...]
3. Die kreative Arbeit mit diesen Entdeckungen. Die dadurch entstandene Klarheit soll zur Gestaltung einer wünschenswerten Zukunft beitragen.[26]

In der Johannismauerei führt der Weg den Adepten im Grad des Lehrlings von der Finsternis ins Licht, dann im Grad des Gesellen zur Erkenntnis des Göttlichen in der Welt und im Grad des Meisters zum Handeln im Sinne der göttlichen Prinzipien eines todlosen Lebens. Verbunden ist das mit der Arbeit an einem Wissen um die Baugesetze der Welt, wie sie der Sprache der Geometrie, der Zahlen und der alten Weisheiten zugrunde liegen. Aus der Erfahrung und der Erkenntnis dieser Gesetzmäßigkeiten wird sich der Mensch seiner besonderen Rolle im Weltganzen bewusst, die darin besteht, an jenem Werk weiterzubauen, das der große Baumeister aller Welten einst begann. Freimaurer sind darin bestrebt, all ihr Handeln in den alltäglichen Aufgabenfeldern nach diesem Ideal auszurichten.

Die Hochgrade

Zusätzlich zu den drei Graden der Johannislogen gibt es noch weitere, so genannte »Hochgrade«, die in eigenen, unabhängigen Logen bearbeitet werden. In ihnen wird der Inhalt der ersten drei Grade weiter entfaltet. Der in einer Johannisloge erreichte Grad des Meisters gilt als Bedingung für die Aufnahme in eine Hochgradloge, um die man sich nicht bewerben kann, sondern zu der man eingeladen wird.

Lietaer wurde einige Jahre nach seiner ersten Initiation in einer Johannisloge in eine Hochgradloge des sogenannten »Alten Angenommenen Schottischen Ritus (A.A.S.R.)« aufgenommen. In diesem System stieg er in Europa bis zum 18. Grad, dem Kapitelgrad eines »Ritters vom Rosenkreuz« auf. In den USA wurde er später im A.A.S.R. in weitere, höhere Grade initiiert. Ebenso wirkte er dort noch in einem anderen freimaurerischen Hochgrad-System.

Ebenso wie in der Johannismaurerei wird im A.A.S.R. Wert auf ein vertieftes, philosophisches Verständnis geometrischer Gesetzmäßigkeiten und der Zahlensymbolik gelegt. Mit diesem Aspekt freimaurerischen Wissens hat Lietaer sich intensiv beschäftigt. Neben den vielen Ausführungen und Erwähnungen, die sich in seinen Büchern und Aufsätzen dazu finden, sind eine längere Ausarbeitung, die er als René de Bartiral zu der Tempelanlage in Chavín verfasste, und die besondere Wertschätzung, aus der heraus er sich immer wieder mit der Kathedrale in Chartres beschäftigte, ein besonderer Ausdruck davon.

Der schottische Ritus bildet mit seinen verschiedenen, den hohen Graden zugeordneten Erkenntnisstufen die drei großen Perioden der Kulturentwicklung der Menschheit ab. Vom 4. bis 14. Grad die jüdisch-architektonische Periode, vom 15. bis 18. Grad die christlich-religiöse und ab dem 19. Grad die freiheitlich-aufgeklärte Periode. Lietaer betonte, dass ihm im A.A.S.R. besonders der 18. Grad, der des Ritters vom Rosenkreuz, wichtig war. Tatsächlich wird das Ritual der Initiation in diesen Grad von vielen Freimaurern als das schönste überhaupt bezeichnet.

Die rituelle Aufnahme in das Kapitel der Rosenkreuzer führt wiederum von der Finsternis in hell strahlendes Licht. Zunächst wird auf drei symbolischen Reisen im finsteren Tempel abermals der Grablegende um den erschlagenen Hiram und des mit seinem Tod verlorenen Meisterwortes gedacht. Dann folgt eine Einführung in die Weisheiten des Rosenkreuzertums, bevor in einer besonderen Handlung aus einer goldenen Kapsel das verlorene Wort »I. N. R. I.« hervorgeholt wird. Dieses Wort, so wird erläutert, steht für » Igne Natura Renovatur Integra« (Durch das Feuer wird die Natur zu Reinheit und Lauterkeit erneuert), was auf eine Verbindung zu den Lehren der alchemistisch ausgerichteten Rosenkreuzer des Mittelalters schließen lässt. Im Sinne des abschließenden Höhepunkts des Rituals teilen die Teilnehmenden als freimaurerische Wiedergabe des christlichen Abendmahls untereinander Brot und Wein.

Esoterisches Christentum

Die gotischen Kathedralen, die seit dem 12. Jahrhundert gebaut wurden, sind sakrale Gebäude, deren Bedeutung aus heutiger Sicht leicht unterschätzt werden kann. Sie sind nicht nur aus meisterhaft beherrschter Handwerkskunst geschaffene große Bauwerke, sondern Orte, an denen die irdische Welt kunstfertig so weit wie nur irgend möglich an die Schwelle zu rein geistigen Erlebnisräumen geführt wurde. Behauenes Gestein, Glas in den verschiedensten Färbungen, edle Stoffe und Metalle für die liturgischen Gewänder und Geräte wurden zu Gesamtkunstwerken zusammengefügt, deren Maße und Proportionen die Gesetzmäßigkeiten von Natur und Kosmos gleichermaßen wiedergeben.

Für den profanen Blick wurden in diesen Gotteshäusern Reichtümer von unschätzbarem Wert angesammelt. Aber in Wirklichkeit wurde das alles durch die Konsekration, also die Weihe für den kultischen Gebrauch, für die irdischen Verhältnisse tatsächlich vollständig entwertet. Das Geweihte war von nun an de facto unverkäuflich, also keine Handelsware mehr. Und aus diesem, im allerbesten Sinne irdisch Wertlosen resultierte der epochale, spirituelle Gewinn unmittelbar erlebter Gottesgegenwart. So jedenfalls sah man es damals. Und diese Auffassung macht auch das Phänomen der Entstehung der Kathedralen für das heutige Verständnis so rätselhaft. Wie war es möglich, dass so viel Kraft und Verzicht geleistet werden konnte, wie es der Bau dieser mächtigen Tempel des christlichen Glaubens erforderte? Welche Gesinnung prägte den Geist der damaligen Zeit und die Formen des Zusammenlebens der Menschen?

Bernard Lietaer hegte für all das die tiefste Bewunderung: »Wie erklärt man diese zahlreichen Bauvorhaben? Wenn man seine Ersparnisse nicht in Form von Geld anlegen kann, investiert man in etwas

Dauerhaftes, das in der Zukunft Gewinn abwerfen wird. Für die damaligen Menschen war es normal, in Maßnahmen zur Landverbesserung, Bewässerungsprojekte, Gobelins, Gemälde, Kühe, Schafe, Webstühle, Brücken, Transportmittel, Windmühlen, Weinpressen oder sogar Kathedralen zu investieren, anstatt Währungen zu horten.«[27]

Vom 13. Jahrhundert an bezeichnete man den in Frankreich entwickelten neuen Baustil folgerichtig als »opus francigenum«, wobei sich die gotische Baukunst auf den Grundlagen der technisch weit entwickelten Baukunst der Romanik entwickelt hatte. Dennoch entwickelte sich die neue Epoche nahezu ohne Übergang. Die Spitzbögen und die vom Gesamteindruck geradezu filigran anmutenden Strebepfeiler waren in gewisser Hinsicht so neu wie die durch große, teils vielfarbige Fensterfronten bestimmten Wände. Die Heiligen Handlungen wurden nun nicht mehr im mystischen Dämmerdunkel vollzogen, sondern im hellstrahlenden Himmelslicht.

Als erster gotischer Kirchenbau gilt im allgemeinen die ehemalige, frühgotische Abteikirche von Saint-Denis aus dem 12. Jahrhundert in Paris, einem unmittelbaren Vorläufer der Kathedrale von Chartres, mit deren Bau die Epoche der Hochgotik begann. Man verstand die neu entstehenden Kirchen als Teil der Liturgie, als Ausdruck des Himmlischen Jerusalems der Apokalypse oder als den neuen Tempel Salomos.

So unvermittelt das Konzept der Gotik in Erscheinung trat, so rätselhaft ist seine Herkunft. Manche vermuten, dass die Templer die neue Bauweise initiierten. Dafür spricht nicht nur der sagenhafte Reichtum dieses gut organisierten Ritterordens, sondern auch seine esoterische Tradition. Es kann gut sein, dass vor diesem Hintergrund jenes Wissen reifte, das sich nicht nur im Beherrschen architektonischer und künstlerischer Aufgaben erschöpfte, sondern in die tieferliegenden Aspekte der Gesetzmäßigkeiten der Maße und Proportionen hineinreichte, die den Bauwerken auf geheimnisvolle Weise ihr bis heute spürbares, besonderes Leben verleihen. Dass die eigentlichen Genies der damaligen Zeit namenlos geblieben sind, ist ebenfalls bezeichnend für eine Spiritualität, die das Weltliche zurücktreten lässt. So ist auch der Baumeister der Kathedrale von Chartres bis heute unbekannt geblieben.

Die Zeit des Hochmittelalters, in der die gotische Baukunst in Erscheinung trat, war zugleich eine Epoche blühender Wirtschaft. Das warme Klima und verhältnismäßig wenige Kriege schufen günstige Voraussetzungen für das Leben der Menschen. Handwerk und Handel erlebten einen Aufschwung, wobei ein beträchtlicher Teil des Volksvermögens für die sakralen Zwecke eingesetzt wurde, so dass in nur einem Jahrhundert achtzig Kathedralen gebaut werden konnten. Eine Komponente, die auf das wirtschaftliche Klima zweifellos einen Einfluss hatte, war die damals komplementär verwendete Brakteatenwährung. Lietaer, der sich der Zeit des Hochmittelalters persönlich sehr verbunden fühlte, hat auf die Brakteaten und den durch sie ermöglichten Effekt immer wieder hingewiesen.

Die Kathedrale von Chartres

Die Kathedrale von Chartres, von Lietaer besonders bewundert, ist nicht nur deshalb beachtenswert, weil mit ihrem Bau die Epoche der Hochgotik begann, sondern auch wegen ihrer einnehmenden Schönheit.

Auch der Kunsthistoriker Michael Ladwein beschäftigte sich mit der besonderen Wertschätzung, die der Kathedrale von verschiedenen herausragenden Vertretern der Kulturgeschichte entgegengebracht wurde: »Im Mittelalter wurde sie ›Palast der Jungfrau‹ genannt, für Rodin war sie die ›Akropolis Frankreichs‹, für Gottfried Richter gar der ›Tempel der Menschheit‹, Romano Guardini sah in ihr ›wirklich eines der herrlichsten Dinge, die es auf Erden gibt‹, und Rilke sagte auf die ihm eigene Art: ›Chartres war groß.‹«[28]

Entstanden ist sie an einem Ort, an dem sich in früheren Zeiten ein bedeutender Druidenhain befand, von dem schon Julius Cäsar Bericht gab:

> Die Druiden versehen den Götterdienst, besorgen die öffentlichen und privaten Opfer und legen die Religionssatzungen aus. Bei ihnen finden sich in großer Zahl junge Männer zur Unterweisung

> ein, und sie genießen hohe Verehrung. [...] Sie versammeln sich zu einer bestimmten Zeit des Jahres an einer geheiligten Stätte im Lande der Carnuten, das als die Mitte ganz Galliens gilt. Hier treffen sich von überall her alle, die Streitigkeiten haben, und beugen sich ihrer Entscheidung und ihrem Urteil. Ihre Lehre soll in Britannien aufgekommen und von dort nach Gallien gelangt sein, und auch jetzt noch reisen meist diejenigen, die sie genauer erforschen wollen, dorthin, um zu lernen. Ihre Schüler wollen sie vor allem davon überzeugen, dass die Seelen nicht vergehen, sondern nach dem Tode von einem zum andern wandern. Sie glauben, dass vor allem diese Lehre, da sie die Todesfurcht beseitige, zur Tapferkeit ansporne. Viel disputieren sie außerdem über die Gestirne und ihren Lauf, über die Größe der Welt und der Erde, die Natur der Dinge und über das Walten und die Macht der Götter und teilen das der Jugend mit.[29]

Die dort gepflegte keltische Kultur, die trotz der Unterwerfung durch Cäsar im Jahr 52 v.Chr. nicht untergegangen war, reichte weit bis in die christliche Zeit hinein. So verschmolz die alte druidische Spiritualität mit der christlichen Religion, was dem Ort seine besondere Prägung verlieh. Die *Legenda Aurea* berichtet davon, dass die beiden jüngeren Töchter der heiligen Anna, Maria Kleophas und Maria Salome, zusammen mit Maria Magdalena, Martha, Lazarus und weiteren Personen, in einem Schiff ohne Steuer aufs Meer ausgesetzt, schließlich an der südfranzösischen Küste landeten und die Druiden praktisch schon als Christen vorfanden. Rudolf Steiner – den Lietaer in einem Gespräch mit mir als großen Eingeweihten bezeichnete – sprach davon, dass in den druidisch-keltischen Mysterienstätten das Mysterium von Golgatha, also das Ereignis der Kreuzigung und Auferstehung Christi geistig miterlebt wurde. Von solchen Aspekten zeugt auch von alters her die Verehrung der weiblichen Gottheit in Chartres, in der druidische und christliche Kultur verbunden sind.

Aber nicht nur darin drückt sich an diesem Ort die gewollte Verbindung der christlichen Kirche mit den druidischen Mysterien aus, sondern auch in der Ausrichtung des Kirchenbaus, die nicht wie sonst allgemein üblich genau nach Osten erfolgte, sondern beträchtlich weiter nach Norden zum Aufgangspunkt der Sonne am Tag der Sommersonnenwende. Damit wurde an die Ausrichtung vieler Steinsetzungen aus vorchristlicher Zeit angeknüpft.

Zentrales Heiligtum im Druidenhain von Chartres war ein Brunnen, der sich heute in der Krypta der Kathedrale hinter dem Altar mit der Schwarzen Madonna befindet. Man sagt, dass man in der Zeit der Christenverfolgungen die Leichen der getöteten Märtyrer in diesen Brunnen warf. Seither, so die Legende, gehen von ihm besondere Heilkräfte aus. Vom 11. bis 13. Jahrhundert hatte man darum in der Krypta sogar ein Hospital eingerichtet, damit die Kranken in der Nähe der Mariengrotte neun Tage (eine »Novene«) lang gepflegt werden konnten.

Von der Verehrung der Jungfrau am Quellenheiligtum von Chartres berichtete schon Justinus der Märtyrer im zweiten Jahrhundert, während ein erster Kirchenbau erst in der Amtszeit des Bischofs Adventus um das Jahr 350 errichtet worden war. Ein wichtiges Ereignis in der Geschichte der Kathedrale wurde einige Jahrhunderte später die Übergabe der Tunika Mariens, die Karl der Kahle im Jahr 876 als Geschenk nach Chartres überführen ließ. Karl der Große hatte sie einst vom byzantinischen Kaiserhaus geschenkt bekommen und im Dom zu Aachen aufbewahren lassen.

Diese Reliquie gab fortan den Impuls für die Wallfahrten nach Chartres, insbesondere, weil sich für immer mehr Menschen erwiesen hatte, dass durch dieses Gewand der Gottesmutter Wunder bewirkt wurden. In den Wirren der Revolution wurde die Tunika 1793 aus dem heiligen Schrein genommen. Das beiliegende Johannes-Evangelium aus dem 6. Jahrhundert wurde mit den Edelsteinen des Schreins nach Paris geschickt und das Gold und Silber eingeschmolzen. Heutzutage sind vom ursprünglich etwa fünf Meter langen Gewebe nur noch Reststücke vorhanden.

Ein zweiter Bau, dessen Fundamente der Längswände und der halbrunden Apsis unter dem jetzigen Innenchor liegen, war im Jahr

960 vollendet worden, wurde aber nur zwei Jahre später teilweise und im Jahr 1020 bei einem erneuten Brand vollständig vernichtet. In der Amtszeit des Bischofs Fulbertus wurde der Bau unter der Leitung des Architekten Berengar im romanischen Stil ersetzt. Diese neue Kirche, die bereits fast die Grundmaße der heutigen Kathedrale aufwies, wurde im Jahr 1037 geweiht. Auf einem Kapitell am rechten Durchgang zum Nordturm hielt man dieses Datum in figürlicher Darstellung fest, indem man die Konstellation der Planeten und Sternzeichen zu diesem Zeitpunkt mittels ihrer Symbole wiedergab.

Nachdem auch dieser »Fulbertus-Bau« am 10. Juni 1194 durch Feuer zerstört worden war, beschloss man den sofortigen Neubau der bis heute erhaltenen Kathedrale, die in nur 30 Jahren Bauzeit entstand.

Den Bau lesen lernen

Einige Menschen erlebten auf gemeinsamen Reisen persönlich, wie kenntnisreich und begeisternd Lietaer die Baugeschichte und die architektonischen Besonderheiten dieser Kathedrale erläutern konnte. Er meinte, dass man es üben könne, im Gebäude zu lesen wie in einem Buch, und dass auf diese Weise all die Inhalte zugänglich und verständlich würden, die sich in dieser riesigen Kirche in der allgemeinen Formensprache, ebenso in vielen Details der Kunstwerke und liturgischen Gerätschaften ausgedrückt finden. Dass tiefreichende Weisheiten in architektonisch-künstlerischen Formen zur Erscheinung gebracht wurden, entsprach dem Anliegen der Bauhütten zur Zeit der Gotik. In Chartres trat dies in einzigartiger Weise in Erscheinung.

> Uns Heutigen ist der Blick auf diese Kathedrale getrübt durch die Tatsache der Existenz so unzählig vieler anderer gotischer Kathedralen. Man weiß es zwar, aber man bedenkt es nicht genügend, dass Chartres ja *die* originale Leistung war und dass *alle* anderen Chartres nachfolgten (Reims Baubeginn 1210; Amiens Baubeginn 1220 usw.). Unsere Vertrautheit mit den Formen und dem Begriff

> der Gotik verbirgt uns, dass ja einmal das als überwältigend neue Idee aufgeleuchtet ist und zum ersten Male sich verwirklicht hat. In Chartres wurde die klassische Idee der Gotik gefunden, die von hier aus durch Jahrhunderte sich tausendfach entfaltete.[30]

Man kann empfinden, dass mit der Kathedrale dem Geist ein Leib gegeben wird, in dem auch der Mensch in seiner göttlichen, über alles Irdische erhabenen Natur Darstellung findet.

> Die Kathedrale, so müssen wir jetzt ergänzen, ist nicht nur ein Bild der Welt in ihrer ursprünglichen Reinheit, sondern auch ein Bild der Menschenseele in ihrer künftigen Vollendetheit. Alle Laster sind dort in Tugenden geläutert, alle Hindernisse in Seligkeiten gewandelt; Motive, die hundertfach ihre Darstellung an den Portalen fanden.[31]

Tatsächlich bildet die Darstellung des Weiblichen im spirituellen Konzept der Kathedrale das Zentrum. Im oberen Giebelfeld des nördlichen Seitenportals findet sich die Figur einer zwischen zwei Engeln thronenden Jungfrau – in der gesamten Kunstgeschichte war es das erste Mal, dass eine Marienfigur an einem Außenportal dargestellt wurde. Von dieser Figur sagt die Überlieferung, dass sie eine getreue Nachbildung der einstigen uralten, noch aus vorchristlichen Zeiten stammenden »virgo paritura« (Jungfrau, die gebären wird) sei.

> Vollends ins Überpersönliche gehoben erscheint aber dies Ereignis und erscheint die Jungfrau selbst durch die aus den Bogenläufen hervortretenden Gestalten. Denn da sind – nach den Engelgestalten im Inneren – im äußeren Bogen die sieben Freien Künste jeweils mit ihrem hervorragendsten menschlichen Vertreter dargestellt. Was haben sie mit dem Weihnachtsereignis zu tun? Aber gerade diese zunächst rätselhafte Darstellung kann weiterhelfen, um dem Geheimnis der virgo paritura und ihrer Verwandlung näherzukommen.[32]

Bei den freien Künsten ging es nicht um Lehrinhalte in üblichem Sinne, sondern um Seelenfähigkeiten, die der Mensch sich durch Übung und spirituelle Erfahrung erwirbt. Und sie werden in den Bogenläufen sogar personifiziert dargestellt, was darauf schließen lässt, dass man sie zugleich als geistig-kosmische Wesenheiten verehrte. Folgt man der Deutung, die Lietaer dafür gab, handelt es sich nicht nur um die Verehrung der Geburt des zum Menschen gewordenen Sohnes Gottes, sondern zugleich auch um die der Geburt des höheren Menschen im Menschen. Dieser Vorgang ist demnach nicht nur ein leiblicher, sondern auch ein innerlich-spiritueller.

Auch im linken Seitenportal der Kathedrale wird die Geburt des Sohnes der Jungfrau in der herkömmlichen, biblischen Art im Umkreis der begleitenden Ereignisse und Menschen dargestellt. Und wieder, wie im mittleren Giebelfeld, wird die Botschaft des Evangeliums durch die Darstellungen in den Bogenläufen bis zu den Stufen der spirituellen Schulung fortgeführt. Hier treten die »klugen und törichten Jungfrauen«[33] in Erscheinung. Es geht also um das Licht, das im übertragenen Sinne das Licht des Bewusstseins ist.

Die biblischen Geschichten und Gestalten werden, wenn man so will, an und in der Kathedrale als Offenbarende des Lebendig-Göttlichen in der Welt dargestellt. Es ist am Menschen, sich den damit verbundenen Einsichten durch Geistesschulung zu nähern. Die Kunstwerke der Kathedrale können als in einer Art und Weise komponiert verstanden werden, wie sie dem Ratschluss der damals in Chartres wirkenden Eingeweihten in den Bauhütten entsprach. Die Portale der Kathedrale erscheinen dann wie Schwellenorte, die zwischen irdische und geistige Welt eingefügt sind. Der Mensch passiert sie, wenn er in den heiligen Innenraum eintritt, um sich auf diesem Weg mit dem Göttlichen zu verbinden, welches im Raum der Kathedrale lebt und wirkt. Darin liegen der Sinn des Baues und seine Wirkung auf den Menschen, »dass die Seele durch diese Übung verwandelt, aus ihrem Dumpf-Emotionellen sich emporringend, wesenhaft teilhaftig wurde der reinen göttlichen Ideenwelt. Sie wuchs ins Selbstlose, Überpersönliche. Ein königliches und jungfräuliches Element zog in sie ein.«[34]

Eine weitere Besonderheit sind die 170 Fenster der Kathedrale, die in all den Jahrhunderten nie zerstört wurden. Sie sind in ihrer ganzen, ursprünglichen Schönheit bis auf den heutigen Tag erhalten geblieben. Sie vermitteln einen Eindruck davon, dass die Lichtsehnsucht der Gotik sich nicht allein auf das äußere Licht bezog, sondern vor allem auf das innere Licht des Bewusstseins, wie es das Dunkel der materiellen Welt durchdringt und erhellt. Diese göttliche Dimension kann im farbigen Lichtspiel in der Kathedrale geahnt werden.

Die Schule von Chartres

Johannes Scotus Eriugena, ein theologischer und philosophischer Gelehrter irischer Herkunft, trat im 9. Jahrhundert als Schriftsteller und als Lehrer der sieben Freien Künste (Grammatik, Rhetorik, Dialektik, Arithmetik, Geometrie, Musik und Astronomie) hervor. Darin verband er die Denkart des klassischen Griechenlands mit derjenigen der Kirchenlehrer. So stärkte er den Einfluss des Neuplatonismus in der abendländischen Geistesgeschichte. In seinem Buch *Über die Einteilung der Natur*, das in der Schule von Chartres eine wichtige Lektüre war, schrieb er in einer für die damalige Zeit einzigartigen Weise, insofern er sich an das eigene Denken und Urteilen der Menschen wendet:

> Wir haben jetzt der Vernunft zu folgen, welche der Wahrheit der Dinge nachspürt und, ohne sich durch irgendeine Autorität beengen zu lassen, mit Freimut dasjenige öffentlich ausspricht und darlegt, was sie auf ihrem mühsamen Wege sorgfältiger Erörterung erforscht und findet.[35]

Unterhalb der Kathedrale befindet sich die Kirche Saint Pierre, zu der einst ein Kloster gehörte, in dem die Lehrer und Schüler der »Schule von Chartres« in der Zeit des 11. und 12. Jahrhunderts wohnten. Die Schule war durch den späteren Bischof Fulbertus gegründet worden und hatte in der Zeit des Hochmittelalters große Bedeutung erlangt.

Fulbertus, der vermutlich aus Italien stammte, war in Reims Schüler Gerbert von Aurillacs, dem späteren Papst Silvester II. gewesen. Gerbert trat sowohl als Kleriker als auch als Wissenschaftler mit bedeutenden Kenntnissen der Mathematik und Astronomie hervor. Überdies besagen Berichte, dass er sich mit esoterischen Lehren und Magie beschäftigte.

Die Domschule von Chartres erlebte im 11. und 12. Jahrhundert ihre Blütezeit. Neben dem Studium der sieben freien Künste beschäftigte man sich mit dem Timaios-Dialog Platons. Die in diesem fiktiven Dialog entwickelten Lehren gehen weit über die durch die kirchliche Dogmatik gesteckten Grenzen hinaus, indem hier eine eigene Kosmologie entwickelt wird. Es wird gesagt, dass der Kosmos vor allem durch die beiden Faktoren Vernunft und Notwendigkeit geprägt sei, durch deren Zusammenwirken der Schöpfergott das Bestmögliche erreichen konnte. So wurde eine Weltseele erschaffen, die den ganzen Kosmos belebt, innerhalb dessen auch die Menschen als Wesen mit einer unsterblichen Seele ihren Platz fanden. Sie treten im Laufe der Zeit auf ihrer Seelenwanderung im irdischen Leben in immer neuen Körpern in Erscheinung. In besonderen Unterrichten, das heißt in esoterischen Unterweisungen für ausgewählte Schüler, soll Fulbertus diese Lehren weiterentwickelt haben.

> Durch mehr als zwei Jahrhunderte war wohl die berühmteste Hohe Schule des Abendlandes ein Sammelpunkt erlauchtester Geister, und ihre Wirkungen strahlten weit und lange aus, viel weiter, als man ahnt. Liest man in den Schriften, die ihre großen Lehrer hinterlassen haben, […] so ist man erstaunt, mit welch undogmatischer Freiheit und Weite hier gedacht wurde. Was hier lebte, war eine Wiedergeburt der Schule Platons, dessen Gedankenwelt ja, wie wir heute wissen, auch aus der alten Mysterienweisheit hervorgewachsen war. Die göttliche Ideenwelt ist die eigentliche primäre Wirklichkeit. Die Welt der irdischen Erscheinungen ist erst von ihr hervorgebracht und verbirgt sie in sich.[36]

Die Schule von Chartres wurde noch von einer platonischen Geistesart bestimmt, die später vom Aristotelismus abgelöst wurde, aus dem die materialistische Denkart hervorging, die das Entstehen des mechanistischen Weltbildes ermöglichte. Heutzutage kommt es möglicherweise darauf an, die platonische und die aristotelische Geistesart in einer integralen Weltsicht miteinander zu verbinden, die sich spirituellen Sichtweisen gegenüber nicht verschließt. Besonders seit der zweiten Hälfte des 20. Jahrhunderts wird das von immer mehr Menschen jener Generation vertreten, zu der auch Bernard Lietaer gehörte, der den Impulsen von Chartres ein ganz besonderes Interesse entgegengebracht hatte.

Das Thomasevangelium

Aufgrund seiner humanistischen Schulbildung war Lietaer in der Lage, altgriechische und lateinische Texte im Original zu lesen. Zwischen Mitte der 1970er und Ende der 1980er Jahre befasste er sich immer wieder intensiv mit den gnostischen Evangelien, insbesondere mit dem Thomasevangelium – von der Religionswissenschaftlerin Elaine Pagels als das »Fünfte Evangelium« bezeichnet –, an dessen Übersetzung er arbeitete. Die entsprechenden Manuskripte aus seinem Nachlass zeigen, dass er dabei nicht um eine einfache wörtliche Übersetzung der insgesamt 114 Logien bemüht war, sondern zugleich die besonderen Rhythmen der koptischen Sprache der Urfassung und den scheinbar strukturlosen Aufbau der Texte zu erfassen versuchte.

Beim Thomasevangelium handelt es sich um eine Sammlung von Sprichworten (Logien), die zwischen dem ersten und vierten Jahrhundert der christlichen Zeitrechnung entstand. Man rechnet diesen Text heute zu den gnostischen beziehungsweise apokryphen Evangelien, die vom Leben Jesu handeln, aber in den Kanon der biblischen Schriften nicht aufgenommen wurden.

Inhaltlich zeigt sich in ihnen eine eigenständige Theologie, die sich von derjenigen des bekannten Urchristentums unterscheidet. Es fehlen

Berichte zur Biografie Jesu, die zum Kerninhalt der biblischen Evangelien gehören, ebenso findet sich keine Passions- und Auferstehungsgeschichte. Dafür wird die irdische, diesseitige Welt in den Logien immer wieder in charakteristischer Weise beurteilt:

»Wer die Welt erkannt hat, der hat einen Leichnam gefunden. Und wer einen Leichnam gefunden hat, dessen ist die Welt nicht würdig.«[37] Ebenso ist von einem gegenwärtigen Königreich die Rede, nicht von einem, das es erst zu erreichen gilt: »Vielmehr ist das Königreich des Vaters ausgebreitet über die Erde, und die Menschen sehen es nicht.«[38]

Dass das Thomasevangelium von der heutigen, kirchlich geprägten Theologie nicht im gleichen Rang der Texte des biblischen Kanons gesehen wird, mag daran liegen, dass man sich allein auf das Feststellen fehlender Inhalte konzentriert und meint, dass es sich bei diesem Text im Vergleich mit den biblischen Evangelien um einen unvollständigen Bericht vom Leben Jesu handeln würde. Es ist aber auch möglich, dass es dem Verfasser dieses Textes gar nicht um die Wiedergabe der historischen Ereignisse im Leben Jesu ging. Und wenn Ereignisse des irdischen Lebens Jesu, besonders die Passion und die Auferstehung, nicht beschrieben werden, könnte man das so verstehen, dass von einem Christus die Rede ist, der diese Ereignisse bereits hinter sich hat, also von einem »geistig-physischen Christus«. Wenn man das Thomasevangelium so betrachtet, kann man es als Dokument eines esoterischen Christentums verstehen, das seine Lehren im Hintergrund der exoterischen Kirche entfaltet. Unter solchen Vorzeichen können die Logien als Meditationsstoff dienen, der geeignet ist, ein anderes, geistesgegenwärtiges Verhältnis zur Welt zu begründen. Mag sein, dass es Lietaer bei seinen Arbeiten am Thomasevangelium insbesondere auch darum zu tun war. Die esoterische Botschaft des Textes entspricht jedenfalls ganz und gar seiner Geistesart:

> Wenn ihr die zwei zu einem macht und wenn ihr das Innere wie das Äußere macht und das Äußere wie das Innere und das Obere wie das Untere, und zwar damit ihr das Männliche und das Weibliche zu einem einzigen macht, auf dass das Männliche nicht männ-

lich und das Weibliche nicht weiblich sein wird, wenn ihr Augen macht anstelle eines Auges und eine Hand anstelle einer Hand und einen Fuß anstelle eines Fußes, eine Gestalt anstelle einer Gestalt, dann werdet ihr eingehen in das Königreich.[39]

Die Schwarze Madonna

Nicht zuletzt aufgrund seiner Zugehörigkeit zum Bund der Freimaurer pflegte Lietaer eine Verbindung zu den Traditionen des esoterischen Christentums, also zu jenen Lehren und Riten, die hinter der äußeren Fassade der Kirche gepflegt wurden und werden. So war er auf die Bedeutung der Schwarzen Madonna aufmerksam geworden. Auch in ihrem Kult, der dem Geist der Zeit entsprach und der sich zwischen dem 10. und 13. Jahrhundert im ganzen christlichen Europa verbreitete, schimmerten alte Urbilder des göttlich Weiblichen durch. Lietaer hatte sich besonders dafür interessiert, sich also nicht nur aus kunstgeschichtlichem Interesse mit dem Phänomen der Schwarzen Madonna beschäftigt.

Die Bedeutung der Schwarzen Madonna bezog Lietaer auch auf die Entstehung komplementärer Währungssysteme in der Zeit des 10. bis 13. Jahrhunderts, also jener Epoche, in der diese besondere Form der Darstellung des Weiblich-Göttlichen vor allem verehrt wurde. Dabei ging es ihm vor allem um ein in jener Zeit gegenwärtiges Stimmungselement, weniger um einen direkten, kausalen Zusammenhang.

Ich möchte ausdrücklich betonen, dass ich nicht behaupte, es gebe einen kausalen Zusammenhang zwischen religiösen Kulten auf der einen und Währungssystemen nebst ihren wirtschaftlichen Auswirkungen auf der anderen Seite. Stattdessen besteht meiner Meinung nach eine indirekte Verbindung – die Kulte, das Währungssystem und die gewöhnlichen wirtschaftlichen Resultate sind ein Zeichen dafür, dass dieselbe archetypische Konstellation in beiden Fällen zur entsprechenden Zeit aktiv war. Anders ausgedrückt: Ich

> möchte zeigen, dass es eine verblüffende Korrelation zwischen Archetypen und Währungssystemen gibt. Dabei behaupte ich jedoch nicht, dass ich den Mechanismus, der dieser Verbindung zugrunde liegt, erkannt habe.[40]

Der archetypische Hintergrund, vor dem die Schwarze Madonna erscheint, wird über die ihr zugeordneten Attribute zugänglich. In Anlehnung an den Isis-Kult im alten Ägypten gilt sie, in der Sprache der Jungschen Psychologie ausgedrückt, als »Symbol der Erde, der Materie, des Weiblichen im Mann und des Selbst in der Frau«.[41] Als mütterliche Göttin schützt und bewacht sie die ihr Anvertrauten. Die Isis-Ikonografie ist den Darstellungen Mariens mit dem Jesuskind, und ganz besonders derjenigen der Schwarzen Madonna, sehr ähnlich. Hinzu kommt, dass die schwarze Farbe der aus dem Holz von Obstbäumen gefertigten Figuren urbildlich zu verstehen ist.

> Im Altertum repräsentierten schwarze Göttinnen *das Weibliche in seiner Macht,* nicht als Gefährtin oder als »netten«, sanften weiblichen Einfluss. Zu den bekanntesten zählt die Hindugöttin Kali (im Sanskrit wörtlich die »Schwarze«), die schwarze Anath des ugaritischen Pantheons oder die schwarze Annis der Britischen Inseln. Ihnen allen ist gemein, dass sie das Weibliche in kriegerischer Form darstellen, das die Macht zu zerstören besitzt.[42]

Die Farbe Schwarz selbst kann archetypisch verstanden werden, wenn man bedenkt, dass zum Beispiel in der chinesischen Tradition das Yin schwarz dargestellt wird, im vorspanischen Mexiko die Muttergöttin Tonantzin neben einem großen, schwarzen Stein verehrt wurde oder dass sich im antiken Ephesus eine schwarze Statue der Göttin Diana befand. Auch der Weg des Freimaurers führt aus der Finsternis am Beginn des Weges der Einweihung ins Licht der Erleuchtung.

Lietaer ordnete die Bedeutung des Kultes der Schwarzen Madonna – seinem Verständnis gemäß – ein in den Spannungsbogen zwischen der allgemeinen, eine Epoche und Gesellschaft bestimmenden Kultur und den Entwicklungstatsachen, die für den einzelnen Menschen gelten. Er deutete ihren Kult einerseits psychologisch und andererseits im Zusammenhang mit Traditionen des esoterischen Christentums, die in den Orden der Benediktiner, Zisterzienser, Augustiner und Templer[43] sowie in der Schule von Chartres[44] gepflegt wurden und die ebenfalls zu den zentralen Mysterien der alchemistischen Tradition gehören.[45]

Ein besonders schönes Exemplar unter den zahlreichen, in ganz Europa verbreiteten Schwarzen Madonnen ist die von Montserrat aus dem 12. Jahrhundert. Sie ist aus Pappelholz geschnitzt, etwa 95 Zentimeter groß und bis auf Gesicht und Hände vollständig in Gold gefasst. Auf ihrem Schoß sitzt das Jesuskind, das seine rechte Hand über der Hand der Madonna zum Segensgruß erhoben hat. Beide, Jesus und die Madonna, berühren einen goldenen Pinienzapfen, der ein Symbol der Auferstehung und Unsterblichkeit ist.

Die Bedeutung des Weiblichen in den esoterischen Traditionen

Dass auch in vielen religiösen Einrichtungen Frauen eine aus heutiger Sicht kaum zu erwartende Rolle spielten, wird gemeinhin zu wenig beachtet. Für Lietaer war es ein besonderes Charakteristikum mittelalterlicher Kultur:

> Viele Klostergemeinschaften waren »Doppelhäuser« mit einem Kloster für Nonnen und einem für Mönche, wobei beide Häuser der gleichen Gerichtsbarkeit unterstanden. Eine Studie von 50 solcher Doppelhäuser berichtet, dass sich alle unter der Leitung einer Frau befanden. Jeder war einer Äbtissin unterstellt, nicht einem Abt. Die Künste blühten in dieser Zeit auf und viele Frauen spielten eine herausragende Rolle. Zu den berühmten Mystikerinnen und Autorinnen zählen unter anderem Hildegard von Bingen, Herrad von Landsberg, Margery Kempe, Juliana von Norwich,

> Katharina von Siena und Katharina von Genua. Bedeutende Frauen dieser Epoche hatten entscheidenden Einfluss auf das intellektuelle Leben und die Politik ihrer Zeit. Darunter waren unter anderen Königin Anne, Gräfin Mathilde und Eleonore von Aquitanien. Als Herzogin von Aquitanien war Eleonore selbst reich und mächtig. Aber als Gattin der Könige – zuerst von Frankreich (1137–1152), dann von England (1154–1189) – wurde sie nach ihrer Trennung von Ludwig VII. und der anschließenden Heirat mit Heinrich II. eine der mächtigsten Figuren des Mittelalters. Sie gebar auch zwei zukünftige Könige Englands: Richard Löwenherz und König John.[46]

> Im Hochmittelalter galt die Schwarze Madonna als die herausragendste Ikone ihrer Zeit. Die Statuen waren wichtige Wallfahrtsziele: »Weit über 500 romanische Statuen der Schwarzen Madonna stammen aus dem Zentralen Mittelalter. Allein in Frankreich wurden nicht weniger als 80 Kathedralen, mehr als 250 Kirchen und 302 geweihte Heiligtümer gebaut, um sie zu verehren. […] Die Offenbarung der Figur der Schwarzen Madonna wird deutlicher, wenn wir erkennen, dass sie die Kraft des Weiblichen auf ihre ganz eigene Weise repräsentiert. Dies steht in deutlichem Kontrast zu der späteren »Weißen Madonna« mit ihrem blau-weißen Gewand, die nur eine Fürsprecherin, eine Vermittlerin des Göttlichen war. Mit anderen Worten, die Schwarze Madonna stand nicht nur für den Archetyp der Großen Mutter, sondern auch für das archetypische Gleichgewicht. Parallele Hinweise finden sich in den esoterischen Traditionen.[47]

Die Verehrung der Schwarzen Madonna führt in die Rituale und Lehren des esoterischen Christentums, das in verschiedenen Ordenstraditionen des Mittelalters gepflegt wurde. »Alle diese christlich-esoterischen Traditionen hatten ein anderes Verhältnis zum Weiblichen als das, was durch die offizielle exoterische Botschaft vermittelt wird. In einem esoterischen Text gnostischen Ursprungs, dem

Hebräerevangelium, nennt Jesus zum Beispiel den Heiligen Geist ausdrücklich seine Mutter. Verschiedene mystisch-christliche Traditionen, darunter die von Jakob Böhme, Meister Eckhart, Hildegard von Bingen, Mechthild von Magdeburg, Juliana von Norwich und dem portugiesischen Kult des Heiligen Geistes, beziehen sich alle auf die Mutterschaft Gottes.«[48]

Die Bedeutung der Schwarzen Madonna erschließt sich ebenfalls vor dem Hintergrund der Alchemie, die einen der wichtigsten westlichen Schulungswege zur spirituellen Entwicklung darstellt.[49] Immer geht es im eigentlichen Sinne darum, das gewöhnliche Bewusstsein auf dem Weg einer spirituellen Entwicklung in »Gold« zu verwandeln, das als innere Sonne zu leuchten beginnt. Den Ausgangspunkt nimmt diese Entwicklung in einer »Schwärze«, die von C.G. Jung als der Tod des Egos bezeichnet wurde. In einigen spirituellen Traditionen wird dieser Zustand als »leeres Bewusstsein« bezeichnet, das vom Adepten als Voraussetzung zum Gewahrwerden der Offenbarung verstanden werden kann.

Ebenso verbinden die drei alchemistischen Elemente Sulfur, Merkur und Sal Tatsachen der inneren Entwicklung mit einem Weltverständnis, in dem das Männliche (Sulfur: Yang, Sonne, das Feurige), das Weibliche (Merkur: Yin, Mond, das Wässrige) und das Materielle (Sal: das Leibliche) eine tragende Einheit sind.[50]

> Alchemie zielt darauf ab, den legendären »Stein der Weisen« (das integrierte Selbst oder Jungs individualisierter Mensch) zu erschaffen. Diese Integration wird durch die mystische Verbindung der männlichen und der weiblichen Dimension des Alchemisten beziehungsweise der Alchemistin selbst verwirklicht.[51]

Erde und Kosmos

Die Ideen und Initiativen, mit denen Bernard Lietaer sich für einen anderen Umgang mit Geld- und Währungsfragen engagierte, sind untrennbar mit einem spirituellen Hintergrund verbunden, über den er Zeit seines Lebens nur sehr zurückhaltend sprach. Zwar finden sich in den vielen, von ihm verfassten Büchern und Aufsätzen immer wieder manche Andeutungen, aber die eigentliche Tiefendimension trat erst zutage, als er kurz vor seinem Tod darum bat, dass dieser wichtige Aspekt seines Wirkens ganz offen und umfassend dargestellt werden soll. Manches bis dahin Unbekannte wurde erst sichtbar, als er nun selbst den Schleier lüftete, hinter dem sich der »andere Lietaer« bislang verborgen hatte.

Weltweit bekannt wurde Lietaer als Finanzexperte, der Firmen, Regierungen und NGOs beriet, an diversen Hochschulen lehrte und als Autor wichtige Werke verfasste, die, in verschiedene Sprachen übersetzt, in vielen Ländern Verbreitung fanden. Demgegenüber blieb sein spirituelles Arbeiten für die allermeisten Menschen verborgen, obwohl es für alle seine öffentlichen Aktivitäten der wichtigste Nährboden war. Man könnte es auch als sein eigentliches, zentrales Anliegen bezeichnen, dem alles andere nachgeordnet war. Einer guten Freundin sagte er dazu einmal:

> Ich fühle mich berufen, die Heilung von Energiesystemen in großem Maßstab zu unterstützen, um das Leiden der Menschen im Verlauf des großen Wandels zu lindern. Die Energiesysteme, an denen ich interessiert bin, umfassen viel mehr als nur das Geld. Dazu gehören Dinge wie Erd-Energiesysteme und ihre Beziehungen zum Menschen, Energieverbindungen zwischen Planeten und so weiter. Während ich in den letzten zehn Jahren in der Öffentlichkeit

dafür bekannt war, mich auf das Währungssystem zu konzentrieren, ist das nur die Spitze des Eisbergs von jener Arbeit, der ich mein Leben gewidmet habe. Ich habe viel länger an anderen Energiesystemen gearbeitet. Ich beschäftige mich zum Beispiel seit 20 bis 30 Jahren mit Erdenergien [die Lebensenergien der Erde]. Ich sehe meine Rolle darin, dazu beizutragen, diese Art von Energiesystemen zu heilen. Und die öffentliche Domäne, in der ich das tue, ist das Währungssystem. Es ist wichtig zu verstehen, dass das Geldsystem nur die menschliche Anwendung von viel größeren Energiesystemen ist. Geld ist die Art und Weise, wie Menschen beschlossen haben, Energie untereinander auszutauschen. Als solches ist es ein wichtiger Akupunkturpunkt.[52]

Physik und Metaphysik

In den 1960er und 1970er Jahren veränderte sich viel, besonders hinsichtlich des bis dahin allgemein vorherrschenden Welt- und Menschenbildes. Der kultur- und geistesgeschichtliche Wandel brachte es mit sich, dass auch Fragen der Metaphysik in einem immer breiteren Diskurs Beachtung fanden. Es entwickelte sich sogar eine eigene Bewegung des »New Age«, in der man sich bemühte, Wissenschaft und spirituelle Weisheit wieder miteinander zu verbinden, wie man es einst schon in der Schule von Chartres getan hatte. Auch das war ein starkes Indiz für die Wendezeit, in der einerseits latente Fragen zu Leben, Sein und Werden zum Bewusstsein gelangen, und in der andererseits diesbezügliche Erkenntnisbemühungen die Ideenbildungen der Wissenschaft verändern. Platonische und aristotelische Geistesart fanden zusammen, indem man damit begann, sich von den engen Fesseln der einseitig materialistisch geprägten Wissenschaft der vorausgegangenen Jahrhunderte zu befreien und das »Denkbare« auch jenseits der bis dahin gezogenen Grenzen zu suchen.

Die alte philosophische Disziplin der Metaphysik fand verstärkte Aufmerksamkeit. Man ging den Dingen und Verhältnissen auf den Grund, indem man sich mit den Grundlagen des Lebens und seiner

Entstehung ebenso beschäftigte wie mit der Frage nach der Existenz eines göttlichen Schöpferwesens oder der eigentlichen, geistigen Natur des Menschen.

Lietaer ging derartigen Fragen schon immer nach. Er musste das nicht erst lernen, sondern brauchte nur die ihm eigene Begabung zu entfalten und zu verstärken. Dabei half ihm schon die gute Schulbildung, die auch philosophische Themen nicht aussparte – er hatte zum Beispiel bereits als Jugendlicher die Dialoge Platos kennengelernt, von denen der »Phaidon-Dialog« für seine Vorstellungen zur Metaphysik von besonderer Bedeutung war.

Ab Mitte der 1970er Jahre – in den Jahren, in denen er sich parallel mit den gnostischen Evangelien befasste und Freimaurer geworden war – arbeitete Lietaer an einem Manuskript zum Thema »Physique et Métaphysique«,[53] das, leider unvollendet geblieben, zu den ganz hervorragenden innerhalb seines Nachlasses zählt.

Die Naturwissenschaften hatten mit ihren Forschungen und daraus abgeleiteten Hypothesen zu dieser Zeit die Grenzen des bis dahin Denkbaren erreicht, indem, jedenfalls theoretisch, nicht mehr ausgeschlossen werden konnte, dass es nicht nur das eine, bisher bekannte Universum gibt, sondern zugleich noch andere, in denen sich das Leben auf ganz anderen Grundlagen ereignet. Diese Auffassung wurde unter anderem durch den renommierten und mehrfach ausgezeichneten US-amerikanischen Physiker John Archibald Wheeler vertreten, der von der Existenz von »Paralleluniversen« überzeugt war. Inwiefern solche Parallelwelten mit der Theorie vom Urknall vereinbar und erklärbar sind, oder ob es sich tatsächlich um Seinsebenen handelt, die mit der Beschaffenheit der physisch-irdischen Welt nur entfernt vergleichbar sind, ist seither Gegenstand der Forschung und Reflexion, für die Lietaer sich sehr interessierte.

Lietaer schrieb:

> In Wheelers Hyperraum ist die Unendlichkeit der Universen, in denen sich alle materiellen Objekte befinden, nicht auf eine bestimmte Weise organisiert. Für Wheeler ist alles (oder fast alles)

möglich: Es gibt Universen, die beinahe identisch sind mit dem materiellen Universum, das wir durch unsere Sinne und Messinstrumente sehen, und es gibt völlig verschiedene Universen, in denen Zeit und Raum jede Form annehmen können. – Die Hypothese der fünften Dimension legt einfach fest, dass diese unendlich vielen Universen in fünf »Universumsfamilien« klassifiziert werden können, die wir die fünf »Ebenen« nennen werden. – Jede Universumsfamilie ist durch eine Reihe von Geschwindigkeiten gekennzeichnet, die für ein Teilchen im Vakuum möglich sind. Beispielsweise ist das übliche materielle Universum – das vierdimensionale Raum-Zeit-Kontinuum – durch eine relativ zu einem Beobachter begrenzte Geschwindigkeit zwischen 0 km/s und c = 297,793 km/s gekennzeichnet. Jedes Teilchen, das »mit einer Geschwindigkeit« existieren würde, die auch nur etwas höher als dieser Wert ist, würde aus dem »Lichtkegel« geraten und somit zu einem »Anderswo« gehören, das heißt zu einem Universum jenseits der Raumzeit des Beobachters. [...] Jedes System (ein Atom, eine Galaxie, ein Mensch und so weiter) ist in jeder dieser Ebenen »vorhanden« (und laut Wheeler sogar in jeder Ebene in einer unendlichen Anzahl von Universen vorhanden). Die Integration dieser Unendlichkeit der Universen und die tatsächliche Entwicklung des Systems ist die Summe gleichzeitiger Entwicklungen in fünf Ebenen.[54]

Um andere als die allgemein bekannte, materielle Welt denkbar werden zu lassen, können naturwissenschaftlich erkannte Phänomene neu interpretiert werden. Das hat auch Albert Einstein getan, als er die Vorstellung einer vierten Dimension in seine Berechnungen einbezog. Damit gewinnt man einen anderen Blick auf jene Ebene des Universums, in dem das von Einstein beschriebene vierdimensionale Raum-Zeit-Kontinuum die materielle Realität bildet.

Dieses Universum hat die Besonderheit, dass es das einzige ist, in dem die Masse eine positive reale Form annimmt. In der Tat kennen

> die vier höheren Ebenen nur Teilchen des Typs »Tachyon«, ein von den Physikern für jedes Teilchen, das die Lichtgeschwindigkeit überschreitet, gegebener Name, und das kann imaginäre oder negative Massen implizieren.[55]

Daraus ergeben sich Lösungsmöglichkeiten für Gleichungen der speziellen Relativitätstheorie, die mathematisch genauso möglich sind wie solche, bei denen mit Teilchen gerechnet wird, die sich in Unterlichtgeschwindigkeit bewegen.

Im Sinne dieses Konzepts lassen sich zudem andere Perspektiven für ein Verständnis des Verhältnisses von Information und Energie gewinnen, wenn mit den Möglichkeiten gerechnet wird, die dafür seit der Entwicklung der elektronischen Informationsverarbeitung gegeben sind.

> Erst seit Ende der 1940er Jahre können Informationen in »Bits« gemessen werden. Damit wird gezeigt, dass es zwingend ist, Energie für die Informationsbeschaffung aufzuwenden. Umgekehrt müssen wir Informationen nutzen, um Energie zu sammeln und zu domestizieren. [...] Wir haben es sogar geschafft, dank einer vernünftigen Auswahl von Konstanten und Einheiten, Informationen in thermodynamischen Einheiten auszudrücken und diese direkt mit der Entropie zu verknüpfen. Ein konkretes Beispiel: Das Lesen dieser Seite umfasst mehrere Elemente: den auf Papier gedruckten Text, eine Lichtquelle (Sonne oder elektrische Lampe), Auge und Gehirn. Damit das Gehirn Informationen sammeln kann, muss die Lichtquelle von den schwarzen Zeichen des Textes ablenken und dadurch den Lichtstrahl modulieren. Dann muss das Auge diesen Strahl aufnehmen. Die Lampe und das Auge verbrauchten Energie und erhöhten die Entropie. Wir können also die Energiekosten ausdrücken, die für diesen Gewinn an Gehirninformationen anfallen: die Wattleistung der Lampe und die Augenbewegung gegen die ungefähr 2.400 Bits an Informationen einer gedruckten Seite. Das Gehirn ist jedoch auch in der Lage, Informationen zu erzeugen,

> d.h. die Negentropie zu erhöhen (gleichbedeutend mit abnehmender Entropie). Zu beachten ist, dass Information der Logarithmus der Wahrscheinlichkeit ist. Daher wird das »Gelenk« zwischen Materie und Psyche immer durch eine offensichtliche Modifikation der Wahrscheinlichkeiten ausgedrückt. [...] Die vierte Ebene ist dann diejenige, auf der sich die erzeugte Negentropie »ansammelt« und aus welcher die Entropie des Universums extrahiert wird. Es ist klar, dass wir uns diese Konzepte der Akkumulation nicht in einer physischen Form vorstellen dürfen, aber wir müssen das vorhandene Vokabular verwenden.[56]

Zwischen den verschiedenen Ebenen des »Multiversums« bestehen Verbindungen, über die sich ein dauernder Austausch ereignet. Jede Aktion auf einer der verschiedenen Ebenen hat Folgen auf jeder anderen Ebene, und das bestenfalls im Sinne eines dynamischen Gleichgewichts, das sich aus dem Ziel der Entwicklung ergibt, das in irgendeiner Weise dem Gesamtsystem immanent sein muss. Daraus resultiert auch ein anderes, »spirituelles« Menschenbild.

> Eine wichtige Konsequenz des vorgeschlagenen Modells ist, dass »etwas« im Menschen ewig ist. In der Tat hat der Mensch auf der kausalen Ebene eine wirkliche Existenz im ewigen »Hier-und-Jetzt«. Spiritisten verwenden dafür den Begriff der Seele, womit ein Funken göttlichen Lebens gemeint ist. Die Teilhardianer bezeichnen das Ewige als Omega-Punkt. Damit werden die äußersten Grenzen des menschlichen Seins berührt. So betrachtet, ist der Mensch eine Projektion in eine bestimmte Raumzeit, eine lokale »Einprägung« im einheitlichen Gravitationsfeld, ein bestimmtes »Jetzt«. Wie die Geburt ist der Tod dann nicht mehr als eine Änderung der kosmischen Adresse.[57]

Lietaer sah in solchen Überlegungen die Bestätigung der Reinkarnationsidee – er verwendete in seinem Manuskript dafür wie zum Beispiel auch Arthur Schopenhauer den Begriff »Metempsychose«.

Ende der 1970er Jahre hatte man auf dem Gebiet der Humanmedizin die Funktionen des Gehirns so weit erforscht, dass man seither deren Ausfall mit dem Ende der personalen Existenz des Menschen gleichsetzt. Zudem waren durch die Möglichkeiten der damals noch relativ neuen Intensivmedizin immer mehr Menschen vom Stadium des klinischen Todes – gemeint ist damit der Ausfall der Herz-Kreislauffunktionen – in ein gesundes Leben zurückgekehrt und konnten von Erlebnissen berichten, die als Nahtoderfahrungen Gegenstand der Forschung geworden waren. Beides, die medizinischen Erkenntnisse zur Bedeutung der Funktionen des Gehirns wie auch die Nahtoderfahrungen legt nahe, dass der Mensch zum einen als Lebewesen in einem materiellen Leib existiert, zum anderen ein geistiges Wesen ist, das möglicherweise den leiblichen Tod überdauert.

Vor dem Hintergrund der Fortschritte auf dem Gebiet der neurologischen Forschung lässt sich die Bedeutung der Hirnfunktionen neu verstehen. Dazu Lietaer:

> Um das Universum aus fünf Dimensionen mit unserer »normalen« alltäglichen Wahrnehmung der Realität kompatibel zu machen, muss das menschliche Gehirn im Grunde ein Filter sein, ein unglaublich komplexer Mechanismus, dessen Hauptfunktion darin besteht, das Wahrnehmungsfeld zu reduzieren. Es sind die Thesen von Henri Bergson, William James und Aldous Huxley, die nun durch die Forschungen von Neurophysikern bestätigt werden. […] Was ist der Gehirnfilter? »Intrusionen« des Informationsmaterials aus allen unseren physischen und psychischen Wahrnehmungskanälen gehen nicht verloren, sie sammeln sich und entwickeln sich im Unbewussten. Der Mensch der verschiedenen Dimensionen ist daher ein Wesen, das auf den ersten Blick schockierend erscheint, aber reich an Möglichkeiten ist, von denen er fast nichts weiß. […] In manchen Fällen ist es jedoch möglich, dass der Mensch den Filter »entschärft« und sich über die kausale Ebene seiner Existenz hinaus bewusst wird: Das ist das »Satori« der Philosophen, das »Samadhi« der Yogis, die »Erleuchtung« der

> Mystiker des Mittelalters, die »Verschmelzung des Animus mit der Anima«, von der Jung spricht, oder schlicht das »Erwachen«. Auf der kausalen Ebene ist der Mensch dann mit sich selbst und mit dem Universum als Ganzes eins: Er überschreitet Raum und Zeit, was das eigentliche Merkmal dieses Ereignisses ist. Kurz gesagt, der Mensch der fünf Dimensionen ist ein unendlich viel komplexeres und an Möglichkeiten reicheres Wesen als es die oberflächliche Analyse seiner Tätigkeiten auf der materiellen Ebene vermuten lässt.[58]

Diese Erfahrung der Erleuchtung, so Lietaer, kann überdies dazu führen, dass sich ein Mensch seiner früheren Erdenleben bewusst wird:

> Bestimmte Anschauungen oder erstaunliche Eindrücke aus »Déjà-vu«-Erfahrungen könnten zufällige Durchbrüche des Bewusstseins zu einer ganz anderen Ebene sein, die dann von der Kausalebene aus zugänglich wird.[59]

Und weiter:

> Die Physiologie des Nervensystems liefert uns auch zwei Hinweise auf die Existenz einer Realität jenseits der materiellen Welt. Wir haben bereits auf den ersten Hinweis gedeutet: Das menschliche Gehirn ist im Gegensatz zu dem, was viele Leute denken, vor allem ein Mechanismus, der verhindert, dass das Bewusstsein mit »Informationen« überschwemmt wird. Zu den ausgefilterten parasitären Informationen gehören zunächst Hintergrundgeräusche, Bilder, Gerüche usw., die wir ignoriert haben, da sie nicht die notwendigen Elemente für unsere Wahrnehmung der Realität liefern, das wären aber auch telepathische Nachrichten oder verschiedene »paranormale« Fähigkeiten, die mit unserer Vorstellung von der Realität nicht kompatibel sind. Das Filtern findet kontinuierlich statt und ist fast vollständig wirksam. [...] Ein Beweis für diese Theorie der Rolle des Gehirns ist die Tatsache, dass sich oft nach

> dem psychischen oder physischen Schock, durch eine »Störung« des Gehirns außergewöhnliche, paranormale Fähigkeiten in einem Individuum manifestieren. [...] Einige Krankheiten verursachen auch eine ungewöhnliche Fähigkeit, außerordentlich subtil zu hören, zu schmecken oder zu riechen. In einem von Leonid Leonidowitsch Wassiljew untersuchten Fall verfügte ein Mann beispielsweise 24 Stunden vor dem Tod an Thrombose über eine absolut außergewöhnliche Sehschärfe, wodurch er winzige Objekte aus großer Entfernung erkennen konnte. All dies würde nur bestätigen, dass das Gehirn eine Funktion als »Reduzierungsmechanismus« hat, um mit unserer »normalen« und alltäglichen Wahrnehmung der materiellen Realität kompatibel zu sein. [...] Der zweite Hinweis, der aus dem neurophysiologischen Bereich stammt, besteht darin, dass eine Reihe von Spezialisten die Existenz eines »Plasma-Psi« postuliert haben, bei dem die Ausbreitungsgeschwindigkeit immer größer als c ist, und dies wäre die »Welle« als Träger eines Nervenstimulus. [...] Telepathie und Hellsehen, also Phänomene, die sich scheinbar außerhalb unseres klassischen Zeit- und Raumverständnisses zeigen, würden sich insbesondere in den Psi- und negentropischen Universen entfalten.[60]

Geobiologie

Aufgrund seines ausgeprägten Interesses an der Geomantie unternahm Lietaer im Frühjahr und Sommer 2001 Reisen durch verschiedene Länder Europas. Das Ergebnis der dabei angestellten Exkursionen und Forschungen fasste er in einem Aufsatz zusammen, der im Jahr 2008 – Lietaer verwendete dafür wieder sein Pseudonym René de Bartiral – im Rahmen einer Tagungsdokumentation veröffentlicht wurde.[61]

Lietaer ging davon aus, dass der Planet Erde über ein kosmisch-terrestrisches System zum Energieaustausch zwischen Erde und Kosmos verfügt,[62] von dem die Menschen in alten Kulturen wussten, und das sie bei der Ortswahl für Kultstätten berücksichtigten.[63] Für Menschen der heutigen Zeit sind Eindrücke davon nicht ohne weiteres möglich, zumal das Vertrauen in die eigenen Empfindungen von der Wirkung von Landschaften, ihren geologischen, klimatischen und biologischen Besonderheiten nicht mehr besonders ausgeprägt ist. In früheren Zeiten war das noch anders. Man verfügte noch nicht über die Messinstrumente der heutigen Zeit und folgte eher den Ergebnissen der eigenen Wahrnehmung, wenn es darum ging, sich in einer bestimmten Gegend für das eigene Leben einzurichten und zu behaupten. Das ließ einen für eine bestimmte Schicht der energetischen Wirksamkeit sensibel sein, um die es Lietaer besonders ging. Und er postulierte, dass das Sensorium lebender Systeme für gewisse Erfahrungen sogar unverzichtbar sei.

> Tatsächlich bedarf es der Einbindung von biologischen Systemen (Pflanzen, Tiere und Menschen), um diese Energien aufzuspüren, weshalb sie manchmal auch Biostrahlen genannt werden. – Verständlicherweise macht dies die gesamte Materie für die konventionelle Wissenschaft suspekt: Es ist schwieriger, völlige wissenschaftliche Objektivität zu fordern, wenn lebende Systeme anstelle von elektrischen oder mechanischen Messgeräten erforderlich sind. – Trotzdem wurde es jetzt möglich, elektromechanische Geräte zur Messung von Veränderungen in den Eigenschaften von Wasser (einschließlich herkömmlich messbarer Prozesse wie elektrische Leitfähigkeit), das verschiedenen Erdenergiefeldern ausgesetzt wird, zu nutzen. Weitaus drastischer sind die Reaktionen des menschlichen endokrinalen Systems (insbesondere Thymusdrüse, Schilddrüse und Nebenniere) in verschiedenen Erdenergiefeldern, auch wenn weder das Messgerät noch die Person selbst diese Energie bewusst wahrnehmen kann.[64]

Die traditionelle chinesische Medizin geht davon aus, dass nicht nur die Erde ein solches Energiesystem besitzt, sondern auch der Mensch.

Solche »chinesischen Meridiane« können von Personen erkannt werden, die im Erfühlen der verschiedenen »chinesischen Pulse« geübt sind.

Lietaer ging davon aus, dass das Energiesystem der Erde anhand von Meridianen erkannt werden kann, da sich »alle alten ›heiligen Plätze‹ ausnahmslos an Stellen mit einer hohen Dichte solcher Energien«[65] befinden. Auch Menhire, Dolmen und Steinkreise lassen sich so deuten, insofern man sie als Bestandteile einer Erdakupunktur versteht. In diesem Sinne führte Lietaer seine Untersuchungen an vielen, kulturell bedeutsamen Orten durch und folgerte, »dass es tatsächlich eine kontinuierliche Weitergabe zumindest einiger dieser ›Energietechniken‹ von megalithischen zu keltischen Kulturen und schließlich zum frühen Christentum (wahrscheinlich durch Initiationstradition der Steinmetzen) gibt«.[66]

Genau wie im menschlichen Körper können Erdmeridiane durch verschiedene »Frequenzen und Wirkungen« gekennzeichnet sein, auf die in dem besagten Aufsatz besonders eingegangen wurde. Zu deren Charakterisierung ordnete Lietaer ihnen bestimmte Farben zu.

> Im Erdmeridianensystem sind die niedrigeren Frequenzen (z.B. Orange, Rot, Infrarot) eher »erdbezogene« Energien, die auf der Erdoberfläche verlaufen. Im Gegensatz dazu können die höheren Frequenzen (wie z.B. Weiß, Ultraviolett oder Violett) manchmal über die Luft die direkte Verbindung zwischen Berggipfeln herstellen.[67]

In seinen Darstellungen zur Geobiologie bezog Lietaer sich vor allem auf vier Arten von Erdmeridianen, deren dominante Farbfrequenzen Weiß, Blau, Rot und »Negativ-Grün« sind. Letztere Frequenz wurde von Lietaer einem »Anti-Leben Effekt« zugeordnet.

Unter Bezugnahme auf Studien, die Paul Broadhurst und Hamish Miller in den Jahren 1998 und 2000 veröffentlicht hatten, ging Lietaer auf Kreuzungen sogenannter »Ley Linien« mit zwei wichtigen Erdmeridianen ein, die als »St. Michael«- bzw. »St. Mary«-Linie bezeichnet werden, und darauf, dass sie »genau über diesen Energielinien auf mehr als 400 Kilometern viele Kirchen und Heiligtümer fanden, die jeweils einer dieser christlichen Richtungen gewidmet sind. An genau denselben Orten der meisten dieser Heiligtümer stießen sie auch auf Spuren vorchristlicher Kulte, von denen viele auf Megalith-Kulturen zurückgehen.«[68]

Erstaunlicherweise entdeckte Lietaer auf seinen Reisen, dass diese Energiesysteme auch im 20. Jahrhundert noch genutzt wurden, allerdings in gänzlich anderem Zusammenhang. So folgte er einer der Energielinien von einigen Kirchen, Kapellen und bekannten Wallfahrtsorten – bis er schließlich auf das Gelände des ehemaligen Konzentrationslagers in Dachau gelangte. Ergänzende Forschungen ergaben, dass die Linie noch durch drei weitere ehemalige Konzentrationslager führt, und ebenso durch die Wewelsburg in der Nähe von Paderborn, die von den Nazis für besondere Zwecke genutzt worden war. Für eine weitere Energielinie ergab sich ein ähnliches Resultat.

> Nicht nur, dass sie durch eine Reihe von Kathedralen und Kirchen hindurchgeht, [...] [vielmehr] scheinen sowohl die Richtung als auch die Breite der »Großen Straße«, die vom Naziregime in Nürnberg für ihre berühmten großen Paraden verwendet wurde, genau von dieser Linie beeinflusst zu sein.[69]

Lietaer folgerte, dass das Wissen um Energielinien zum einen durch lange Zeiten hindurch genutzt wurde, zum anderen, dass die Nazis dieses Wissen für ihre Zwecke missbrauchten. Und er schlug vor, die Geobiologie (in dem von ihm verstandenen Sinn) intensiv zu nutzen, um Fragen der kulturgeschichtlichen Forschung besser beantworten zu können.

Zahlen, Figuren und Proportionen

Immer wieder machten Menschen, die Bernard Lietaer bei Reisen oder Exkursionen zu kulturgeschichtlich bedeutenden Orten begleiteten, die Erfahrung, dass er in erstaunlicher Weise Landschaften, Gebäude oder Kunstwerke zu erklären verstand. Diese Fähigkeit beruhte auf zweierlei: einmal auf seinen kunstgeschichtlichen Kenntnissen und dann darauf, dass er erlebte und zu erklären verstand, welche besondere Energie dem jeweiligen Gegenstand der Betrachtung zu eigen war. Mit seinen Erläuterungen führte er auf eine Stufe des Erlebens und der Wahrnehmung, die den meisten Menschen sonst nicht ohne weiteres zugänglich ist.

Zunächst geht es darum, dass und wie bestimmte Landschaften, Gebäude oder Kunstwerke wirken. Ein Wald vermittelt einen anderen Eindruck als eine offene Landschaft, eine Kirche wirkt anders als ein Bahnhof, ein gut gemaltes Porträt vermittelt einen Eindruck vom Charakter der dargestellten Person. Was auf diese Weise sogleich elementar zugänglich wird, ist ein Erleben, das immer weiter verfeinert werden kann. Dabei wird schließlich eine Schicht berührt, in der die unterschiedlichen Phänomene auf Gesetzmäßigkeiten hinweisen, die der natürlichen Welt ebenso zugrunde liegen, wie manchen bewusst geschaffenen Kulturgütern.

In der Architektur hat sich der Anspruch, dass Bauwerke aus der Kenntnis der Wirkung bestimmter, in der Natur allgegenwärtiger Maßverhältnisse heraus geschaffen werden sollten, nicht halten können. Heutzutage folgen die Planungen meistens den Ansprüchen an die Funktionalität, dem vorherrschenden Geschmack oder den Vorgaben der Kostenkontrolle. Früher war das offensichtlich noch anders. Dass Architektur einstmals in einer sehr spezifischen

Weise wirken sollte, lässt sich besonders gut an Tempeln und Kirchen studieren, und besonders auch daran, wie sie während vieler Jahrtausende menschlicher Kulturgeschichte entstanden. Man hatte sie an Orten gebaut, die landschaftlich und »energetisch« dafür passende waren. Ausrichtung und Maßverhältnisse wurden so gewählt, dass sie kosmische und natürliche Gesetzmäßigkeiten wiedergeben sowie die an ihren Standorten gegenwärtige Energie verstärken – und darum als Bauwerke in charakteristischer Weise wirken.

Lietaer ging es wohlgemerkt nicht nur darum, auf die Tatsache bewusster Gestaltungen hinzuweisen, sondern auch auf deren Wirkungen. Von der Mesoebene kulturgeschichtlicher Erfahrung aus ergeben sich Ausblicke auf weitreichende Zusammenhänge auf der Makro- und Konzentrationen auf der Mikroebene: Ein Bauwerk kann zugleich Spiegel des Kosmischen und des Menschlichen sein. Das Erlebnis von Zahlen, Figuren und Proportionen wird – wenn man so will – durch solche Art der Betrachtung zum Ausdruck »heiliger« Zusammenhänge und zum Gegenstand spirituellen Übens.

Die Tempelanlage Chavín de Huántar

Die bis heute noch nicht vollständig erforschte Tempelanlage Chavín de Huántar in Peru stammt aus der Zeit des ersten Jahrtausends vor Christus. Sie war ein bedeutendes Kultzentrum der nach ihr benannten Chavín-Kultur. Lietaer wurde Anfang der 1970er Jahre durch seinen Freund Chacho Gonzalez darauf aufmerksam, der die damals durchgeführten archäologischen Untersuchungen der Tempelanlage als Ingenieur begleitete. Lietaer war vom Bericht seines Freundes sogleich beeindruckt, insbesondere von seinen Vermutungen zu den architektonischen Besonderheiten, mit denen Lietaer sich von da an in einem Zeitraum von zehn Jahren immer wieder beschäftigte.

Chavín de Huántar weist manche Auffälligkeiten auf. Zu der Zeit, als Lietaer die Anlage besuchte, sah man – später wurde Weiteres entdeckt – zwei Haupttempel, die in unterschiedlichen Zeiten entstanden waren, sowie eine quadratische, dreistöckige Pyramide, in deren Innern sich ein Labyrinth von kleinen Kammern, Treppen und Rampen befindet, die durch unterirdische Gänge miteinander verbunden sind. Auffallend sind überdies waagerechte Kanäle, von denen man vermutet, dass sie entweder der Ventilation oder besonderen Zwecken im Zusammenhang mit den in der Pyramide vollzogenen Ritualen gedient haben könnten.

Besonders auffallend ist der Monolith »El Lanzón«, der sich im Zentrum des Bauwerks befindet. Das über vier Meter hohe Bild eines Gottes, der ein Raubtiergesicht mit Schlangen zwischen den Zähnen zeigt, befindet sich im Schnittpunkt eines kreuzförmigen Gangs, der vom Westen her in östlicher Richtung auf die Statue zu betreten wird, und der ansonsten im Norden, Osten und Süden verschlossen ist.

Doch nicht nur das geheimnisvolle Innere verleiht der Tempelanlage ihre charakteristische, von den Einheimischen als »magisch« bezeichnete Ausstrahlung, sondern ebenso die Kulisse der Bergwelt der Anden, die sie umgibt. Es spricht einiges dafür, dass die Tempelanlage einst auch astronomischen Zwecken diente.

Chacho Gonzalez hatte während der Ausgrabungen die Idee, dass das Kanalsystem im Inneren der Pyramide für die Durchleitung von Wasser gedient haben könnte, wobei das Strömungsgeräusch, durch die Wände, Decken und Böden der Gänge reflektiert, deutlich hörbar sein müsste. Tatsächlich bestätigte ein vor Ort durchgeführtes Experiment die Vermutung.

> Wir haben den Test gemacht, Wasser durch die Kanäle zu leiten, und überraschenderweise ertönte ein Gebrüll, das einem großen Jaguar ähnelte. – Zurück in Lima erzählten wir Bernard von unserer Entdeckung. Er war begeistert und wir beschlossen, nach Chavín zu fahren, um die Idee weiter zu erforschen. Wir fanden die gesamte Strecke der Kanäle und am oberen Fluss einen Ort, an dem Wasser entnommen werden konnte. Das Wichtigste war, den verstärkten unterirdischen Kanal auszugraben und zu finden, in dem das Wasser zum Tempel geleitet wurde. Der obere Teil davon war allerdings verschwunden, aber wir fanden Wasserverteilungs-

> klappen und einen unterirdischen Kanal unter dem Circular Plaza bis zum unteren Fluss, um das Wasser mit einem Rohr aus dem System im Tempel wieder abzulassen. […] So konnte der Tempel durch das Netzwerk von Rohren im Inneren sprechen. Man konnte sie öffnen und schließen, um den Klang zu modulieren. Gleichzeitig konnte Wasser zum anderen Fluss fließen, ohne dass ein Tropfen zu sehen war.[70]

Gemeinsam mit dem Archäologen Luis Lumbreras schrieben die beiden einen längeren Beitrag zu ihren Entdeckungen und den daraus entwickelten Folgerungen, der erstmals 1976 in einer archäologischen Fachzeitschrift erschien[71] und 1982 erneut veröffentlicht wurde, jetzt zusammen mit einem Aufsatz, den Lietaer zusätzlich verfasst hatte. Dafür verwendete er erstmals das Pseudonym »René de Bartiral«.[72]

In dem gemeinsamen Beitrag gingen die Autoren zunächst der Frage nach, inwiefern die Konstruktion der Tempelanlage im Zusammenhang mit zeremoniellen Funktionen verstanden werden kann – ein schwieriges Unterfangen, angesichts der Tatsache, dass die gesamte Anlage für lange Zeit unter mehreren Metern Erde vergraben und der ursprüngliche Zustand nicht mehr unversehrt erhalten war.

Es lag nahe, eine astronomische Bedeutung der Anlage zu vermuten, zumal von ihr aus wegen ihrer geografischen Lage und der vorherrschenden klimatischen Bedingungen meistens ein klarer, unverstellter Blick in den Nachthimmel möglich ist. Sonne, Mond und die Planeten sind gut zu sehen, wobei diverse Orientierungspunkte in der Landschaft ihre Bewegungen am Sternenhimmel nachvollziehbar machen. Derartigen astronomischen Beobachtungen mag auch der »Tello«-Obelisk gedient haben, der zu Beginn des 20. Jahrhunderts zwischen Trümmern des Tempels entdeckt und ausgegraben wurde. Ebenso fand man heraus, dass über den auf die El Lanzón-Statue hin führenden Gang das Licht der Sonne an bestimmten Tagen des Jahres das unterirdische Götterbild beschienen haben dürfte. Solche astronomischen Phänomene erfüllten kalendarische Funktionen, und sie waren wahrscheinlich ebenso im Zusammenhang mit den religiösen

Zeremonien von Bedeutung, denen auch das Kanalsystem mit seiner akustischen Funktion diente. Es kann darum gut sein, dass die Tatsache, dass es unweit der Tempelanlage zwei Flüsse gibt, die ganzjährig Wasser führen, für die Standortentscheidung maßgeblich war.

Lietaer, der von der herausragenden Bedeutung Chavíns überzeugt war, untersuchte die Geheimnisse der Tempelanlage auch unter mathematisch-geometrischen Gesichtspunkten.

Basierend auf dem pythagoreischen Lehrsatz ging er auf die Verhältnisse ein, die sich unter Anwendung der $\sqrt{2}$, $\sqrt{3}$ und $\sqrt{5}$ auf die Proportionen der Architektur der Tempelanlage ergeben. Pythagoras hatte im sechsten Jahrhundert vor Christus eine Mathematik entwikkelt, in der neben den Quantitäten auch die Qualitäten der Zahlen erlebt werden. So sprach er von charakteristischen »Eigenschaften« der Zahlen und schuf damit die Grundlage für sein besonderes Verständnis der Kosmologie. Vor diesem Hintergrund bezeichnete Lietaer die $\sqrt{2}$, $\sqrt{3}$ und $\sqrt{5}$ als »die drei großen harmonischen Themen«, denen er in seinen Überlegungen zur Tempelanlage vielfältig nachging. Es waren die Wirkungen der Gebäude, die sich auf bestimmte Maßverhältnisse zurückführen lassen, die ihn interessierten, denn er erkannte darin immer genauer das in Traditionen der Initiation gehütete Wissen und dass dessen Anwendung in verschiedenen, sehr alten Kulturen in aller Welt nahezu gleichzeitig erfolgte, noch ohne dass man sich darüber im äußeren Sinne hätte austauschen können.

Im Hinblick auf spätere Jahrhunderte der europäischen Architekturgeschichte kam Lietaer in seinem Aufsatz über Chavín de Huántar exemplarisch auf den französischen Künstler Villard de Honnecourt (etwa 1200–1236) zu sprechen, der in verschiedenen mittelalterlichen Bauhütten des 13. Jahrhunderts gewirkt hatte. Das von ihm hinterlassene Musterbuch mit Hunderten Zeichnungen und Beschreibungen stellt eine exzellente Quelle zur Erforschung der architektonischen Formensprache dar, derer sich die Baukünstler im Sinne des besonderen, von ihnen damals streng gehüteten Wissens bedienten. Lietaer spannte in seinem Aufsatz den architekturgeschichtlichen Bogen von den frühesten Kulturen bis ins 20. Jahrhundert hinein, um darzustellen, wie sich das Wissen um Zahlengesetze und Proportionen in der Baugeschichte der Menschheit entfaltet hatte. Dabei ging es vorrangig nicht um dekorativ-ästhetische Wirkungen, sondern darum, architektonische Formen zu schaffen, die den allgegenwärtigen Prinzipien des Lebens entsprechen und darum ein Erlebnis des Kosmischen im Irdischen ermöglichen.

Lietaer war sich der Schwierigkeit bewusst, die darin besteht, dass bestimmte Qualitäten nur erfasst werden können, wenn der betreffende Mensch sie selbst erlebt. Keine technische Apparatur kann das ersetzen. Und es ist zudem nur bedingt möglich, einem anderen Menschen die eigenen inneren Erfahrungen durch bloße Worte verständlich zu machen. Lietaer prägte darum die Aussage: »Wissen ist das Erwachen des Bewusstseins. Die Sprache des Wissens ist die der Analogie unter Verwendung von Symbolen!«[73] Beispielhaft schrieb er zur Zahl Sieben mit Verweis auf den Hinduismus, dass die Zeit sich auf sieben Rädern bewegt, ebenso über die Bibel und die sieben Schöpfungstage oder über die griechische Mythologie, in der Apollo als der Wächter der siebenten Tür bezeichnet wird. Die Eins könne – in Anlehnung an das pythagoreische, qualitative Verständnis der Mathematik, das Lietaer auch seinen Studien zur Tempelanlage in Chavín zugrunde legte – als Abbild des Absoluten, des Göttlichen erlebt werden, die Zwei als Urbild jeder Dualität, die Drei als Anfang, um die Polarität zu überwinden, die Vier als die Zahl der irdischen Welt und die Fünf als Zahl des Menschen. Das Erlebnis der Qualität von Zahlen, Mathematik und Proportionen ermöglicht einen alternativen, in gewisser Hinsicht bewussteren Zugang zur Wirklichkeit der Welt.

Inwiefern das qualitative Erlebnis der Zahlen und Proportionen dem dafür empfänglichen Menschen zugänglich wird, und darüber, dass daraus zuletzt ein andersartiges, spirituelles Menschenbild hervorgeht, hat Rudolf Steiner in Anlehnung an die Lehren der Freimaurerei aufgezeigt, indem er, ausgehend vom salomonischen Tempel, bestimmte, charakteristische Welterfahrungen beschrieb:

Wir hören von dem salomonischen Tempel bei mancherlei Gelegenheiten als von jenem Tempel, von dem wir wissen, dass in ihm zum Ausdruck kommen sollte der ganze Geist der Menschheitsentwickelung. Wir hören davon; an die Menschen der physischen Erde stellt man aber – und das ist das Rätselhafte an der Sache – die ganz vergebliche Frage: Wer hat jenen salomonischen Tempel, von dem wir als einer grandiosen Wahrheit sprechen – wenn wir überhaupt im Ernst davon sprechen –, wer hat ihn mit physischen Augen gesehen? Ja, es ist ein Rätsel, was ich da sage! Herodot hat wenige Jahrhunderte, nachdem der salomonische Tempel aufgebaut gewesen sein musste, Ägypten bereist, hat Vorderasien bereist. Aus seinen Reiseschilderungen, die sich wahrhaftig über viel Geringeres hermachen als über das, was der salomonische Tempel gewesen sein muss, wissen wir, dass er nur wenige Meilen vorbeigegangen sein musste am salomonischen Tempel – aber er hat ihn nicht gesehen. Den salomonischen Tempel hatten die Leute noch nicht gesehen! – Das Rätselvolle ist nun, dass ich über etwas sprechen muss, was doch da war und was die Leute nicht gesehen haben. Aber es ist so. Nun, es gibt auch in der Natur etwas, was da sein kann und was die Leute doch nicht sehen. Der Vergleich ist aber nicht vollständig, und wer ihn ausnützen wollte, würde ganz danebenschießen. Es sind die Pflanzen, die in ihrem Samen enthalten sind; aber die Menschen sehen die Pflanzen in ihrem Samen nicht. Es sollte aber nun niemand weitergehen in diesem Vergleich, denn wer jetzt darnach den salomonischen Tempel interpretieren würde, der würde gleich etwas Falsches sagen. [...] Man kann den Menschen, insofern er der Tempel der Seele selber ist und von der Seele durchseelt ist, darstellen in der Psychosophie. Und man kann den Menschen darstellen durch Pneumatosophie, insofern der Mensch Geist ist. Der geistige Mensch, dürfen wir ihn denn nicht so vor uns hinstellen, dass wir sagen: Zuerst erblicken wir den Menschen, der, am Boden liegend, sich aufrichtet; dann den Menschen, der in sich selbst geschlossen wie ein in sich gegründetes Unendliches vor uns steht mit dem gerade vor sich hingerichteten

Blick; und dann erblicken wir den Menschen, der nach oben schaut, seelisch in sich gegründet, aber die Seele zum Geiste erhebend und den Geist empfangend. »Der Geist ist spirituell«, das ist eine Tautologie, aber sie kann uns doch klarmachen, was wir zu sagen haben: Der Geist ist das Übersinnliche, die Kunst kann nur im Sinnlichen formen und im Sinnlichen überhaupt zum Ausdruck kommen. Mit anderen Worten: Was die Seele als Geist empfängt, muss in die Form sich ergießen können. So wie der sich aufrichtende Mensch, der in sich gefestigte Mensch zum Tempel geworden ist, so muss die Seele zum Tempel werden können, die den Geist empfängt. Dazu ist unser Zeitalter da, dass es den Anfang macht mit einer Tempelkunst, die laut zu den Menschen der Zukunft sprechen kann: Der Tempel, das ist der Mensch, der Mensch, der in seiner Seele den Geist empfängt![74]

Wirkung von Architektur

Das Erlebnis von Architektur als Basis spiritueller Erfahrungen war Lietaer zeitlebens ein wichtiges Anliegen, dem er immer wieder nachging. Im Laufe der Jahre hatte er sich diesbezüglich ein reiches Wissen erworben und markante Schlüsse daraus gezogen.

Es gibt auch eine geometrische Sprache, die in Proportionen ausgedrückt wird. Im Grunde geht es darum, etwas wieder zu vereinen, das am Anfang mehrere Dimensionen hat. Der berühmte Goldene Schnitt ist nur eines der »Worte« in gleich drei verschiedenen Proportionssystemen. Bis jetzt konnte ich ungefähr ein Dutzend bestimmter Proportionen identifizieren, die eine ganze Sprache ausmachen. Einige Zivilisationen sind systematischer und strenger als andere mit der Verwendung dieser Sprache umgegangen, die wir in unserer westlichen Zivilisation erst vor kurzem, um das 17. Jahrhundert, verloren haben. Das dynastische Ägypten, die Mayas und die Zisterzienser beispielsweise haben diese Sprache ausnahmslos verwendet, also habe ich sie als Testfälle verwendet,

> um die Bedeutung einer bestimmten Proportion zu entschlüsseln. Der heilige Bernhard von Clairvaux, einer der ersten Zisterzienser, formulierte das so: »Die einzige Dekoration ist die Proportion.« Man kann einen dieser Sakralbauten also wie einen Satz lesen und daraus ableiten, was sein energetischer Zweck war. Das ist die Art, in der die Menschen in früheren Zeiten die Erdenergien für ihre eigenen Zwecke genutzt haben.[75]

Wenn Lietaer auf seinen Reisen immer wieder Kirchen besuchte, wendete er seine Erkenntnisse auf die Bedeutung und Wirkung sakraler Architektur an.

> Ein Ritual ist ein bewusster Prozess, der eine Absicht zu dem klärt, was in einem bestimmten Zeitraum und an einem bestimmten Ort stattfinden wird. Und wenn wir ein Ritual mit konzentrierter Aufmerksamkeit durchführen, erzeugen wir tatsächlich einen energetischen Effekt. Damit können wir die lokale Energiebilanz verändern. Im Zusammenhang mit Erdenergien bedeutet das, dass wir diese Energien nicht nur nutzen, sondern sie auch speisen können. [...] In jeder romanischen Kirche gibt es beispielsweise einen Ort, an dem die Aura verstärkt wird: Es war der Ort direkt vor dem Altar. An dieser Stelle kreuzten sich normalerweise zwei unterirdische Wassersysteme. Die Strömung des fließenden Wassers erzeugt eine bestimmte Art von Energiefluss, wodurch die Aura von jedem, der auf diesem Punkt stand, verstärkt werden konnte. Das war genau jener Ort, an dem der Priester im Moment der Weihe der Hostie stand. Früher wurde die Messe nur bei Sonnenaufgang zelebriert. Der Priester war immer nach Osten orientiert, und die Zeit des Sonnenaufgangs ist der Moment, in dem die Erdenergie am stärksten ist. – In romanischen Kirchen gab es auch einen Ort der Toten, der normalerweise mit einem großen, mannshohen Stein namens »la Pierre du Mort« [der Totenstein] im Boden markiert war. Es war jener Ort, an dem der Sarg mit dem Leichnam für das Totenritual plaziert wurde. Und dieser Ort hat

> genau die entgegengesetzte Wirkung wie der Altarort. Der »Pierre du Mort« befindet sich an einer negativen Kreuzung, sozusagen an einem Energieloch. Dies bezweckte den Leichnam von Resten von biologischer und geistiger Energie zu befreien, falls davon noch etwas mit dem Leichnam verbunden war. Das Ritual des Todes war auch das einzige in der römisch-katholischen Kirche, das mit dem nach Westen, zur untergehenden Sonne orientierten Priester zelebriert wurde.[76]

Lietaer hatte durch seine Zusammenarbeit mit Axel Vervoordt und dem japanischen Architekten Tatsuro Miki Anfang der 2000er Jahre Gelegenheit, seine Erkenntnisse in die Praxis einfließen zu lassen, indem er beratend an den Planungen zur Sanierung und Umgestaltung eines großen Firmengeländes im belgischen Wijnegem mitwirkte. Tatsuro Miki erinnert sich: »Ich sprach mit Bernard über das japanische Denken, über die Philosophie. Er sagte, dass das sehr Yin, also feminin ist. Darin fehlt das abstrakte Denken. Es ist offen im Hören und Sehen. Demgegenüber trat mit dem Christentum in den letzten 20 Jahrhunderten eine Yang-Kultur hervor. Dadurch kam das Männliche, das Beherrschende heraus. Die Struktur der maskulinen Kultur ist als Pyramide zu verstehen. Es gibt eine Spitze und untergeordnete Hierarchien. Es gibt eine Gewalt und die daraus hervorgehenden Anweisungen. Feminin ist, dass es keine zentrale Gewalt gibt, sondern ein Netzwerk, das auf unsichtbaren Verbindungen beruht. Bernard erkannte, dass die maskuline Kultur kollabieren wird. Und er suchte nach Möglichkeiten, die daran anschließende neue Zeit zu gestalten. Geld, Steuern und Regierungen werden so wie bisher irgendwann nicht mehr funktionieren. Das beruht darauf, dass jedes System seine Grenzen hat. Wenn die überschritten werden, muss das System kollabieren. – Bernard sah Wellen zwischen den Yin- und Yang-Gesellschaften. Mal ist das eine im Vordergrund, mal das andere. Wir steigern allgemein die Yang-Kultur, blicken aber schon auf die Möglichkeiten der Yin-Kultur. Wenn du das Sternensystem nimmst, dann siehst du Übergänge von einem zum anderen

Zeitalter. Das Zeichen der Fische steht für die christliche Kultur, an die sich eine andere anschließen wird. Das beruht nicht auf unseren Entscheidungen, es geschieht einfach, weil es auf kosmischen Gesetzmäßigkeiten beruht. Wir können nichts dafür tun, wir müssen es nur ausfüllen. Wir können achtsam sein und darauf lauschen, was sich verändern will. Daran war Bernard besonders interessiert.«[77]

Tatsuro Miki und Lietaer stimmten in ihrem Anliegen überein, durch Architektur Orte zu schaffen, von denen positive Wirkungen ausgehen. Beide brachten dafür ihre Kenntnisse von den spirituellen Grundlagen der japanischen beziehungsweise europäischen Kultur in die Zusammenarbeit mit ein. Das verbindende Element darin war der Umgang mit Energien, die einem Ort eigen sind und in der Architektur berücksichtigt werden können.

> Es sind Energien, die man erlebt. Darum hat man das Wissen um die Proportionen traditionell auch geheimgehalten: Es geht um wirksame Energien. Also, wenn man einen Fehler macht, dann ist das wirklich schlimm. – Denk mal an eine Plastikblume. Die sieht vielleicht hübsch aus, aber sie ist ohne jede Energie, beziehungsweise sogar Ausdruck von negativer Energie. – Das Gleichgewicht, die Balance, beruht zunächst auf physischen Proportionen. Aber es entsteht in einer Balance zwischen dem Vertikalen und Horizontalen. Das ist eine alte Geschichte, weil wir auch die Planeten und die Gravitation haben. Das alles folgt einem Kräftewirken, das uns selbst schließlich aufrecht stehen lässt. Wir realisieren das nicht, aber wir würden ständig fallen, wenn es nicht diese Kraft gäbe, die uns aufrecht sein lässt. Das ist es mit der Balance: Du weißt es nicht, aber es wirkt! Da ist etwas, was die Balance kontrolliert. Und wenn das nicht da ist, wird alles fallen. Um diese Kraft geht es bei den heiligen Proportionen. – Als Babys sind wir bemüht gewesen, uns der Gravitation entgegen zu entwickeln. So kamen wir dazu, uns aufzurichten und zu stehen. Diese Kräfte, die uns der Gravitation entgegen leben lassen, sind uns nicht bewusst. Aber unter den Bedingungen der heiligen Proportionen können diese Kräfte

ins Bewusstsein kommen. Darum geht es. Yin und Yang kommen zusammen, und ein anderes, höheres Bewusstsein wird möglich. Yang ist der Körper und Yin sind die Kräfte. – Wenn wir den Menschen und die Natur studieren, können wir nach und nach etwas über die Balance lernen, die im Himmel und auf der Erde immer gegenwärtig ist. Daraus können wir schließlich Neues erschaffen. Es findet sein Maß in Zeit und Raum.[78]

Heilige Proportionen

Ende der 1990er Jahre hatte Lietaer in Mill Valley Kontakt zu einer Loge der »Societas Rosicruciana in Civitatibus Foederatis«, einer Freimaurerverbindung mit einem Hochgradsystem, das Ende des 19. Jahrhunderts auch in den USA etabliert worden war. Die Mitgliedschaft in der Societas ist, ebenso wie auch in anderen Hochgradsystemen, nur auf Einladung möglich und setzt darüber hinaus das Bekenntnis zum christlichen Glauben voraus.

Unter der Beratung Lietaers entstand damals von der Hand eines Logenbruders eine interessante Ausarbeitung zu besonderen Aspekten der Freimaurerischen Symbolik.[79] Darin wurde im Zusammenhang mit der Symbolik des Pentagramms die Bedeutung der Geometrie als »fünfte der freien Künste« erläutert.

Der Anfang aller geometrischen Materie ist der Punkt. Ein Punkt hat keine Länge, Breite oder Dicke. […] Die erste Erweiterung in die erste Dimension ist eine Linie. Die Linie hat Länge, aber keine Breite oder Dicke. Es ist die Dyade, Polarität, positiv-negativ (aber ohne Verbindung, immer noch nur eine Möglichkeit), Yin-Yang, heiß und kalt, nass und trocken. Es ist die männlich-weibliche Beziehung, die sich nicht manifestiert, weil kein Kind seine Beziehung manifestiert. Es ist der Künstler, der mit dem Pinsel in der Hand die Leinwand berührt. Freimaurer betrachten Boas und Jachin [die beiden Säulen am Tor des Eingangs des Tempels in Jerusalem] als Endpunkte in einer Linie. Symbolisch ist es der

Wille Gottes, sich zu manifestieren und dennoch unmanifestiert zu bleiben. Erst in der zweiten Dimension kommt es zur Manifestation. Eine Triade ist ein Übermaß an Länge und Breite. Es ist die sichtbare Dimension. Es ist der Mechanismus, um heiß und kalt zu kanalisieren, oder der Draht, der den Stromkreis vervollständigt. Es ist Ausdruck eines kreativen Potenzials: eine männlich-weibliche Beziehung, die ein Kind schafft, ein Künstler, der Farbe auf Leinwand aufträgt. Boas und Jachin zusammen mit Israel. In der Freimaurerei stimmten die Zwillingssäulen von Boas und Jachin mit dem Kandidaten überein (Stärke, Weisheit und Schönheit zusammen). Es ist Gottes Wille, sich zu manifestieren und zu erschaffen. Es ist die von Gott gegebene Form. Es ist eine Dreifaltigkeit: Vater, Sohn und Heiliger Geist; Brahma, Vishnu und Shiva; Buddha, Dharma und Sanga; Osiris, Isis und Horus. Die Nummer vier kann geometrisch als der erste Körper beschrieben werden: Sie hat Länge, Breite und Dicke. Es führt uns in die dritte Dimension. Es wurde als der erste Abstieg in die Materie beschrieben. Schließlich bringt uns die Nummer fünf zur Erweiterung über drei Dimensionen hinaus. Es erhöht das Potenzial der Materie. Es atmet Leben und gibt der Materie Intelligenz. Es spiegelt die Einheit wider. Symbolisch ist es die Einheit, die der Materie hinzugefügt wird. »Und Gott bildete einen Menschen aus dem Staub der Erde und hauchte ihm den Atem des Lebens ein; und der Mensch wurde eine lebendige Seele.« Wenn der Mensch als Pentagramm ausgedrückt wird, verbindet er symbolisch Himmel und Erde.[80]

In der Natur lassen sich Beziehungen entdecken, die als »Goldener Schnitt« bezeichnet werden und die sich auf die geometrische Figur des Pentagramms zurückführen lassen.

In der Symbolsprache ist es: drei Dinge, die durch zwei Dinge arbeiten, um eine Sache zu ergeben. Als Symbol wird es zum Mittel des Wiedererwachens und bildet eine symbolische Brücke zwischen Himmel (Kreis) und Erde (Quadrat). Es ist ein Mittel, mit dem wir die Beziehung zwischen Natur, Mensch und Schöpfer untersuchen können. Es ist der einzige Wert im Universum, der sich auf Eins bezieht, indem vier Elemente erstellt werden, die durch Vier, Drei und Zwei gehen. Ein mathematischer Ausdruck dieser spiralförmigen Proportionen findet sich in der Fibonacci-Reihe. Die Fibonacci-Reihe zeigt das eigentümliche Verhältnis, das sich aus einer Folge von ganzen Zahlen ergibt, bei denen jede ganze Zahl nach der zweiten die Summe der beiden vorhergehenden ganzen Zahlen ist, das heißt 1, 2, 3, 5, 8, 13, 21, 34 usw. Durch Teilen einer beliebigen Zahl in der Reihe durch die vorangegangene Zahl ergibt sich immer ungefähr 1,61803. [...] Die leichte Abweichung der Fibonacci-Reihe von der präzisen mathematischen Funktion könnte metaphysisch als die Diskrepanz erklärt werden, die zwischen materieller Perfektion und göttlicher Perfektion besteht. Mit anderen Worten, während die mathematische Beziehung das Göttliche widerspiegelt, ist sie nicht die Göttlichkeit selbst. Wir können jedoch in seiner Reflexion eine existierende Fähigkeit des Menschen sehen, eine endgültige Verwirklichung seiner moralischen Möglichkeiten zu erreichen. [...] In der vom Meister erteilten freimaurerischen Lehre wird gesagt, dass der Mensch nach seinem Studium der Symmetrie und Ordnung den göttlichen Plan imitierte, und diese Nachahmung führte zu Gesellschaften und zur Entstehung der nützlichen Künste. Die Wahrheit dieser Aussage kann in einer Untersuchung der Proportionen gefunden werden, die in den Monumenten der frühen Gesellschaft verwendet wurden, zum Beispiel ägyptische Tempel und pharaonische Gräber, Maya-Pyramiden oder gotische Kathedralen wie Chartres. Eine Untersuchung der Sakralarchitektur zeigt, dass die vorstehenden Funktions-Beziehungen beim Bau von Tempeln für den Menschen, die mit Gott kommunizieren sollen, streng eingehalten wurden.[81]

Luca Pacioli

Lietaer bezeichnete den italienischen Mathematiker und Franziskaner Luca Pacioli (1445–1517) als seinen wichtigsten geistigen Lehrer.

> Er ist mein größter Held in der Historie! Er hat in der Renaissance die doppelte Buchführung bekanntgemacht. Er schuf zwei Meisterwerke. Zwei! Das eine: die doppelte Buchführung, auf der die moderne Ökonomie aufgebaut ist. Alles in der modernen Ökonomie beruht darauf. Das ist sein eines Meisterstück. Er war in Venedig der Lehrer für eine besondere Familie und hat dort die doppelte Buchführung kennengelernt. – Das zweite Meisterwerk handelt von den göttlichen Proportionen, vom Goldenen Schnitt. Er tat etwas für die Veränderung der realen Welt. Und er tat etwas für die esoterische Welt, indem er sich mit den göttlichen Proportionen befasst hat. Das war die Zeit, in der der Goldene Schnitt endgültig offenbart wurde. – Pacioli ist mein Held! Er gab mir meine esoterischen Inspirationen. Wenn ich davon nur zwei Prozent umgesetzt habe, ist mein Leben erfolgreich gewesen. Ich fand durch Pacioli zu meinem Interesse an Geschichte, auch an esoterischer Geschichte und Tradition. Er war mein führendes Licht.[82]

In seiner 1509 erstmals erschienenen Abhandlung *Divina Proportione,*[83] die Pacioli auf Anregung seines Schülers Leonardo da Vinci verfasst hatte, wird der Goldene Schnitt als Gesetz der Proportion behandelt. Auch die bekannte Darstellung des Menschen in Quadrat und Kreis geht darauf zurück. Es mag für die Wertschätzung, die Lietaer dem Werk Paciolis entgegenbrachte, bezeichnend sein, dass der Renaissance-Gelehrte die Mathematik über allen anderen (wissenschaftlichen) Disziplinen sah:

> Die als mathematisch bezeichneten Wissenschaften sind ersten Grades der Gewissheit, und die Naturwissenschaften folgen ihnen. Es sind, wie gesagt, die mathematischen Wissenschaften und Dis-

> ziplinen vom ersten Grade der Gewissheit, und ihnen folgen alle Naturwissenschaften.[84]

Die besondere Verehrung der Geometrie findet sich im Werk Paciolis ebenso beschrieben, wie Lietaer diese verstand:

> Was anderes sind Felsen, Türme, Raveline, Mauern, Gegenmauern, Gräben, große Türme, Zinnen, Mäntelchen und andere Festungswerke auf dem Lande, in Städten und Schlössern, als ganz Geometrie und Proportionen, mit den dazu nötigen Wasserwaagen und Loten gewogen und gerichtet? [...] Deshalb verweigerte der alte göttliche Philosoph Platon nicht mit Unrecht den Zutritt zu seinem berühmten Gymnasium den in der Geometrie nicht Erfahrenen, indem er an die Spitze seines Hauptportals ein Schild mit großer deutlicher Schrift anbringen ließ von folgendem Wortlaut: »Hier möge kein der Geometrie Unkundiger eintreten«, das heißt, wer nicht ein guter Geometer wäre, sollte nicht dort eintreten. Das tat er, weil in ihr verborgen jede andere Wissenschaft sich wiederfindet.[85]

In Zeiten des Wandels

In einem Gespräch, das Bernard Lietaer und Axel Vervoordt im Jahr 2015 miteinander geführt haben, ging es um die Wirkung von Proportionen und deren spirituelle Bedeutung. Für die Veröffentlichung des Textes verwendete Lietaer abermals – ein viertes und letztes Mal – sein Pseudonym René de Bartiral.[86]

Im Dialog tauschten sich Lietaer und Vervoordt über ihr aus der Philosophie Platons entwickeltes Verständnis aus, dass Proportion die Transformation der Dualität zur Verbundenheit bedeutet, und darüber, dass das dem zugrunde liegende Wissen seit Jahrtausenden in besonderen Weisheitstraditionen weitergegeben wurde. Lietaer wies in diesem Zusammenhang darauf hin, dass es dafür auch andere Wege gibt als das gewöhnliche Gespräch, zum Beispiel die schamanische Praxis. »Ich persönlich bin zum Beispiel überzeugt, dass die gesamte taoistische Philosophie und ihr Yin-Yang-Konzept aus dem prähistorischen Schamanismus in Sibirien stammen. Mit anderen Worten, der Taoismus geht nicht auf Lao Tzu zurück, sondern wurde im fünften Jahrhundert v. Chr. von Lao Tzu formal reorganisiert, enau wie Euklid ungefähr zur selben Zeit die Geometrie neu organisierte.«[87]

Zum esoterischen Wissen gehörte in alten Zeiten auch die Kenntnis vom Energiesystem der Erde, also von jenen Meridianen, die bei der Anlage heiliger Stätten berücksichtigt wurden. Lietaer beschrieb, dass in einem Volk in den Anden diese Fähigkeit in speziellen Initiationsriten vermittelt wurde.

> Ebenso konnten sie die Energiefelder und -flüsse sehen, von denen schon die Rede war. Sie sahen sie als verschiedenfarbige Lichtströme, und sie nutzten verschiedene Namen, um diese Flüsse zu beschreiben. Sie beschrieben sie, als wenn sie Persönlichkeiten wären – in unserer Sprache als geistige Entitäten. Sie konnten mit dem bloßen Augen die Plätze erkennen, an denen sie den verschiedenen Energien ausgesetzt waren.[88]

Man kann sich vorstellen, dass es auch in anderen Kulturen besondere Schulungen und Rituale dafür gab, Menschen zu erleuchteten, spirituellen Erfahrungen zu führen. In der westlichen Tradition waren solche Schulungen Teil esoterischer Unterweisungen, die vor der Öffentlichkeit verborgen wurden.

> In Westeuropa ist die heilige Geometrie schon immer Teil der esoterischen Traditionen. Speziell die Benediktiner, Augustiner, Zisterzienser und Templer waren mit der Weitergabe dieser Traditionen in Westeuropa betraut. Zu diesen religiösen Orden stellte sich noch die Freimaurerei. [...] Sie nutzten dieselbe heilige Geometrie und Energien [...] in ihren Gebäuden und für ihre Initiationsrituale. Nahezu das meiste davon ging nach dem 17. Jahrhundert verloren.[89]

Um so wichtiger sei es, an die alten Traditionen wieder anzuknüpfen. Einige Begriffe und Vorstellungen, die früher sinnvoll waren, können wiederentdeckt und ins Heute integriert werden.

> Es gab ein Wissen aus der Vergangenheit, zum Beispiel in der Medizin oder dem Ingenieurwesen, in welchem alter Glaube verlassen werden musste, weil der nicht mehr wirkte. Aber allzu oft wirft Modernität alles weg. Esoterisches Wissen wurde abgelehnt und weggeworfen. Die Kirche nannte das Wissen von den Erdenergien teuflisch. Ich erinnere mich da an ein Bild, das einen Priester dabei zeigt, wie er einen Rutengänger demaskiert und einen Teufel vorfindet. Es gibt zweifellos überholte Ideen, die abgelehnt werden müssen, aber es gibt ebenso altes Wissen, das aufgefrischt werden muss.[90]

Lietaer sah die Zeit dafür gekommen, dass mehr und mehr Menschen für die Wirkung von Proportionen und die damit verbundenen spirituellen Erfahrungen wieder aufmerksam werden. Das sei nicht mit einer bestimmten Religion verbunden, sondern es gehöre zur Natur des Menschen. Durch die damit verbundene Rückbesinnung auf wertvolle Inhalte alter Kulturen könnten problematische Entwicklungen der Moderne korrigiert werden. Lietaer meinte, dass sich die Menschen heutzutage der Grenzen des Modernismus bewusst sind und dass der Schattenaspekt der vorherrschenden Lebensart nicht mehr ignoriert werden kann. Darum müsste man tiefer gehen und bemüht sein, das Bewusstsein zu erweitern!

Die Mysterien werden öffentlich

Bernard Lietaer gehörte zu den Menschen einer Generation, die in den unsicheren Zeiten des Zweiten Weltkriegs geboren wurden und Kinder waren. Dann wuchsen sie in einer Zeit heran, in der die Welt in eine neue Ordnung gebracht wurde. Es wurden Möglichkeiten geschaffen und Freiheiten gewährt, die einem durchgreifenden kulturellen Wandel den Boden bereiteten. Einerseits traten nun die allgemeinen Menschenrechte ins Bewusstsein, andererseits wurde man sich der besonderen Entwicklungs- und Lebensbedingungen bewusst, die den Boden für eine Entfaltung der Persönlichkeit eines Menschen überhaupt erst bereiten.

Unter Anwendung eines spirituellen Menschenbildes, von dem auch Lietaer überzeugt war, kann man davon ausgehen, dass unter den Menschen, die in der damaligen Zeit auf Erden geboren wurden, viele waren, die sich vorgeburtlich auf die großen Veränderungen der Welt vorbereitet hatten. Unter den vielen waren einige, denen es im Laufe ihres Lebens möglich war, ihren vorgeburtlichen Impulsen treu zu bleiben und sich aktiv in die Prozesse des Wandels einzubringen. Zu ihnen gehörte Lietaer. Seine Denkart war schon während seiner Kindheit und Jugend originell – und vor allem geistoffen. Er forschte und dachte über Grenzen hinweg.

In einem Interview sprach Lietaer 2011 über seine Weltsicht aus einer Perspektive, die er aufgrund Jahrzehnte langer Erfahrung immer weiter ausgearbeitet hatte. Vom Gefühl der Einheit ausgehend, hatte er sich klare Erkenntnisse eines holistischen Weltverständnisses erarbeitet, aus dem er nun seine Erwartungen für die Zukunft ableitete. Das hatte er durch sein spirituelles, esoterisches Wirken und sein weltweites, öffentliches Engagement für ein anderes Geldsystem vorbereitet.

Es gibt ja in allen Kulturen und zu allen Zeiten Menschen, denen eine fundamental andere Wahrnehmung unserer Welt zugänglich ist. Meist werden diese Phänomene als »mystisch« bezeichnet, aber wir finden sie auch in unserer eigenen Religion wieder: Franziskus hatte Zugang zum Erleben der Tiere, Jesus zum Erleben seiner Mitmenschen. – Im Grunde lässt sich dies immer mit dem Erlebnis von Einheit beschreiben, dem Erlebnis des Nicht-getrennt-Seins. In dieser Sichtweise gehören wir beide ursprünglich zusammen und auch alle anderen Menschen und auch der Tisch zwischen uns und das Haus und die Natur um uns herum. Das alles, wir alle, sind nur Facetten, die in enger Abhängigkeit zueinander stehen. Und unter dieser Voraussetzung wird es unmöglich, einander auszubeuten. Man schneidet sich ja buchstäblich ins eigene Fleisch. Die neuen Erkenntnisse in Physik und Biologie sind dieser Wahrnehmung gegenüber offener als je zuvor, und die globalen Ereignisse, von denen wir vorher sprachen, schaffen bereits ein Bewusstsein dafür, dass wir alle wenigstens im selben Boot sitzen. – Aber nach wie vor kommt es auf das persönliche Erleben dieser Verbundenheit an. Manche Menschen erlangen solche Einsicht nach jahrelangen Meditationsübungen, anderen fliegt sie unvermittelt zu. Da scheint es keine Regel zu geben. Aber vielleicht macht es unser gerade entstehendes globales Bewusstsein, gefördert durch unsere weltumspannenden Technologien und Informationssysteme, ab einem gewissen Punkt der Durchdringung möglich, kollektiv zu einem solchen Erkennen und Erleben zu gelangen. Vielleicht gibt es da eine kritische Masse, von der an das momentan Unvorstellbare möglich wird. – Es heißt immer, die Renaissance sei von nur 2–3% der damaligen Menschen eingeleitet worden und hätte sich im Laufe von 200 Jahren zu einer umfassenden Neuorientierung der Welt durchgesetzt. Heute haben wir natürlich viel weniger Zeit, aber seitdem haben sich auch alle Veränderungsprozesse in allen Bereichen unserer Kultur exponentiell beschleunigt. Und vielleicht stecken wir schon mitten drin. Und unsere heutigen Experimente mit neuen Währungen, die sich auf ganz neue Wertvorstellungen und Werte gründen, gehören bereits zur Vorbereitung einer Zeit, in der wir überhaupt kein Geld mehr nötig haben.[91]

Transformation

Mit der esoterischen Botschaft der Schwarzen Madonna hatten wir uns bereits beschäftigt. Hinzuzufügen ist jetzt noch ein Hinweis auf ein alchemistisches Verständnis ihrer schwarzen Färbung, der in engem Zusammenhang mit der spirituellen Entwicklung zu sehen ist.

> Das arabische Wort al khemit bedeutet wörtlich »schwarze Erde« und ist der traditionelle Name Ägyptens. Gleichzeitig leitet sich davon der Begriff »Alchemie« ab, von der man sagt, sie sei in Ägypten entstanden. [...] Die Alchemie war im Westen einer der wesentlichen Wege für die eigene spirituelle Entwicklung. Alchemisten hatten für die »Prahlhänse« (souffleurs im Französischen) nur Verachtung übrig, denn diese nahmen alchemistische Bücher wörtlich und betrachteten sie als Anleitung, wie man zu materiellem Reichtum kam, anstatt sie als »philosophische« Führer für die persönliche Entwicklung zu sehen. [...] Nach den Schriften von Isaac Newton und C.G. Jung, die sich beide intensiv mit der mittelalterlichen Alchemie auseinandersetzten, handelt es sich bei der mysteriösen Materia prima um den Alchemisten selbst.[92]

Der erste Schritt auf dem Weg der alchemistischen Entwicklung führt den Adepten in die »dunkle Nacht der Seele«, womit ein Zustand gemeint ist, in dem das irdische Ego zurücktritt, um der Erfahrung des rein geistigen Wesens Raum zu geben. Damit beginnt der Prozess der Wandlung, um den es in der alchemistischen Arbeit des Menschen an sich selbst geht. In der Sprache der Alchemisten handelt es sich darum, den »Sohn des Saturn« (Blei) zum »Sonnenbewusstsein« (Gold) zu führen.

Dieser Aspekt beginnender spiritueller Entwicklung macht eine Erkrankung verständlich, die in der gegenwärtigen Zeit des Wandels immer mehr Menschen betrifft: die Depression. Könnte es nicht sein, dass dem Leiden die Chance zur Teilhabe am Prozess der allgemeinen, kulturellen Transformation abgewonnen werden kann? Verleiht das dieser Zeitkrankheit nicht trotz allem einen Sinn?

> Die Auseinandersetzung mit einer Depression ist immer noch der häufigste, im allgemeinen nicht beabsichtigte Weg zu neuem Lebensmut. Eine Depression ist auch in den meisten Fällen der Grund, warum Menschen einen Therapeuten aufsuchen. Wenn die Behandlung erfolgreich verläuft, können die Betroffenen ein neues Stadium psychischer Reife erreichen.[93]

Der allgemeine menschengemeinschaftliche Wandel ist zuweilen ebenfalls durch eine Depression gekennzeichnet. Sie kann – analog zur subjektiven Erfahrung der Depression als Durchgangstor zu einer weiteren, höheren Bewusstseinsstufe – als ein Moment verstanden werden, der zu jenem Schwellenübergang gehört, von dem Lietaer überzeugt war. Damit schließt er an alte Vorstellungen vom Ende des Kali Yuga, des »finsteren Zeitalters« an, wie sie traditionell und aktuell in verschiedenen spirituellen Lehren beschrieben werden. Ein dunkles Zeitalter von 5000 Jahren ist an sein Ende gekommen. Ein neues, lichtes Zeitalter schließt sich daran an. Einzelne Menschen, aber auch die Menschengemeinschaft als ganze finden in ihren Schicksalen den Weg von der Finsternis zum Licht!

> Kulturen verändern sich aufgrund ihrer verletzten Archetypen, oder sie sterben. Anders ausgedrückt: Wenn ein Urbild in einer Kultur lange Zeit unterdrückt wird, konnte die Gesellschaft nicht die Fähigkeit entwickeln, mit diesem Aspekt der menschlichen Psyche umzugehen. Sie muss sich daher letztlich verändern oder auf dem Gebiet scheitern, das mit dem Archetyp zusammenhängt. Trifft diese These zu, würde das insbesondere bedeuten, dass die westliche Gesellschaft derzeit ihrer Nemesis entgegengeht, da sie über die Ökokrise, die Selbstbestimmung der Frau, die Sinnkrise

> und die Krise des bestehenden Paradigmas in Kontakt zum Wiedererwachen des Archetyps der Großen Mutter gerät. Das ist erstaunlich, denn bisher erwies sich die westliche modernistische Weltsicht über mehrere Jahrtausende hinweg als bemerkenswert robust.[94]

Ein neues Weltbild wird möglich

Im Zeitalter des Materialismus finden sich für die einen oder anderen Menschen unter der Voraussetzung der Sensibilität für den Mangel die Bedürfnisse nach dem Metaphysischen und nach Beziehungen zu einem »Wesentlichen« verstärkt. In alten Kulturen, beispielsweise in Griechenland, besuchten die Menschen aus diesem Grund von Zeit zu Zeit die Tempel, und zwar nicht nur, weil sie den Worten eines Priesters lauschen wollten, sondern auch, weil sie den Kontakt zum Schönen suchten, von dem sie wussten, dass dessen Wirkung sie verändern würde. Heutzutage ließe sich daraus ein Impuls für gute Gegenwartskunst entwickeln.

> Ich spreche immer von Kunst als Modell der sozialen Struktur; es macht eine Gesellschaft aus, nicht nur ästhetisch, sondern auch durch seine Botschaft. Dies war etwas Bewusstes unter den Griechen. Zu anderen Zeiten – unsere eigene eingeschlossen – war es das nicht so sehr, aber das macht es nicht weniger funktionsfähig.[95]

Es sind interessanterweise mitunter von außen wirkende, bedrängende Entwicklungen, die zu neuen Sichtweisen leiten. Einseitigkeiten fordern ihren Ausgleich, was besonders eindrücklich am Erwachen des ökologischen Bewusstseins erlebt werden kann.

> Ökologische Notwendigkeiten werden beispielsweise die Menschheit dazu zwingen, eine stärkere Yin-Beziehung zur Natur einzugehen, ganz einfach, weil unser aktueller Ansatz die gesamte Biosphäre in Gefahr bringt. Ich habe bereits die Yin-Natur des

Internets erwähnt. Hier ist ein anderes Beispiel: In der Physik, der am strengsten mathematisch organisierten unserer Wissenschaften, gibt es die Chaostheorie, die ein Yin-Modell des Universums liefert und die mechanistischen Visionen von Newton ersetzt. Gestern sprachen wir über die ursprüngliche Bedeutung des Begriffs »Chaos«, der in Sanskrit ein »unendliches Werden«, ein kontinuierliches und unkontrollierbares Entstehen bezeichnet.[96]

Tatsächlich gelangen die Wissenschaften zunehmend in Bereiche, in denen die untersuchten Phänomene mit neuen Begriffen gefasst werden müssen, weil die althergebrachten dafür nicht mehr taugen. So entwickeln sich Vorstellungen, die denen sehr ähnlich sind, die traditionell als esoterisches Wissen in kleinen, geschlossenen Gruppen gehütet wurden. Mysterien werden öffentlich!

Meiner Meinung nach sind wir an einem entscheidenden Punkt, und nur einen Schritt vom »Bruch« entfernt; am Rande des Chaos einer großen Veränderung. Dies beinhaltet die Wahl zwischen dem, was die Engländer so einleuchtend »brich auf oder brich zusammen« nennen – entweder brechen wir zu einer neuen Komplexitätsstufe durch oder wir kollabieren nach unten auf eine niedrigere Ebene.[97]

Gnothi seauton! (Erkenne dich selbst!)

Nachweis der Zitate

(Zitate von Bernard Lietaer, die im Original in englischer oder französischer Sprache verfasst sind, wurden für dieses Buch erst nach seinem Tod in die deutsche Sprache übersetzt. Folglich wurden diese Übersetzungen von ihm nicht geprüft und freigegeben.)

Teil 1: Rahmenbedingungen

1. Lietaer, Bernard (2002) *Das Geld der Zukunft*, Riemann, S. 22
2. Lietaer, Bernard (2000) *Mysterium Geld*, Riemann, S. 17 f.
3. Lietaer, B., Arnsperger, Ch., Goerner, S. und Brunnhuber, St. (2013) *Geld und Nachhaltigkeit*, Europa Verlag, S. 44
4. Lietaer, Bernard (2002) *Das Geld der Zukunft*, Riemann, S. 85
5. ebd., S. 86
6. Lietaer, Bernard (1971) *Financial Management of Foreign Exchange. An Operational Technique to Reduce Risk*, MIT Press, S. 8
7. ebd., S. 54
8. ebd., S. 143
9. Lietaer, Bernard (1978) *A Role for Europe in the North-South Conflict*, European Cooperation Fund
10. ebd., S. 10
11. ebd., S. 28
12. Lietaer, Bernard (2003) *Terra oder die Zukunft des Geldes*, in Baecker, Dirk (Hg.) *Viele Gelder*, Kadmos, S. 51 f.
13. Lietaer, B., Arnsperger, Ch., Goerner, S. und Brunnhuber, St. (2013) *Geld und Nachhaltigkeit*, Europa Verlag, S. 82
14. ebd., S. 85
15. ebd., S. 91
16. ebd., S. 93
17. Lietaer, Bernard (2000) *Mysterium Geld*, Riemann, S. 113 f.
18. Lietaer, B., Arnsperger, Ch., Goerner, S. und Brunnhuber, St. (2013) *Geld und Nachhaltigkeit*, Europa Verlag, S. 40
19. ebd., S. 45
20. ebd., S. 101 ff.
21. Lietaer, Bernard (2000) *Mysterium Geld*, Riemann, S. 128
22. ebd., S. 135
23. ebd., S. 139
24. ebd., S. 144
25. Lietaer, Bernard (2003) »Terra oder die Zukunft des Geldes«, in Baecker, Dirk (Hg.) *Viele Gelder*, Kadmos, S. 32 f.
26. Lietaer, Bernard (2002) *Das Geld der Zukunft*, Riemann, S. 68
27. ebd., S. 127
28. Binswanger, Hans Christoph (1985) *Geld und Magie*, Edition Weitbrecht
29. Lietaer, Bernard (2002) *Das Geld der Zukunft*, Riemann, S. 129
30. Lietaer, B., Arnsperger, Ch., Goerner, S. und Brunnhuber, St. (2013) *Geld und Nachhaltigkeit*, Europa Verlag, S. 199

31. ebd., S. 34
32. ebd., S. 219
33. ebd., S. 223
34. ebd., S. 51
35. Lietaer, Bernard (2002) *Das Geld der Zukunft*, Riemann, S. 140
36. ebd., S. 125
37. Lietaer, Bernard (2000) *Mysterium Geld*, Riemann, S. 25
38. ebd., S. 333
39. Lietaer, B., Hallsmith, G. (2011) *Creating Wealth*, New Society Publishers, S. 53
40. Lietaer, Bernard (2002) *Das Geld der Zukunft*, Riemann, S. 336
41. ebd., S. 335
42. ebd., S. 335 f.
43. Lietaer, Bernard (2000) *Mysterium Geld*, Riemann, S. 264
44. ebd., S. 27 f.
45. ebd., S. 120
46. ebd., S. 30
47. ebd., S. 105 ff.
48. ebd., S. 312
49. ebd., S. 312 f.
50. ebd., S. 261
51. ebd., S. 262
52. Lietaer, B., Arnsperger, Ch., Goerner, S. und Brunnhuber, St. (2013) *Geld und Nachhaltigkeit*, Europa Verlag, S. 158 ff.
53. Lietaer, B., Belgin, St. (2011) *New Money for a New World*, Qiterra Press, S. 37
54. ebd., S. 37
55. ebd., S. 50
56. ebd., S. 235
57. Lietaer, Bernard (2002) *Das Geld der Zukunft*, Riemann, S. 268
58. ebd., S. 372
59. ebd., S. 374
60. ebd., S. 375
61. Lukas-*Evangelium*, Vers 6, 34,35
62. *2. Buch Mose*, Vers 22, 24
63. Papst Benedikt XIV. (1745) *Enzyklika Vix pervenit*, §3, 1
64. Lietaer, B., Bindewald, L. (2011) »Der blinde Fleck der globalen Krisen«, in *Ende oder Neubeginn*, Flensburger Hefte
65. Lietaer, Bernard (2002) *Das Geld der Zukunft*, Riemann, S. 130
66. ebd., S. 134
67. Lietaer, B., Belgin, St. (2011) *New Money for a New World*, Qiterra Press, S. 40
68. Lietaer, Bernard (2000) *Mysterium Geld*, Riemann, S. 150
69. Lietaer, Bernard (2002) *Das Geld der Zukunft*, Riemann, S. 41
70. ebd., S. 54
71. ebd., S. 55
72. ebd., S. 170
73. Lietaer, Bernard (2000) *Mysterium Geld*, Riemann, S. 92
74. Lietaer, Bernard (2002) *Das Geld der Zukunft*, Riemann, S. 122
75. Lietaer, Bernard (2003) »Terra oder die Zukunft des Geldes«, in Baecker, Dirk (Hg.) *Viele Gelder*, Kadmos, S. 33 f.
76. ebd., S. 36
77. Lietaer, Bernard (2002) *Das Geld der Zukunft*, Riemann, S. 332
78. ebd., S. 333
79. ebd., S. 334
80. ebd., S. 335
81. ebd., S. 376 ff.
82. ebd., S. 377 f.
83. Lietaer, B., Belgin, St. (2011) *New Money for a New World*, Qiterra Press, S. 171
84. Lietaer, Bernard (2002) *Das Geld der Zukunft*, Riemann, S. 427
85. ebd., S. 385

86. Lietaer, B., Arnsperger, Ch., Goerner, S. und Brunnhuber, St. (2013) *Geld und Nachhaltigkeit*, Europa Verlag, S. 37 f.
87. Lietaer, Bernard (2003) »Terra oder die Zukunft des Geldes«, in Baecker, Dirk (Hg.) *Viele Gelder*, Kadmos, S. 35
88. ebd., S. 43
89. ebd., S. 35
90. Lietear, B., Dunne, J. (2013) *Rethinking Money*, Berrett-Koehler Publ., S. 134
91. ebd., S. 135
92. Lietaer, Bernard (2003) »Terra oder die Zukunft des Geldes«, in Baecker, Dirk (Hg.) *Viele Gelder*, Kadmos, S. 35
93. Lietaer, Bernard (2003) *Notizen für ein Interview für die Zeitschrift »Die Zeit«*, unveröffenlticht
94. Lietaer, Bernard (2002) *Das Geld der Zukunft*, Riemann, S. 307
95. ebd., S. 37 f.
96. Lietaer, Bernard (2000) *Mysterium Geld*, Riemann, S. 305
97. Lietaer, Bernard (2002) *Das Geld der Zukunft*, Riemann, S. 39
98. ebd., S. 245 ff.
99. ebd., S. 253 ff.
100. ebd., S. 400 ff.
101. ebd., S. 401
102. ebd., S. 405
103. ebd., S. 406 f.
104. ebd., S. 424 f.
105. Lietaer, Bernard (2000) *Mysterium Geld*, Riemann, S. 109
106. Lietaer, Bernard (2003) »Terra oder die Zukunft des Geldes«, in Baecker, Dirk (Hg.) *Viele Gelder*, Kadmos, S. 72
107. Lietaer, B., Belgin, St. (2011) *New Money for a New World*, Qiterra Press, S. 111
108. ebd., S. 112
109. ebd., S. 113
110. ebd., S. 116
111. Lietaer, B., Arnsperger, Ch., Goerner, S. und Brunnhuber, St. (2013) *Geld und Nachhaltigkeit*, Europa Verlag, S. 154
112. ebd., S. 90
113. ebd., S. 85
114. Lietaer, B., Belgin, St. (2011) *New Money for a New World*, Qiterra Press, S. 111 ff.
115. Lietaer, B., Arnsperger, Ch., Goerner, S. und Brunnhuber, St. (2013) *Geld und Nachhaltigkeit*, Europa Verlag, S. 113 ff.
116. ebd., S. 114
117. ebd., S. 117
118. ebd., S. 126
119. ebd., S. 134
120. ebd., S. 136
121. ebd., S. 138
122. ebd., S. 151

Teil 2: Wissen und Weisheit

1. Lietaer, B., Arnsperger, Ch., Goerner, S. und Brunnhuber, St. (2013) *Geld und Nachhaltigkeit*, Europa Verlag, S. 52
2. ebd., S. 54
3. ebd., S. 55
4. ebd., S. 56
5. ebd., S. 59
6. ebd., S. 70
7. ebd., S. 72 f.
8. ebd., S. 158
9. ebd., S. 307
10. ebd., S. 71 f.

11. Lietaer, Bernard (2000) *Mysterium Geld*, Riemann, S. 109
12. ebd., S. 282
13. *Lietaer, Bernard (2019) Gespräch mit dem Verfasser am 14. und 15.01.2019, unveröffentlicht*
14. Varela, F. J., Maturana, H. R. und Uribe, R. (1974) *Autopoiesis: The organization of living systems, its characterization and a model,* Biosystems (5), S. 187–196
15. Lietaer, B., Arnsperger, Ch., Goerner, S. und Brunnhuber, St. (2013) *Geld und Nachhaltigkeit*, Europa Verlag, S. 234
16. Lietaer, B., Belgin, St. (2011) *New Money for a New World*, Qiterra Press, S. 229
17. Goerner, Sally (1999) *After the Clockwork Universe*, Floris Books
18. *Lietaer, Bernard (2019) Gespräch mit dem Verfasser am 14. und 15.01.2019, unveröffentlicht*
19. Lietaer, Bernard (2002) *Das Geld der Zukunft*, Riemann, S. 389
20. ebd., S. 390
21. ebd., S. 390 f.
22. ebd., S. 393
23. ebd., S. 395
24. ebd., S. 396 f.
25. ebd., S. 128
26. Rosen, David (1997) *The Tao of Jung*, Pengiun
27. Lietaer, B., Bindewald, L. (2011) »Der blinde Fleck der globalen Krisen«, in *Ende oder Neubeginn*, Flensburger Hefte
28. Lietaer, Bernard (2000) *Mysterium Geld*, Riemann, S. 89 ff.
29. ebd., S. 250
30. Lietaer, Bernard (2003) »Terra oder die Zukunft des Geldes«, in Baecker, Dirk (Hg.) *Viele Gelder*, Kadmos, S. 55
31. ebd., S. 67 f.
32. Lietaer, Bernard (2000) *Mysterium Geld*, Riemann, S. 22
33. ebd., S. 25
34. ebd., S. 34
35. ebd., S. 94
36. ebd., S. 89 ff.
37. ebd., S. 145
38. ebd., S. 310
39. ebd., S. 312
40. ebd., S. 265
41. ebd., S. 272 f.
42. Feuerstein, Georg (1987) *Structures of Conciousness*, Integral Publishing, S. 42
43. ebd., S. 81
44. ebd., S. 117 ff.
45. Lietaer, Bernard (2000) *Mysterium Geld*, Riemann, S. 273
46. ebd., S. 275 f.
47. ebd., S. 38 ff.
48. ebd., S. 60
49. ebd., S. 88
50. ebd., S. 39 f.
51. ebd., S. 40
52. ebd., S. 42
53. ebd., S. 43
54. ebd., S. 46
55. ebd., S. 56
56. ebd., S. 62
57. ebd., S. 68
58. ebd., S. 76
59. ebd., S. 241
60. ebd., S. 268 f.
61. ebd., S. 94
62. ebd., S. 38, 39, 74, 93, 105, 112, 122, 139, 160, 161, 164, 171, 207, 221, 240, 252, 259, 265, 273, 274, 283, 317, 318. Auch in *Geld der Zukunft* (2002) z.B. auf den Seiten 390, 397, 399, 410
63. ebd., S. 38 ff.

64. ebd., S. 206
65. ebd., S. 207
66. ebd., S. 283 ff.
67. ebd., S. 287
68. ebd., S. 316 ff.
69. Lietaer, Bernard (2023) *Shift – Drei Paradigmenwechsel, die wir vollziehen müssen, um zukunftsfähig zu werden*, Neue Erde Verlag
70. Lietaer, Bernard (2000) *Mysterium Geld*, Riemann, S. 213
71. ebd., S. 200
72. ebd., S. 208
73. ebd., S. 215
74. ebd., S. 218
75. Lietaer, B., Belgin, St. (2011) *New Money for a New World*, Qiterra Press, S. 275
76. ebd., S. 279
77. Lietaer, Bernard (2000) *Mysterium Geld*, Riemann, S. 219
78. ebd., S. 238
79. ebd., S. 225
80. ebd., S. 221 ff.
81. ebd., S. 238
82. ebd., S. 240
83. Lietaer, Bernard (2002) *Das Geld der Zukunft*, Riemann, S. 24 ff.
84. ebd., S. 35
85. ebd., S. 37
86. ebd., S. 46 ff.
87. ebd., S. 45
88. ebd., S. 52
89. ebd., S. 166 f.
90. ebd., S. 172 ff.
91. ebd., S. 183
92. ebd., S. 183 f.
93. ebd., S. 200 ff.
94. ebd., S. 208
95. ebd., S. 211
96. ebd., S. 220
97. ebd., S. 222
98. Lietaer, Bernard (2000) *Mysterium Geld*, Riemann, S. 321 ff.

Teil 3: Spiritualität

1. Lietaer, Bernard (2008) »Rembrandt van Rijn, who are you?«, in Vervoordt, Axel (Hg.): *Academia: Qui es-tu?*, MER. Paper Kunsthalle, S. 9 ff.
2. ebd., S. 9
3. ebd., S. 10
4. ebd., S. 12
5. ebd., S. 17
6. ebd., S. 18
7. Lietaer, Bernard (2008) »Know thyself!«, in Vervoordt, Axel (Hg.): *Academia: Qui es-tu?*, MER. Paper Kunsthalle, S. 7f.
8. ebd., S. 8
9. ebd., S. 8
10. Jung, Carl Gustav (1995) *Psychologie und Alchemie*, Walter Verlag
11. ebd., S. 284 f.
12. ebd., S. 323
13. Rosen, David (1997) *The Tao of Jung*, Pengiun, S. 29 ff.
14. Lietaer, Bernard (2008) »Gespräch mit Tesa Silvestre«, in Krause, P., Bernard Lietaer – Leben und Werk, Band II, S. 37 ff.
15. ebd.
16. Lietaer, Bernard (2002) *Das Geld der Zukunft*, Riemann, S. 393 f.
17. Lietaer, Bernard (2008) »Gespräch mit Tesa Silvestre«, in Krause, P. Bernard Lietaer – Leben und Werk, Band II, S. 37 ff.

18. Lietaer, Bernard (2019) *Gespräch mit dem Verfasser* am 14. und 15.01.2019, unveröffentlicht
19. ebd.
20. Lietaer, Bernard (2000) *Mysterium Geld*, Riemann, S. 159
21. ebd., S. 167 f.
22. Lietaer, Bernard (2019) *Gespräch mit dem Verfasser* am 14. und 15.01.2019, unveröffentlicht
23. ebd.
24. ebd.
25. ebd.
26. Lietaer, Bernard (2002) *Das Geld der Zukunft*, Riemann, S. 166 f.
27. Lietaer, Bernard (2000) *Mysterium Geld*, Riemann, S. 199 f.
28. Ladwein, Michael (1998) *Chartres – Ein Führer durch die Kathedrale*, Urachhaus, S. 11.
29. Teichmann, Frank (1991) *Der Mensch und sein Tempel,* Urachhaus, S. 61
30. Richter, Gottfried (1958) *Chartres – Idee und Gestalt der Kathedrale*, Urachhaus, S. 29.
31. Teichmann, Frank (1991) *Der Mensch und sein Tempel,* Urachhaus, S. 271.
32. *Richter, Gottfried (1958) Chartres – Idee und Gestalt der Kathedrale*, Urachhaus, S. 50.
33. *Evangelium des Matthäus*, Vers 25, 1-13
34. Richter, Gottfried (1958) *Chartres – Idee und Gestalt der Kathedrale*, Urachhaus, S. 51.
35. Eriugena, Johannes Scotus (1870) *Über die Einteilung der Natur*, Dürr
36. Richter, Gottfried (1958) *Chartres – Idee und Gestalt der Kathedrale*, Urachhaus, S. 21.
37. *Thomasevangelium*, Logion 56
38. ebd.
39. *ebd.*, Logion 22
40. Lietaer, Bernard (2000) *Mysterium Geld*, Riemann, S. 156 f.
41. ebd., S. 158
42. ebd., S. 162
43. ebd., S. 159
44. ebd., S. 168
45. ebd., S. 169
46. Lietaer, B., Belgin, St. (2011) *New Money for a New World*, Qiterra Press, S. 255
47. ebd., S. 258 f.
48. ebd., S. 259
49. ebd., S. 262
50. ebd., S. 262
51. ebd., S. 263
52. Lietaer, Bernard (2008) »Gespräch mit Tesa Silvestre«, in Krause, P., Bernard Lietaer – Leben und Werk, Band II, S. 37 ff.
53. Lietaer, Bernard (1980) *Physique et Métaphysique*, unveröffentlicht
54. ebd.
55. ebd.
56. ebd.
57. ebd.
58. ebd.
59. ebd.
60. ebd.
61. Bartiral, René de und Wessel, Sonja (2002) »Möglicher Beitrag der Geobiologie«, in *Planet Alpen*, Alpenbüro Schnals, S. 122 ff.
62. ebd., S. 122
63. ebd., S. 123
64. ebd., S. 124 f.
65. ebd., S. 125
66. ebd., S. 126
67. ebd., S. 127
68. ebd., S. 129

69. ebd., S. 130
70. Gonzalez, Chacho (2019), Erinnerung an Bernard Lietaer, unveröffentlicht
71. Gonzalez, Ch., Lietaer, B., Lumbreras, L. (1976) »Acerca de la Función del Sistema Hidraúlico de Chavin«, in *Investigaciones de Campo* (2), Museo Nacional de Antropología y Arqueología de la Universidad de San Marcos
72. Bartiral, René de (1982) »Le tracé harmonique ou le secret de Chavin«, in: *Kadath (48)*, S. 22-33
73. ebd.
74. Steiner, Rudolf (1992) *Wege zu einem neuen Baustil*, Rudolf Steiner Verlag, S. 23
75. Lietaer, Bernard (2008) »Gespräch mit Tesa Silvestre«, in Krause, P., Bernard Lietaer – Leben und Werk, Band II, S. 37 ff.
76. ebd.
77. Tatsuro Miki, *Gespräch mit dem Verfasser* am 03.03.2019, unveröffentlicht
78. ebd.
79. Bransgrove, Stanley (1998) *Masonic Symbolism of the Arithmetical Number Five and its Plane Geometric Construct the Pentagram and Solid Geometric Construct the Dodecahedron*, Webartikel auf http://www.themasonictrowel.com/Articles/Symbolism/comprehensive_files/masonic_symbolism_of_the_arithmetical.htm (zuletzt abgerufen am 04.05.2020)
80. ebd.
81. ebd.
82. Lietaer, Bernard (2019) *Gespräch mit dem Verfasser* am 14. und 15.01.2019, unveröffentlicht
83. Winterberg, C. (1896) *Fra Luca Pacioli ›Divina Proportione‹ – Vom goldenen Schnitt*, Carl Graeser
84. ebd., S. 185
85. ebd., S. 186 und 189
86. Bartiral, R. de, Miki, T. und Vervoordt, A. (2015) »Proportio – Harmonia Universalis: Past, Present and Future«, in Vervoordt, Axel (Hg.) *Proportio*, MER. Paper Kunsthalle, S.17-37
87. ebd., S. 21
88. ebd., S. 23
89. ebd., S. 24
90. ebd., S. 25
91. Lietaer, B., Bindewald, L. (2011) »Der blinde Fleck der globalen Krisen«, in *Ende oder Neubeginn*, Flensburger Hefte
92. Lietaer, Bernard (2000) *Mysterium Geld*, Riemann, S. 168 f.
93. ebd., S. 169
94. ebd., S. 277
95. Bartiral, R. de, Vervoordt, A. (2008) »To what do we aspire?«, in Vervoordt, Axel (Hg.): *Academia: Qui es-tu?*, MER. Paper Kunsthalle, S. 42
96. ebd.
97. ebd., S. 44

Literaturverzeichnis

Baecker, Dirk (Hg.) (2003) *Viele Gelder*, Kadmos

Bartiral, René de (1982) »Le tracé harmonique ou le secret de Chavin«, in: *Kadath* (48), S. 22-34

Bartiral, René de und Wessel, Sonja (2002) »Möglicher Beitrag der Geobiologie«, in: *Planet Alpen*, Alpenbüro Schnals, S. 122 ff.

Bartiral, René de und Vervoordt, Axel (2008) »*To what do we aspire?*«, in Vervoordt, Axel (Hg.) *Academia: Qui es-tu?*, MER. Paper Kunsthalle, S. 41-49 Bartiral, R. de, Miki, T. und Vervoordt, A. (2015) »Proportio – Harmonia Universalis: Past, Present and Future«, in Vervoordt, Axel (Hg.) *Proportio*, MER. Paper Kunsthalle, S. 17-37

Binswanger, Hans Christoph (1985) *Geld und Magie*, Edition Weitbrecht

Bransgrove, Stanley (1998) *Masonic Symbolism of the Arithmetical Number Five and its Plane Geometric Construct the Pentagram and Solid Geometric Construct the Dodecahedron*, Webartikel auf http://www.themasonictrowel.com/Articles/Symbolism/comprehensive_files/masonic_symbolism_of_the_arithmetical.htm (Abgerufen: April 2020)

Feuerstein, Georg (1987) *Structures of Conciousness*, Integral Publ., S. 42

Goerner, Sally (1999) *After the Clockwork Universe*, Floris Books

Gonzalez, Ch., Lietaer, B. und Lumbreras, L. (1976) »Acerca de la Función del Sistema Hidraúlico de Chavin«, in *Investigaciones de Campo* (2), Museo Nacional de Antropología y Arqueología de la Universidad de San Marcos

Jung, Carl Gustav (1995) *Psychologie und Alchemie*, Walter Verlag

Ladwein, Michael (1998) *Chartres – Ein Führer durch die Kathedrale*, Urachhaus

Lietaer, Bernard (1978) *A Role for Europe in the North-South Conflict*, European Cooperation Fund

Lietaer, Bernard: *Audio file*, 1971 (Lietaer-Archiv)

Lietaer, Bernard und Hallsmith, Gwendolyn. (2011) *Creating Wealth: Growing Local Economies with Local Currencies*, New Society Publishers

Lietaer, Bernard (2002) *Das Geld der Zukunft*, Riemann

Lietaer, Bernard und Bindewald, Leander (2011) »Der blinde Fleck der globalen Krisen«, in *Ende oder Neubeginn*, Flensburger Hefte

Lietaer, Bernard (2001) *Die Welt des Geldes. Das Aufklärungsbuch.* Arena

Lietaer, Bernard (1979) *Europe and Latin America and the multinationals: A positive sum game for the exchange of raw materials and technology in the 1980s*, Saxon House

Lietaer, Bernard (1971) *Financial Management of Foreign Exchange. An Operational Technique to Reduce Risk*, MIT Press

Lietaer, B., Arnsperger, Ch., Goerner, S. und Brunnhuber, St. (2013) *Geld und Nachhaltigkeit*, Europa Verlag

Lietaer, Bernard (2019) *Gespräch mit dem Verfasser am 14. und 15.01.2019*, unveröffentlicht

Lietaer, Bernard (2008) »Gespräch mit Tesa Silvestre«, in Krause, P., Bernard Lietaer – Leben und Werk, Band II

Lietaer, Bernard (2015) »Know thyself!«, in Vervoordt, Axel (Hg.) *Academia: Qui es-tu?*, MER. Paper Kunsthalle, S. 7f.

Lietaer, Bernard (2000) *Mysterium Geld*, Riemann

Lietaer, Bernard und Belgin, Stephen (2011) *New Money for a New World*, Qiterra Press

Lietear, Bernard (1980) *Physique et métaphysique*, unveröffentlicht

Lietaer, Bernard (2015) »Rembrandt van Rijn, who are you?«, in Vervoordt, Axel (Hg.) *Academia: Qui es-tu?* MER. Paper Kunsthalle, S. 9-22

Lietear, Bernard und Dunne, Jaqui (2013) *Rethinking Money*, Berrett-Koehler

Lietaer, Bernard und Silvestre, Tesa (2008) »The Money System as the Ultimate Acupuncture Point«, in Krause, P., *Bernard Lietaer – Leben und Werk*, Band II

Lietaer, Bernard (2019) *Towards a sustainable World*, Delta Institute

Richter, Gottfried (1958) *Chartres – Idee und Gestalt der Kathedrale*, Urachhaus

Rosen, David (1997) *The Tao of Jung*, Pengiun

Steiner, Rudolf (1982) *Wege zu einem neuen Baustil*, Rudolf Steiner Verlag

Teichmann, Frank (1991) *Der Mensch und sein Tempel – Chartres, Schule und Kathedrale*, Urachhaus,

Varela, F. J., Maturana, H. R. und Uribe, R. (1974) *Autopoiesis: The organization of living systems, its characterization and a model*, Biosystems (5), S. 187–196

Weiterführende Literatur

Beetz, Jürgen (2016) *Feedback*, Springer

Brome, Vincent (1978) *Jung – Man and Myth*, McMillan

Chia, Mantak und Chia, Mannewan (1990) *Chi Nei Tsang – Internal Organ Chi Massage*, Healing Tao Books

Clark, R. T (1978) *Myth and Symbol in ancient Egypt*, Thames & Hudson

Drucker, Peter F. (1989) *The new Realities*, Harper & Row

Frick, Karl R. H. (1975) *Die Erleuchteten*, Marix

Frick, Karl R. H. (1975) *Licht und Finsternis – Band I*, Marix

Frick, Karl R. H. (1975) *Licht und Finsternis – Band II*, Marix

Harman, Willis (1988) *Global Mind Change*, Knowledge Systems

Head, Joseph und Cranston, S. L. (1978) *Reincarnation – The Phoenix Fire Mystery*, Three Rivers Press

Jacobi, Jolande (1978) *Die Psychologie von C. G. Jung*, Fischer

Ladwein, Michael (2019) *Mensch Rembrandt*, Urachhaus

Michell, John (1983) *The new View over Atlantis*, Thames & Hudson

Pacioli, Luca (1997) *Abhandlung über die Buchhaltung 1994*, Schäffer-Poeschel

Pagels, Elain (1979) *The gnostic Gospels*, Random House

Panikkar, Raimon (1985) *Rückkehr zum Mythos*, Insel

Panikkar, Raimon (1989) *Den Mönch in sich entdecken*, Kösel

Rolfe, Mona (1981) *The Spiral of Life*, C.W. Daniel (Saffron Walden, UK)

Schultz, Joachim (1986) *Movement and Rhythms of the Stars*, Floris Books

Schwaller de Lubicz, R. A. (1977) *The Temple in Man*, Autumn Press

Slawson, David A. (1987) *Secret Teachings in the art of Japanese Gardens*, Kodansha International

Steiner, Rudolf (1991) *Die Tempellegende und die Goldene Legende*, Rudolf Steiner Verlag

Swimme, Brian (1996) *The hidden Heart of the Cosmos*, Orbis Books

Voragine, Jacobus de (1979) *Legenda Aurea*, Lambert Schneider

Waldo-Schwartz, Paul (1977) *Art and the Occult*, Allen & Unwin

Winterberg, Constantin *(1896) Fra Luca Pacioli ›Divina Proportione‹ – Vom goldenen Schnitt, Carl Graeser*

Zain, C.C. (1994) *Ancient Masonry*, The Church of Light

Bibliographie (Auswahl)

Bücher von Bernard Lietaer

1971 *Financial Management of Foreign Exchange. An Operational Technique to Reduce Risk*, MIT Press

1975 *Short Term Planning Models*

1978 *A Role for Europe in the North-South Conflict*, European Cooperation Fund

1979 *Europe and Latin America and the multinationals: A positive sum game for the exchange of raw materials and technology in the 1980s*, Saxon House

1980 *Physique et métaphysique*, unveröffentlicht

2000 *Mysterium Geld: Bedeutung und Wirkungsweise eines Tabus*, Riemann

2001 *Die Welt des Geldes: Das Aufklärungsbuch*, Arena

2001 *The Future Of Money: Creating New Wealth, Work and a Wiser World*, Arrow Books

2002 *Das Geld der Zukunft*, Riemann

2004 *Regionalwährungen: neue Wege zu nachhaltigem Wohlstand*, mit Margrit Kennedy, Riemann

2011 *Creating Wealth: Growing Local Economies with Local Currencies*, mit Gwendolyn Hallsmith, New Society Publishers

2011 *New Money for a New World*, mit Stephen Belgin, Qiterra Press

2012 *People Money: The Promise of Regional Currencies*, mit Margrit Kennedy und John Rogers, Triarchy Press

2012 *Money and sustainability: the missing link*, mit Christian Arnsperger, Sally Goerne und Stefan Brunnhuber; Triarchy Press

2013 *Rethinking Money*, mit Jacqui Dunne, Berrett-Koehler Publishers

2013 *Geld und Nachhaltigkeit: Von einem überholten Finanzsystem zu einem monetären Ökosystem,* mit Christian Arnsperger, Sally Goerner und Stefan Brunnhuber, Europa Verlag

2019 *Towards a sustainable World,* Delta Institute

2023 *Shift – Drei Paradigmenwechsel, die wir vollziehen müssen, um zukunftsfähig zu werden,* Neue Erde Verlag

Aufsätze von Bernard Lietaer

1970 »Managing Risks in Foreign Exchange«, *Harvard Business Review* (Mär-Apr)

1970 »Prepare Your Company for Inflation«, *Harvard Business Review* (Sep-Okt)

1976 »Acerca de la Función del Sistema Hidraúlico de Chavin« (mit Luis Lumbreras; Chacho Gonzalez), in *Investigaciones de Campo* (2), Museo Nacional de Antropología y Arqueología de la Universidad de San Marcos

1982 »Un Temple Acoutstique au XIXe Siècle avant J.-C.« (mit Luis Lumbreras, Chacho González)

1982 (René de Bartiral) »Le tracé harmonique ou le secret de Chavin«, in: *Kadath (48)*, S. 22–33

1997 »Internet Currencies for Virtual Communities«, http://www.transaction.net/money/internet/notes

2000 »Healing Money: A High-Leverage Strategy to Create a Sustainable World«, unveröffentlicht

2001 »Complementary currencies can lead us towards a more equitable future«, *Resurgence Magazine* (207)

2002 (René de Bartiral) »Möglicher Beitrag der Geobiologie« (mit Sonja Wessel), in *Planet Alpen,* Alpenbüro Schnals

2003 »A World in Balance?«, *Reflections: The SoL Journal* 4(4), S. 6-16

2003 »Sustaining cultural vitality in a globalizing world: the Balinese example« (mit Stephen DeMeulenaere), *International Journal of Social Economics* 30(9), S. 967-984

2003 »Terra oder die Zukunft des Geldes«, in: Baecker, Dirk (Hg.): *Viele Gelder*, Kadmos

2004 »*The Terra TRC White Paper*«, auf www.lietaer.com

2004 »Complementary currencies in Japan today: History, originality and relevance«, *International Journal of Community and Complementary Currency Research* (8), S. 1-23

2005 »An Integral View on Money and Financial Crashes«, auf www.lietaer.com

2006 »Complementary Currency Innovation: self-guarantee in peer-to-peer currencies« (mit M. Adron), *International Journal of Community and Complementary Currency Research* (10), S. 1-7

2006 »A Proposal for a Brazilian Education Complementary Currency«, *International Journal of Community Currency Research* (10), S. 18-23

2006 »Community Currency Guide« (mit Gwendolyn Hallsmith), auf www.lietaer.com

2006 »Natural savings«: a new microsavings product for inflationary environments how to save forests with savings for and by the poor?« (mit Marek Hudon), *Savings and Development* 30(4), S. 357-380

2008 »The Banking Crisis: What Can Businesses Do Now?«, unveröffentlicht

2008 »Commercial Credit Circuit (C3) A Financial Innovation to Structurally Address Unemployment« (mit Social Trade Organisation »STRO«), unpublished

2008 (René de Bartiral) »To what do we aspire?« (mit Axel Vervoordt), in Vervoordt, Axel (Hg.) *Academia: Qui es-tu?*, MER. Paper Kunsthalle, S. 41-49

2008 »Know thyself!«, in Vervoordt, Axel (Hg.): *Academia: Qui es-tu?*, 2008, MER. Paper Kunsthalle, S. 7-f.

2008 »Rembrandt van Rijn, who are you?«, in Vervoordt, Axel (Hg.): *Academia: Qui es-tu?*, MER. Paper Kunsthalle

2008 »All the Options for managing a systemic bank crisis« (Whitepaper) (mit Robert E. Ulanowicz, Sally Goerner), Sapiens 2(1), S. 1-15 (auf Deutsch im Internet zu finden als »Wege zur Bewältigung systemischer Bankenkrisen«)

2008 »How Businesses Can Save Themselves from the Impact of the Banking Crisis«, auf www.lietaer.com

2009 »A Revolutionary Idea: Stabilising the economic sector with alternative currency«, *Resurgence Magazine* (253)

2009 »Quantifying economic sustainability: Implications for free-enterprise theory, policy and practice« (mit Sally Goerner, Robert E. Ulanowicz), *Ecological Economics* (69), S. 76-81

2009 »Quantifying sustainability: Resilience, efficiency and the return of information theory« (mit Robert E. Ulanowicz, Sally Goerner, Rocio Gomez), *Ecological Complexity* 6(1), S. 27-36

2010 »Is our Monetary Structure a Systemic Cause for Financial Instability? Evidence and Remedies from Nature« (mit Robert E. Ulanowicz, Sally Goerner, Nadia McLaren), *Journal of Future Studies* 14(3), S. 89-103

2010 »Scientific Evidence of Why Complementary Currencies are Necessary to Financial Stability«, unveröffentlicht

2010 »Monetary Monopoly as Structural Cause for Systemic Financial Instabilities?«, in Mouatt, S., Adams, C. (Hrg.) *Corporate and Social Transformation of Money and Banking: Breaking the Serfdom*, McMillan

2015 »Design of Social Digital Currency« (mit Denis Roio, Marco Sachy, Stefano Lucarelli, Francesca Bria), d-cent Project

2015 (René de Bartiral) »Proportio – Harmonia Universalis: Past, Present and Future« (mit Miki, T. und Vervoordt, A.), in Vervoordt, Axel (Hg.) *Proportio*, MER. Paper Kunsthalle, *S. 17-37*

2016 »*Economics as an Evolutionary System – Psychological Development and Economic Behavior*« (mit Stefan Brunnhuber), *Evolutionary and Institutional Economics Review* 2(1), S.113-139

Über den Autor

Nach seiner Schulzeit an der Freien Waldorfschule in Rendsburg studierte Peter Krause (*1957) Kunst, Pädagogik, Theologie und Betriebswirtschaft. Heute arbeitet er als freier Journalist und Buchautor. Themenschwerpunkte sind Medizin, Ökonomie und das Schreiben von Biografien. Neben den beruflichen Interessen an ökologisch sinnvollen Wirtschafts- und Geldformen, interessiert er sich besonders für Formen sinnerfüllten Naturerlebens. Beides – eine vernünftige Ökonomie und eine mitweltliche Ökologie – gehören für ihn zusammen.

aktiv-zukunft-leben.de

Von der Ausplünderung zur Regeneration

In diesem Buch trägt Vandana Shiva ihre Themen mit Nachdruck und im Lichte der aktuellen Ereignisse vor. Und sie macht deutlich, dass es nicht damit getan ist, das derzeitige Wirtschaftssystem zu reformieren. Denn was wir derzeit haben, ist keine Ökonomie im Sinne von Oikos, dem gemeinsamen »Haus« unserer Erde, dem Haushalt der Natur, den die Ökologie beschreibt. Was »Wirtschaft« und »Wachstum« genannt wird, ist Extraktvismus, Plünderung der Lebensgrundlagen, ein Zehren von der Substanz.

Vandana Shiva
Wahre Wirtschaft
Von der Geldgier zu einer Ökonomie der Fürsorge
Klappenbroschur, 304 Seiten
ISBN 978-3-89060-820-4

Mit Geld Segen in die Welt bringen

Neben Atemluft und Wasser ist Geld ein Fluidum, dessen Energie praktisch alles durchzieht und das alle verbindet. Wenn wir beginnen, Münzen und Scheinen positiv aufzuladen, können wir Geld als Medium nutzen, um Positives in die Welt zu bringen. Geld annehmen und ausgeben mit einem Gefühl der Dankbarkeit und Freude, das verwandelt nicht nur uns, sondern auch die Welt.

Heidrun Schwartz
Positives Geld
Dankbarkeit und Freude erleben mit der Energie des Geldes
Hardcover, 128 Seiten
ISBN 978-3-89060-607-1

Ohne Paradigmenwechsel geht es nicht

Bernard Lietaer sieht die Menschheit heute vor enormen Herausforderungen stehen, darunter drei, die überwältigend sind:

- Die Klimaveränderungen;
- Flüchtlinge;
- Währungsstabilität.

Dennoch ist und bleibt er optimistisch. Herausforderungen haben die Menschen immer wieder gezwungen, zu wachsen und sich in die nächste Phase ihrer Entwicklung zu begeben, indem sie die Paradigmenwechsel, mit denen sie konfrontiert waren, auf mustergültige Weise bewältigten. Wir befinden uns jetzt in einem Abschnitt, in dem wir in eine neue Phase unserer Entwicklung eintreten müssen, und dieses Mal müssen wir gleichzeitig drei kritische Paradigmenwechsel bewältigen:

- von Aristoteles' linearer Ursache-Wirkung zu einem ausgewogeneren taoistischen Paradigma,
- von einem patrifokalen zu einem eher matrifokalen Paradigma und
- von zentral verwalteten zu persönlich verwalteten Informationen.

Er fordert die Menschen dieser Welt – jeden einzelnen – auf, aufzustehen und diese drei Paradigmenwechsel zu vollziehen (besser noch: anzuführen). Das ist der einzige Weg in eine nachhaltige Zukunft.

Mehr unter https://bernard-lietaer.org

Bernard Lietaer
SHIFT
Drei Paradigmenwechsel, die wir vollziehen müssen, um zukunftsfähig zu werden
Klappenbroschur, 120 Seiten
Mit vielen Tabellen und Grafiken
ISBN 978-3-89060-830-3

Hier kann man sich zum **Neue Erde-Newsletter** anmelden:
newsletter.neueerde.de/anmeldung

NEUE ERDE im Buchhandel

Neue Erde ist ein kleiner unabhängiger Verlag, und der unabhängige Buchhandel ist unser natürlicher Partner. Wir unterstützen die Initiative »buy local«.

Sollte es Lieferschwierigkeiten bei den Büchern von NEUE ERDE geben, lassen Sie immer im VLB (Verzeichnis lieferbarer Bücher) nachsehen, im Internet unter **www.buchhandel.de**

Alle lieferbaren Titel des Verlags sind für den Buchhandel verfügbar.

Sie finden unsere Bücher auch auf unserer Homepage **www.neue-erde.de.**
Kontakt:

NEUE ERDE GmbH
Cecilienstr. 29 · 66111 Saarbrücken
info@neue-erde.de

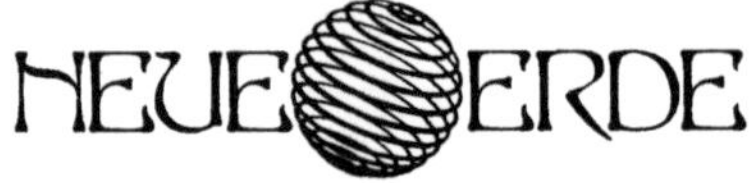